北大光华县域经济与地方金融研究丛书 第4辑

北大光华县域经济与地方金融研究中心研究成果得到印度尼西亚哈利达集团公司（Indonesian Harita Group）的资助

城乡发展一体化中的城中村治理问题研究

以黑龙江省牡丹江市为例

李旭鸿/著

中国财经出版传媒集团
经济科学出版社
Economic Science Press

北大光华县域经济与地方金融研究丛书编委会

主　　　编：厉以宁　朱善利

编　　　委：（以汉语拼音为序）
　　　　　　蔡国华　蔡洪滨　陈玉宇　龚六堂
　　　　　　吕　斌　于鸿君　周黎安

编委会秘书：鲁　宁

总序

　　自 1978 年实行改革开放政策以来，中国经济以年均 9% 以上的增长率增长。经过 30 多年的高速增长，中国经济总量已经由 1978 年的世界排名第 15 位，上升到目前世界排名第 2 位；人均 GDP 由 1978 年的不到 150 美元，上升到 2010 年的 4000 美元以上。这种增长速度在世界经济增长史上是罕见的。但是，在经济高速增长的同时也存在一些亟待解决的问题。其中，城乡发展不平衡是最突出的问题之一。

　　1978 年改革开放之始，我国城镇居民人均可支配收入是 343 元，农村居民人均纯收入是 134 元，二者的比值是 2.56；到 2010 年，城镇居民人均可支配收入是 19109 元，农村居民人均纯收入是 5919 元，二者的比值是 3.23。经济增长了，但是城乡居民的收入差距在扩大。如果考虑到城乡居民在社会保障、基础设施等方面的差别，城乡之间的差距更大。我国的城乡差距的扩大不仅损害社会公平，也会影响经济效率。农民的贫穷和农村的落后以及社会保障制度不完善使得经济增长不得不依赖于投资和出口拉动，这种增长方式是难以持续的。要实现经济增长方式的转变，就必须解决城乡发展不平衡问题。发展县域经济和地方金融是解决城乡发展不平衡问题的关键。县域内有工亦有农，有城亦有乡，可以做到工农并举，城乡统筹。

　　发展县域经济要解决的迫切问题是改革城乡分治的两类户籍、土地流转滞后等体制性问题，实现生产要素的有效配置。由于社会保障制度改革的滞后，短期内劳动力在全国范围内向大城市自由流动并不现实，但在县域内劳动力自由流动是可以实现的。只要县域内做好工业、农业、服务业等产业的布局，做好城镇和乡村的合理规划，让劳动力在城乡之间自由流动，使土地能够顺利流转，就可以实现工业化与城镇化的同步发展，促进土地的规模经营，有效增加农民收入，缩小城乡差距。

发展地方金融的迫切任务是金融体制的改革和农村金融的发展。农村金融问题一直备受关注，特别是2003年以来启动了以农村信用社改革为标志的新一轮农村金融体系改革和创新，取得了很大的进展。比如推动农业银行、农村信用社、邮政储蓄银行等银行业金融机构的市场化改革和涉农信贷发展；加大政策性金融对农村改革发展重点领域和薄弱环节的支持力度，拓展农业发展银行支农领域和国家开发银行对小微企业信贷的扶持领域；加快培育村镇银行、小额贷款公司、农村资金互助社，有序发展贷款担保组织，引导社会资金投资设立适应"三农"需要的各类新型金融组织；推进农村金融产品和金融服务方式的有序创新，满足农户和农村中小企业的实际需求；促进农村支付体系和信用体系的建设，逐步健全农村金融基础设施；等等。这些改革和创新的确有效地缓解了农村金融服务不到位、信贷资金供给不足的问题，改善了农村金融服务状况。

  但是，在我国城乡二元分割的体制背景下，城乡金融发展的不平衡仍是一个长期的问题，根据我们的调研，目前农村金融主要存在以下几个问题。第一，农村的金融网点收缩了，大银行不到下面设网点，下面主要靠农村信用合作社和邮政储蓄银行。解决农村资金问题仅靠农村信用合作社和邮政储蓄银行是远远不够的。第二，小额贷款公司、村镇银行、资金互助社等新兴小微金融机构的设立条件过于苛刻。比如对村镇银行创建中主发起行资质的限制。一方面，有资质的大中银行不愿意参与被它们认为无利可图的市场，甚至将其视为政策性任务；另一方面，对本地区情况熟悉、有承办意愿和相应信贷经验，但资金实力不强的小银行，或者没有资格，或者没有足够的实力开办更多的村镇银行。第三，生产性贷款的重视程度不够。农村金融是帮助生产者、种植户、养殖户发展生产的。只有给生产者贷款来促进生产发展，才能走上创业致富的道路。但现在一些地方的农村贷款仍然以生活贷款为主。农民盖房子、家里有人生病需要钱，要贷款，这当然是必要的；但是对农村繁荣来说，帮助农民发展生产的生产性贷款更为重要。第四，农户的初始资产通常只是农村的承包地、宅基地和宅基地上的房屋，但是这些资产不同于城镇的国有土地以及国有土地上的房屋，没有产权证，并无法抵押，目前只有林权可以抵押。这导致农民很难从正规金融机构得到贷款。即使可以抵押，仍会出现新的问题。银行会担心农民不还钱导致自己成为地主、房主之后怎么办，因为根据目前的法律，这些抵押物是很难处置的。第五，目前普遍实行的联户担保贷款通常是五家人联系在一起互为担保请求贷款，这可以通过连带责任机制来发挥农户在信息甄别和监督方面的信息优势。但是，这种方式也存在问题，比如一家到期不还贷款,其他几家全都不还,因为,既然有一家不还了,要其他几家替他还,其他几家干脆也不还了,这不利于还款率的提升。

这些农村金融改革、发展过程中的问题都需要在相关的研究中展开深入、细化的分析,并提出系统的、切实可行的对策来解决。比如,为了让农村金融活起来,可以考虑允许农民将承包土地使用权、宅基地使用权和房产权作为抵押物;同时为了使三权抵押行为得以落实,需要根据实际情况,设立农村信用担保中心和农村产权交易中心。农村信用担保中心充任银行和农户之间的中介人。凡农民要从银行获得贷款,要先向农村信用担保中心提出申请,由农村信用担保中心联系当地民政部门对申请者的实际财产状况和诚信状况进行调查核实,经农村信用担保中心核实后再转交银行,农村信用担保中心为申请者向银行作担保。这样,银行就放心了,贷款可以落实了。农村产权交易中心的作用是:解除银行无法处置因到期不还贷款而转入银行手中的土地和房屋的困扰。农村产权交易中心通过网络将到期未还贷款的抵押品(土地和房屋)公布,吸收有意购买的客户前来竞购,于是银行的压力就消失了,贷款人的债务也就可以清偿了。因此,农村金融问题的解决是一个系统性工程,需要政府、金融机构、研究机构等多方协同努力。

北京大学县域经济与地方金融研究中心在印度尼西亚哈利达集团公司(Indonesia Harita Group)的赞助下,组织多个研究团队,深入中国有代表性的地区进行调研,并将调研报告集结成册,在经济科学出版社的支持下编辑出版"北大光华县域经济与地方金融研究丛书"。每本书中主要集中研究一个县域的经济或金融问题。尽管每个县的资源禀赋不同,所选择的发展方式也有差异,但是书中所介绍的一些典型县域的发展经验对于其他地区还是有借鉴意义的。

厉以宁
2011 年 10 月 16 日

目 录

第一章 导论 / 1
 一、问题的提出 / 1
 二、城中村有关研究概述 / 3
  （一）国外学者的相关研究 / 3
  （二）国内学者的相关研究 / 4
 三、研究意义 / 11
  （一）理论与实践意义 / 11
  （二）研究的主要内容 / 12
 四、研究方法与创新 / 14

第二章 城乡一体化中的城中村 / 15
 一、城中村的概念辨析 / 15
  （一）城中村的类型 / 16
  （二）城中村概念与相关概念辨析 / 18
 二、城中村演变历程考察 / 19
 三、城中村特征的调查分析 / 20
  （一）城区城中村的基本特征 / 20
  （二）新兴城区城中村的新特点与问题——以西安市长安区为例 / 21

第三章 城中村研究的理论基础 / 24
 一、城中村问题的中国城镇化理论 / 24
 二、城中村形成原因的有关理论 / 25
 三、城中村治理改造的有关理论 / 26

第四章 城中村产生的原因解析 / 31
 一、工业化与城市化的快速发展是城中村现象产生的直接原因 / 31

二、城乡二元体制是城中村形成的深层次制度性因素和根本原因 / 32
三、城中村的经济特征进一步强化了二元结构制度 / 36
四、城中村形成的历史文化原因 / 38
五、政府的低成本城市化道路的选择 / 39

第五章 牡丹江市城中村调查分析 / 40

一、牡丹江市城中村问卷调查的基本情况 / 40
二、牡丹江市利益各方视角的城中村现状及问题 / 41
　（一）城中村总体现状观点调查 / 41
　（二）城中村的基础设施——给排水情况 / 42
三、牡丹江市城中村管理和改造的利益主体诉求调查分析 / 45
　（一）各利益主体对城中村的定位和作用的认识 / 45
　（二）城中村改造的意愿 / 50
　（三）对于城中村改造以后户籍政策的意愿 / 51
　（四）关于城中村进行改造最需要解决的问题 / 52
　（五）城中村改造后的住房面积意愿 / 55
　（六）城中村改造后离开原社区的意愿 / 56
　（七）城中村改造期间的过渡期安排意愿 / 57
　（八）城中村改造后，村集体的资产的处置问题 / 57
　（九）对于城中村改造过程中的"空挂户"的处理问题 / 61
　（十）城中村的改造模式问题 / 63
　（十一）城中村改造后村民的社会保障问题 / 64
　（十二）对城中村改造涉及的租户的利益处理问题 / 64
　（十三）城中村改造的价值 / 65
　（十四）城中村改造的必要性 / 68
四、城中村管理现状及问题——以牡丹江市西安区为例 / 68
　（一）西安区城中村管理现状 / 70
　（二）西安区城中村管理中存在的问题 / 71
　（三）西安区进行城中村管理探索的成效和改造中存在的问题 / 72

第六章 城中村的多维视角价值论 / 74

一、城中村面临的问题 / 74
　（一）城中村的居住环境问题 / 74
　（二）城中村的社会问题 / 75

（三）城中村的经济问题 / 78
二、城中村的积极功能分析 / 80
　　（一）城中村的存在对城市化的积极作用 / 80
　　（二）城中村对城市低收入务工人群的积极价值 / 80
　　（三）城中村的社会保障功能 / 80
三、城中村现象影响的多维视角 / 89
　　（一）消极影响 / 89
　　（二）积极作用 / 90
四、城中村改造的价值和必要性分析 / 92
　　（一）处理好城中村问题是关系到我国城乡统筹发展、形成城乡一体化新格局的重要内容 / 92
　　（二）城中村的存在给城市经济社会发展带来了严重影响，要提高城市化质量，提升城市素质，必须进行城中村改造 / 92

第七章　国内外城中村治理评析 / 95

一、我国城中村改造的主要做法 / 95
　　（一）珠海模式 / 95
　　（二）广州模式 / 98
　　（三）杭州模式 / 100
　　（四）深圳模式 / 101
　　（五）上海市虹桥镇模式 / 103
　　（六）贵阳市的实践 / 103
　　（七）西安市的实践 / 104
　　（八）山西晋城的实践 / 104
二、我国地方城中村改造的模式点评 / 105
三、国内城中村改造出现的问题——以珠海市香洲区为例 / 106
四、现行改造模式的操作困境 / 115
五、辽宁省棚户区改造的实践经验 / 116
　　（一）辽宁省的棚户区改造实践的成果 / 117
　　（二）辽宁省棚户区改造模式：政府主导、市场运作 / 117
　　（三）棚户区改造的方法和经验 / 118
六、国外贫民区的改造历史和经验 / 120
　　（一）巴西的实践 / 120
　　（二）印度的实践 / 121

（三）美国的实践 / 121
　　（四）英国的实践 / 122
　　（五）国外城中村改造经验简评 / 123
七、经验借鉴——城中村管理和改造的几个重要启示 / 123

第八章　城中村治理与制度创新 / 127

一、城中村治理的宗旨是城乡发展一体化 / 127
　　（一）城中村改造的关键在于实现城乡一体化 / 127
　　（二）城中村改造的目标 / 128
二、推进城中村改造的模式与方案建议 / 129
　　（一）城中村的改造模式选择 / 130
　　（二）城中村改造的主要操作方式 / 130
　　（三）城中村改造的规划政策建议 / 131
三、创新改造方案：公私合作（PPP）新模式——户籍、土地、财税联动改革 / 133
　　（一）公私合作（PPP）模式的实践 / 134
　　（二）公私合作（PPP）模式的利弊分析 / 135
　　（三）公私合作（PPP）新模式——城市户籍、土地、财税体制联动改革的具体操作思路 / 137
　　（四）公私合作（PPP）新模式——城市户籍、土地、财税体制联动改革的积极意义 / 139
四、城中村治理和改造中的土地制度创新 / 140
　　（一）在土地法律约束下的制度创新 / 141
　　（二）城中村改造中土地确权的制度创新 / 141
　　（三）明晰城中村集体土地所有权主体和所有权权能实化 / 145
　　（四）城中村改造的土地所有制一元化的创新 / 147
五、研究结论 / 149

附录 / 150
参考文献 / 190
后记 / 195

第一章

导 论

一、问题的提出

2012年9月20日，一则新闻牵动了多方的关注，《北京唐家岭城中村改造完成，村民靠拆迁分7套房》。唐家岭——北京市海淀区北部的城中村，著名的"蚁族"聚集地。这里被称作低收入大学毕业生聚居村。[①] 唐家岭改造后，村民闫淑敏说"那会儿在老村，住简易楼。家家都盖，自己住，更多的是往外租"。闫淑敏回忆，最高峰时，3000多村民的村里曾聚居6万多外来人口，包括近2万名大学毕业生，违章楼在全村"遍地开花"，少的两三层，多的四五层，有的甚至盖到了7层。人越聚越多，村里的水、电、路不堪重负。环境一天比一天差，到处是垃圾，下雨天污水横流，不穿靴子根本出不了门。2010年，北京市启动50个重点村改造，唐家岭村是其中之一。改造以"宅基地腾退置换、农民就近上楼、适当预留产业用地、积极发展集体经济"为原则，唐家岭3000多村民将全部搬离老村，住进新居。

在2009年，《上海证券报》一则新闻《深圳岗厦村拆迁集体暴富 造就十个亿万富豪》，则引起了轰动性、爆炸性效果，深圳旧城改造，也伴随着财富效应的显现。许多原住民因拆迁而集体暴富，仅一个岗厦村就造就了10个亿万富豪与数个千万富翁，让社会公众既艳羡，也不乏指责。[②]

[①] 唐家岭是典型的"城中村"，近年来，伴随着北京市和中国的城市化、城乡发展一体化的步伐，它从产生、发展到改造获得新生，代表了城中村的典型发展演变过程。参见京报网，http://www.bjd.com.cn，2012年9月21日。

[②] 时娜、彭超：《深圳岗厦村拆迁集体暴富 造就十个亿万富豪》，载于《上海证券报》2009年12月25日。

城中村的形象从各界认为的拥挤破旧的城市"贫民窟",又被贴上了制造"大富翁"的潜在"梦工厂"标签。

城市化是当代世界各国社会经济发展的一种重要趋势。在改革开放和市场经济发展的强劲推动下,中国城市化进程持续加快。中国城市化率从1978年的17.9%,发展到了2011年的51.3%[①],城镇人口首次超过农村人口,达到6.9亿人。中国城市化率首次突破50%意味着中国城市化进入快速发展阶段,这必将引起深刻的社会变革。城市的空间结构、产业定位、城市规划、城市能级和城市管理等都将面临新的发展历程。

在中国城市化快速推进的过程中,出现了一种普遍存在的独特现象——城中村。城中村是中国城乡二元体制下城市化发展的产物,城中村已经成为我国城乡二元体制一元化演化过程中的典型问题集结地。中国下一轮改革发展的重点是改革城乡二元体制,适合中国的城镇化由三个部分构成,即"老城区+新城区+农村新社区"[②]。其中处理好城中村问题是关系到我国城乡统筹发展、形成城乡一体化新格局的重要内容,也是破解城乡二元体制的实验田和前沿。同时,城中村也在"新城区+农村新社区"的城镇化内容中,居于重要的地位。

城中村不是一个新话题,然而,一直以来却是一个沉重而复杂的话题。在全国许多城市,城中村改造问题让各级决策者备受困扰,许多雄心万丈的改造计划最终都悄无声息的无疾而终。夹杂在林立高楼之中的城中村无疑成了当代中国城市最隐隐作痛的疤痕。据《瞭望新闻周刊》2006年第6~7期披露,无论大城市或中等城市,城中村现象甚为普遍。北京四个城区的城中村331处;武汉市的城中村147处;西安市城中村180处;温州市的城中村多达544处。伴随着城市化的迅速推进,必然面对着以往遗留下来的和今后还会产生的城中村的城市化问题。如果城市建成区内的城中村都无法健康地城市化,更大范围的城市化就会难上加难。从这个意义上说,城中村是农村城市化、城乡发展一体化所必须面对的具有特殊意义的一道坎。城中村的现状、治理及改造所面临的问题、未来发展的趋势,聚焦了城乡发展一体化所面临的所有政治、经济、

---

① 2012年2月22日中国国家统计局发布的《中华人民共和国2011年国民经济和社会发展统计公报》中指出2011年中国城镇人口首次超过农村人口,比例达到了51.3%。这个城市化率是按照全国城镇人口与总人口的比值计算得到的,如果按照城镇非农人口与总人口之比计算的话城市化率应该要低于51.3%。

② 厉以宁:《走符合中国国情的城镇化道路》,引自主编厉以宁、程志强主编《中国道路与新城镇化》,商务印书馆2012年版,第Ⅶ页。

社会、文化、生态等课题。

二、城中村有关研究概述

(一) 国外学者的相关研究

在西方国家和其他国家中，很少有与中国城中村相类似的现象，加上城中村现象出现时间不长，国外学者几乎没有针对中国城中村进行专门研究。但城中村产生的本质是城市化进程中的城市与乡村的冲突、融合问题，就这方面而言，国外在城乡边缘地带、城市蔓延、都市村庄、贫民区等方面研究的丰富积累，也能给中国的城中村研究提供一定的借鉴和参考。

德国地理学家赫伯特·路易斯 (Harbert Louis) 是目前公认的最早提出城乡接合部概念的学者。他在1936年研究柏林城市结构时发现，某些原属于城市外围的地区被城市的扩展所侵吞，成为市区的一部分，他将这一地域称为城市边缘带。城市蔓延，指的是城市化区域向未城市化地域的（与其规模）不相称的扩张 (Tingwei Zhang, 2000)，其特征是在城市边缘大片的低容积率、高建筑密度的住宅开发，使城乡间的界线日趋模糊。与欧美国家的城市蔓延相比，发展中国家的城市蔓延过程则要剧烈得多。论文 Land market forces and government's role in sprawl: The case of China (TingWei Zhang, 2000) 中以中国大城市为例，把中国城市蔓延的模式和驱动力与美国进行了对比。英国著名城市经济学家沙利文 (A·O'Sullivan) 在其《城市经济学》书中，给都市村庄的定义是现代城市郊区的次中心，并指出"都市村庄"的发展源于城市郊区化和零售业、写字楼在郊区的集聚。

根据英国地理学者苏珊·梅林 (Susan Mayhew, 1997) 的定义，"贫民区"是"穷人住宅的集聚地，通常以混居和拥挤为特征"。贫民区在发达国家和发展中国家都是广泛存在的，但在印度、泰国、巴西等发展中国家尤为严重。贫民区与城中村两种现象形成的机制是不完全相同的。两者相比较，城中村涉及中国特有的土地制度和原住农民利益问题，更为复杂。但两者在景观特征（混杂、拥挤）、人口特征（外来人口、贫困入口为主），社区特征（与相邻社区隔离）等方面有一定的相似性，贫民区改造的经验、教训可以为城中村的改造方面提供借鉴。

城市社会学家帕克 (P. E. Park) 在研究20世纪20年代的美国城市

时，发现城市社区是历史的、动态的现象，处于不断演变替换的状态。在城市空间不断扩展、社区激烈变动的同时，城中村社区也存在社区转型现象，处于不断演进的过程之中。

（二）国内学者的相关研究

1. 关于城中村的研究视角及概念

国内城中村问题研究在社会学、城市建筑学等文献中出现较早，经济学研究文献在城市化进程加快出现大量征地现象后出现较多。社会学、人类学的研究有田野调查的延续性，如延续杨庆堃先生于20世纪40年代对广州鹭江村的研究，21世纪初周大鸣（2001）、孙庆忠（2003）对鹭江村作为城中村继续展开研究。蓝宇蕴（2005）、张汝立（2005）、李培林（2002、2004）等对广州城中村的研究，体现社会学侧重关注城中村的乡村生活共同体的特征，以及城中村变迁中的利益冲突和文化碰撞，也注意到了基于土地及产权变革的人们社会经济关系的变化。城市规划学着重关注城中村的物质实体结构与布局。例如，任文辉和程帆（1989）、古日新和邹东（2002）、姜崇洲和王彤（2002）、黄扬飞（2004）、刘福定（2004）、杨剑等（2005）、徐金礼和马彦琳（2006）等从城市规划建设总体格局来论述城中村的地位和影响，讨论城中村产生的原因。

经济学对城中村的研究论述虽然较晚，但是随着城市化进程的加快和城市化进程中土地问题冲突不断，经济学研究文献发表较多。关于城中村的形成原因，韩冉和李红（2003）、吕宏芬和王积瑾（2005）、包永江和于静涛（2006）认为城中村是城乡二元结构矛盾在城市发展中的缩影；谢志岿（2003、2005）认为城中村是城市化进程中农民仍以土地及土地附着物为主要生活来源、以地缘关系和血缘关系为初级关系，而不是以业缘关系和契约关系的次级关系为基础形成的社区；姜崇洲和王彤（2002）认为土地产权残缺是城中村的形成原因；徐金礼和马彦琳（2006）认为城中村是城市在发展的总体规划中不得不保留的农村社区。

关于城中村的分类，广州市规划局和中山大学城市与区划研究中心的《广州市城中村规划建设管理对策研究》课题组（2000）将其分为成熟型、扩展性和形成型；李培林（2002）分为处于繁华市区的村落、处于市区周边的村落和处于远郊的村落；刘福定（2004）分为旧村古貌、空心村和农民新村；吴智刚和周素红（2005）分为典型城中村、转型城中村和边缘城中村；范瑞威（2003）与吴凯和郭建明（2006）分为A、B、C三类；徐金礼和马彦琳（2006）分类为已被改造的农村（城市化的农村）、已被城市包围的农村（典型意义上的城中村）和已列入城中村规划但尚未城市化改造的农村等。这些研究分别对于国家在农地减少过程中的角色及各个利益主体的行为和动机的分析较少。

我国对于城中村的研究时间并不长，有关城中村的概念和提法目前还不完全统一。根据文献可以看出，城中村被约定俗成地广泛运用于学术论文、媒体报道、政府文件是在2000年前后，早期研究把城中村称为：都市里的村庄（李增军，1995）、都市里的乡村（田莉，1998）、城市里的乡村（敬东，1999）等，房庆方（1999）开始称其为城中村。在近年来的研究中，才逐渐统一为城中村这样的提法。

城中村研究开展时间短，国内的研究者依据各自不同的研究重点，从不同角度对城中村进行了描述。（1）从建筑布局角度认识城中村。认为城中村是一种介于传统农村聚落单家独户的单层住宅和城市多层建筑之间的不伦不类的现象，具体就是建筑密度高、层次低，建筑结构以砖混结构为主，基础设施不完善；缺乏规划，各种用地犬牙交错、杂乱无章，村屋密布犹如蜂房，道路狭窄曲折、不成系统。（2）从人口学的角度认识城中村。认为城中村是以农业人口为主，但从事农业活动的人口很少；流动人口集中，人口职业成分复杂；居民文化程度不高，缺乏现代意识，小农思想严重。（3）从城中村引起的社会问题角度，认为城中村治安混乱，社会问题众多，具有浓厚的农村社会特征，又存在严重的城市病。（4）通过比较城中村与城市及农村的经济方式的不同，认为城中村具有强大的集体经济实力，第三产业比较发达，村民以出租房作为主要生活来源。分析国内外研究者对城中村的研究可以看到，大部分学者认为，城中村是城乡二元结构的产物，位于城市的边缘区，总体上还是农村社区。

张建明（1998）认为城中村是位于城乡边缘带，一方面具有城市的某些特征，也享有城市的某些基础设施和生活方式；另一方面还保持着乡村的某些景观，以及小农经济思想和价值观念的农村社区。李钊（2001）认为城中村是指在城市快速发展的过程中，城市将一些距离新旧城区较近的村庄划入城市建设用地内，这些被纳入城市建设用地的村庄就是城中村。李培林（2002）教授认为城中村是存在于城市与村落之间的混合社区。李俊夫（2004）认为城中村是指那些位于城市规划区范围内或城乡接合部，被城市建成区用地包围或半包围的、没有或仅有少量农用地的村落。李诚（2005）认为，城中村不仅是空间概念，更是社会经济概念，它是指在城市建成区范围内所保留着的在社会结构、经济生活、人员身份及管理方式等方面依然传承农业社会特点的农村聚落点。虽然不同学科有不同见解，但对其内涵的理解已经形成以下共识，即涉及"城"和"村"的概念，体现了"城乡二元结构"的基本特征；城中村的实质是一种农村社区，实行的是农村典型的集体管理体制；城中村在物质形态构成和生活结构方面已经明显非农化；原住民在城中村居住者中占有很小比例，城中村的居住主体是城市外来流动人口。

2. 城中村的演进过程

侍克善（2005）进一步将我国城中村的形成按照时间的发展细分为以下几个阶段，其演变方式与常玮（2006）所述仅在时间上有所细化，这里便不一一详述。第一阶段：传统村落阶段（20世纪40年代以前）；第二阶段：副食品生产村落阶段（20世纪50年代初至70年代末）；第三阶段：村—城过渡阶段（20世纪70年代末至90年代中期）；第四阶段：城中村阶段（20世纪90年代末至今）。

对于城中村问题的解决，姜崇洲和王彤（2002）提出了改造城中村的"产权明晰、区划控制、加强法治、经营城市"的建议；李俊夫（2005）认为应将土地利用作为城中村改造最佳的切入点，提出"村为主体、改制先行、资产经营、标本兼治"原则；韩荡（2004）分析了许多城中村改造面临的产权、规划、补偿、土地供应困境。在实践中，欧志雄（2005）将城中村改造方案分为珠海模式（政府主导、市场运作）和广州模式（政府引导、分步实施），而深圳模式实际介于二者之间，略倾向于广州模式。

不少文献对地方城中村改造实践进行了总结，代表性的文章如《城中村改造的新尝试——深圳渔民村旧村改造的个案分析》（2003）、黄晨光等《广州：关于城中村改制改造的探索》（2003）；蒋文红《构筑新型社区产权制度框架——加快城中村城市化进程》（2003）；韩荡《高速城市化地区的城中村改造——以深圳特区为例》（2003）；阎晓宁《秦皇岛海港区解决"转城村"问题实践与思考》（2002）；童宗煌《温州城中村改造实践与探索》（2004）；胜杰、谢慧《城中村改造途径探讨——武汉市城中村改造实践》（2006）等。

3. 城中村的特点及类型划分

（1）城中村的特点。综合国内学者的研究，概括而言，城中村具有以下几方面特征：一是空间形态和内部功能与周围城市环境格格不入；二是人口特征极为混杂，既居住着大量从事非农职业的农民，又集聚着大量外来流动人口；三是经济实力主要依靠非正规经济维系，包括村集体和村民违规出租土地及房屋，以及村内各类非正规经营项目；四是城中村社会特征十分复杂，丰裕的物质生活与落后的价值观念和管理体制形成强烈的反差。

（2）城中村的类型划分。关于城中村类型划分，学术界一直较关注。研究者根据切入点不同，进行过多种划分，主要包括：基于城中村发展阶段的划分，基于土地利用类型的划分，基于城中村相对区位的划分，基于各种因素叠加效果的划分，以及基于城中村社会形态的划分等。

关于类型划分方法，早期学者们主要使用定性分析法，首先确定划分标准、预设种类特征，再将不同城中村对号入座。该方法对宏观把握城中村某方面特征较为有效，且易实现，但还存在以下问题：①种类和划分标准的人为预设可能造成分类的主观性；②容易被某方面直观信息误导而忽视更本质的差别；③适用于单指标类型划分，基于综合指标划类时，难以判断指标间的关系和影响程度。随着地理学界计量统计分析的推广，城中村类型划分逐渐引入数理方法，如王如渊和张建明应用因子分析和聚类法，从综合特征方面较好地揭示了城中村之间的差异性特征。

4. 我国城中村产生的原因研究

从现有的文献中，学者们普遍认为城中村的形成是由我国的城乡二元体制所引发的，而分歧主要在于：城乡二元体制是否是形成城中村的根本原因，又或者只是一个制度背景。张建明、李立勋、李俊夫等博士对城中村的形成机制都做了详尽的分析。张建明（1998）认为，焦点在土地，原因在规划管理，症结在体制。李立勋（2001）将其归结为城乡二元体制和政策所形成的城乡二元发展格局，而社会调节系统的局限则成为城中村形成的社会原因，李培林（2002）则将城中村的产生归结于土地和房屋租金收益的刺激以及分类单位制的块状管理。

王新（2005）比较全面地综合了其他学者的分析，认为它产生的原因与当代中国的某些因素相关，有一些特殊的机制在发挥作用，总结了五方面的原因：一是中国社会城乡二元结构；二是中国城乡土地所有制矛盾；三是社会转型过程中的制度真空，以及法制法规滞后和不健全导致城中村的出现和无序发展；第四是村落社会关系网络的顽强存续是真正实现"撤村建居"的内在障碍；第五是城市管理的疏漏客观上导致城中村自发生长。

侍克善（2005）将我国城中村产生的原因更详细地划分为七个方面：第一，城中村是城市快速发展的结果；第二，不合理管理体制和措施的限制，如户籍制度的分隔、村居管理制度的不同、城乡规划执行中的问题、社会保障制度不统一；第三，土地征用制度的后遗症，导致了政府无法承受高额的征地费用，以及被征用土地使用混乱、留用地的存在难以管理和城中村土地市场的难以操作等问题；第四，城市打工族的选择，庞大的外来城市打工族居住于城中村内可以以最低的生活成本留在城市，一边工作、生活，积累经验和物质资本，一边寻找更好的发展机会；第五，原住村民的利益驱动，城中村的多数村民的生活来源已从农耕转为依靠出租房为主，村民违规私自盖建的建筑因为没有明确的相关规定而难以拆除；第六，腐败也是城中村形成的又一原因。权力腐败，加重了城中村中房屋的乱建、土地的滥占，使改造城中村的难度加大，也加速了许多村庄的"城中村化"；第七，村民的观念落后，村民的观念没有跟上城市化的步伐是形成城中村的一个重要原因。

由城中村的演进和形成原因可以总结出城中村的形成机制。在改革开放促进了快速城市化的大背景下，传统的城乡二元体制与政策造成了城市和乡村各自发展，并且城市发展速度明显超出乡村发展数倍，从根本上造成了如今城中村的形成。而社会调节系统的局限则是城中村形成的社会因素，城市的发展也提供了外部动力，土地使用制度、规划失误和管理不善同样是导致城中村形成的原因。

5. 城中村治理和改造研究

城中村治理和改造研究主要包括改造政策、治理机制、规划模式等方面的研究内容。

沈兵明、朱云夫（1999）认为要防止城中村现象的出现，"撤村建居"是必然选择。具体措施包括三点：一是以城市规划为依据，科学编制村庄分区控制规划进行预控；二是以土地储备机制运行为中心进行监管，尽力采用统一规划、统一征地、统一开发、统一管理的方式；三是综合整治，加大执法力度，健全村庄规划与管理机构。李志生（2002）提出了城中村改造三个问题：一是加大对城中村村民的宣传力度，引导其融入城市生活；二是对城中村问题实行科学规划预防其扩大；三是在城中村改造中引入市场机制，引导开发商共同改造城中村。王晓东、刘金声（2003）对城中村的改造提出了四点建议：一是统一思想、提高认识、高度重视、加强领导、明确目标、落实政策、精心组织；二是加大宣教力度，争取村民支持；三是政府调控、市场运作，确保村民、开发商、政府三方利益的实现；四是按照现代城市的标准进行规划、建设和管理，实现城中村改造后的长远健康发展。吴英杰、罗皓（2004）提出了城中村改造的四个步骤：首先，对城中村土地收益与集体资产进行股份制改造；其次，由村集体和个人集资建出租公寓，同时兴建农民公寓和旧城改造；再其次，这些基础上招商引资通过制定合理的产权分配结构进行各方利益分享；最后，在物质形态改造后进行包括社保建设、就业引导和文化教育等工作在内的各项其他后续工作。

魏立华、闫小培（2005）等认为我国城中村改造的可行性模式应该是在城中村区域内保留以出租经济为前提的条件下，对城中村实行自我原位塑造，即在原有区位上由村民或村集体改造自身的治理模式。王永华（2006）在总结和分析了广州、珠海、深圳三地的城中村改制情况后，提出了对城中村改制的七点建议：一是规划先行，分类指导，降低城中村改造成本；二是完善政策配套，协调各方利益，保证改造顺利进行；三是运用土地资产经营，解决改造资金问题；四是多方筹集资金；五是妥善解决城中村集体资产；六是完善社会保障体系，实现村民社会保障的城镇化；七是寻求多元文化共性，形成多赢的文化格局。

周新宏（2007）提出了五点建议：一是主张政府主导调控城中村改造以克服"市场失灵"问题；二是政府内部建立监控以防"政府失灵"；三是对城中村改造实行统筹规划，因地制宜坚持一村一方案的原则；四是在城中村改造中遵循渐进性的分类改造原则；五是对城中村改造中实行民主决策，鼓励村民参与改造决策。张晶（2008）运用博弈理论研究城中村改造中政府、开发商、村民的三方博弈过程，通过构造效用函数分析参与主体之间的利益冲突，提出在村民支持的基础上政府介入并承担改造费用，不鼓励开发商介入改造的对策建议。张煜（2008）从城中村更新改造模式选择、规范土地国有化转制、集体经济向现代企业转变、完善失地村民社会保障四个方面对西安市城中村更新改造政策提出建议。

综上所述，由于对城中村治理、改造的研究一直是学者们关注的焦点，因此，取得的研究成果也较多。但是也因为城中村问题的复杂性，学者们大多选择从宏观层面提出综合性的治理、改造对策，对城中村改造的具体操作方式、流程的研究较少。

6. 城中村现有研究文献评析

（1）研究方向较为集中，研究手段相对较为单一。城中村问题是涵盖多学科的复杂社会空间现象，但从现有研究成果来看，命题选择过于集中。一是受城中村改造主流思想影响，国内学者过于关注城中村问题及解决路径，对其客观性和正面认识不足，国外学者虽做出了补充，但影响力有限。二是现有研究强调制度因素对城中村产生的作用，对市场驱动分析较少，基于城市阶层分化和居住分异的社会空间研究少。三是无论是探讨城中村现象、问题，还是改造模式，普遍存在就城中村论城中村的研究思维，较少将其视为城市有机整体的一部分，从城市产业结构、劳动力分布、居住分异的规律和特征为切入点。四是城中村最重要的组成部分——流动人口研究长期被忽视。对城中村的成因从现象到文字的描述性研究，而对于城中村改造问题的研究则大多从经验到文字的政策性研究。虽然有些文献中也运用了博弈论、层次分析法、模糊理论等较为先进的数学方法，但是总体上看国内关于城中村的研究在手段上较为单一。

（2）较多关注城中村改造研究，对城中村管理的研究较少。城中村问题是一个长期困扰城市建设发展的问题，期望通过各种类型的改造一劳永逸的解决城中村问题的设想是忽略了事物发展的客观规律的。西方发达国家经过上百年的尝试尚未能彻底消除贫民窟问题，客观上说明了城中村问题的解决将旷日持久。如何管理好城中村就将是摆在城市管理者面前的首要难题，这方面的研究成果比较少。

（3）研究以定性为主，定量研究较少。要对城中村问题进行深入的研究必须将定量研究与定性研究相结合，简单的定性研究可能会使问题停留在表面甚至得到错误的结论。单学科研究较多，而综合性研究较少；定性研究较多，而定量、实证性研究较少；现象描述性研究较多，而本质挖掘性研究较少；理论分析较多，而技术分析较少。

（4）研究的主体不全面。参与研究的学者更多的是社会学者、城市规划学者和政府官员，而经济学家、心理学家、生态学家、文物文化工作者、卫生教育工作者、法律工作者不多。

（5）研究的深度和广度不足。概述性、个案性、模式化研究较多，而就其某一方面普适性理论深化研究较少；地域性研究较多而可推广应用性研究较少；治理改造方法传统型研究较多而创新性研究较少；治理改造的主体、程序对于政府、村集体、开发商关注的较多，而对于村民和外来人口及其参与模式的研究较少；治理改造的经济利益问题研究得较多，而治理改造后的村民教育和再教育、就业能力提高、文化生活问题研究得较少。对于景观、规划、治安、卫生、消防、寄生食利阶层等负面研究较全面，而工业化、城市化的积极功能研究不足；改造效果的正面成绩研究较多，而负面影响、总结教训及其防治性对策研究较少；更多地关注景观、基础设施和人居环境等物质形态和经济制度、管理体制等制度层面，而对于人的全面发展、人的思想、文化、心理、生理方面的研究不足；发掘利用城中村在现有城市体系中承担的文化功能较少；对城中村形成的经济、体制原因研究得较全面透彻，而宗族文化原因研究得较少；治理改造模式"以地为本"研究得较多，而对于改造后的村民、外来人口就业、生存状态的以人为本研究得较少。现有的改造模式对于城中村本身容纳了大量的外来租房人员的安置只是一笔带过，均没有提出较好的解决措施；对于城市化水平较高发达城市的城中村问题研究得较多，而对于后发城市面对的城中村问题研究得较少。

三、研究意义

本书的研究不仅可以为当前的城中村的改造实践提供参考，更重要的是，为我国破解城乡二元体制，从经济和社会制度的城乡二元向现代一元经济社会转化，实现城乡发展一体化过程中的利益关系有机整合、制度变迁提供思路。城中村的研究是以城乡发展一体化进程中的问题及解决措施为导向，其理论和实践的科学意义和应用前景主要包括以下内容。

（一）理论与实践意义

1. 理论方面

（1）城中村问题具有典型意义，本项目以城中村为对象来研究中国城乡二元分割的体制和产权制度和社会经济管理体制的矛盾、冲突与整合，为我国在城乡二元经济和社会制度向现代一元社会经济转化（城乡发展一体化）过程中的利益关系整合、制度变迁提供理论验证和支撑。

（2）丰富经济学中的非均衡的中国经济、城乡二元经济理论、发展经济学的城乡二元体制制度变迁理论，以及土地产权、户籍改革、统筹社会保障制度理论等。

2. 实践方面

（1）为现期城中村改造实践，尤其是非一线城市提供参考。城中村是破解城乡二元体制、推进城市化的前沿阵地，是城市化各项政策引发矛盾的焦点，处理好城中村问题是关系到我国城乡统筹发展、形成城乡发展一体化新格局的重要内容。

（2）城中村问题的解决是正确处理和保护农民合法利益的重要体现；城中村问题的解决是统筹城乡发展的矛盾焦点、城市化扩张和新农村建设平衡的支点；城中村问题的解决，是实现农民就地进城、带资产进城的重要途径。

（3）城中村问题是促进房地产市场健康发展必须正视和研究的重要课题。

（4）城中村问题是规范政府部门行政行为的重要方面；城中村问题是中国农村土地、户籍、社保、产权等制度改革的前沿战场，改造城中村中的土地、户籍、社保、产权制度改革将为全国制度改革奠定良好的基础，积累有益的经验。

（5）城中村问题，对实现城乡统筹，推进有中国特色的城镇化和城市健康发展，促进社会公平和和谐社会都具有重要意义。

（6）城中村问题的解决有助于提升城市形象，改善城市管理水平。城中村普遍存在的公共服务及市政设施不配套、居住环境恶劣、安全隐患突出、社会治安及管理问题复杂等老大难问题，对城市整体形象提升和城市空间资源合理开发利用造成极大的负面影响。

（7）研究处理城中村问题是实现农村城市化、提升城市竞争力、提高居民生活质量和解决农村富余劳动力就业创业等诸多战略的需要。

（二）研究的主要内容

1. 城中村的概念

城中村是指在我国转型经济城市化过程中，耕地被征占、村民已经基本脱离、村庄已被城区包围，但仍保持传统农村社会经济管理体制和空间居住的农村村落。广义的城中村包含位于城市规划区内的城边村、远郊村。狭义的城中村仅仅是指位于城市规划建设区范围内的村庄。城中村是中国城市化进程中的独特现象，是我国城乡二元体制的产物。

2. 城中村有关理论和制度分析框架

城中村的形成、改造涉及的理论主要是城乡二元体制、中等收入陷阱、土地产权理论、可持续发展理论等。

3. 城中村及有关问题的问卷调查情况

对村民、村干部、政府干部及租户有关城中村的现状、问题、改造模式、户籍、社保、集体经济等的问卷调查，进行归纳分析；就城中村管理现状及问题进行分析——以牡丹江市为例：城中村管理现状；城中村管理中存在的问题；西安区进行城中村管理探索的成效和改造中存在的问题。

4. 城中村产生的原因分析

城中村是我国城乡二元结构的集中反映和典型代表，虽然其行政隶属关系上已经作为城市社区，却依然保留着农村的生活方式和行为习惯，并未完全融入城市经济与社会生活。究其形成的主要原因，既包括城市化扩张的客观因素，又受到城乡二元结构体制等主观制度性因素的根本影响。工业化与城市化的快速发展是城中村现象产生的直接原因；"城乡二元体制"是城中村形成的深层次制度性因素和根本原因；城中村的形成的历史文化原因。

5. 城中村管理和改造的主要模式及经验的比较研究

在综合分析我国城中村改造的主要模式，即珠海模式、广州模式、杭州模式、深圳模式等，辽宁棚户区改造经验，以及国外贫民窟等的治理改造研究经验等的基础上，提出可供城中村管理和改造借鉴的经验、应注意的问题。

6. 推进城中村改造的措施和建议

城中村改造的主要目标是走向真正的城市化，逐步将农民转变为城市居民，将村委会改为居委会，按照城市管理模式规范城中村管理，实现城乡发展一体化。

（1）城中村改造的关键在于实现城乡一体化：实施城中村的户籍和经济社会管理体制的一元化管理。建立城市与城郊土地和房产的统一市场，化解土地二元制问题。

（2）城中村改造的主要操作方式：城中村整治，城中村改造。

（3）城中村改造的规划政策建议：充实城市总体规划，将城中村改造作为重要专题和内容。妥善安排城中村改造项目的时序和规模。注重城中村改造调查以及规划制定中的利益协调。实施城中村地区的动态监测。

（4）相关重要的制度问题：提出和构建在城乡一体化发展、土地、户籍、社保、规划、就业、农村集体资产管理等方面推进城中村改造的"一揽子"政策措施建议。

（5）提供一个可以实现共赢的创新改造模式，即公私合作（PPP）新模式,并在地方实现土地、户籍、财税体制的联动改革。

四、研究方法与创新

本书总体上采取唯物辩证法的方法论。具体来说,包括实证分析和规范分析、社会调查、实地调研、统计与计量分析、政策分析、比较分析、研讨与专家咨询等方法。本书在大范围的实地调研和调查问卷的基础上,进行政策分析,确保达到预期的研究目标。

主要创新之处:一是在城乡发展一体化的大背景下考察和研究城中村,作为考察各种制度变迁、经济利益冲突的标本,进而形成普遍意义的推进城乡发展一体化的各种制度改革经验,并努力为中国发展经济学理论和案例的丰富做出贡献。二是基于社会调查数据的定量分析。对一地级市(牡丹江市)的城中村进行全面的调研,对村干部、村民、镇区干部和城中村租户等利益相关方进行大范围的问卷调查,了解各有关利益主体对城中村的历史、现状、改造及制度变迁的偏好,作为政策建议的重要依据。三是对我国已有城中村改造的主要模式进行比较分析;对城中村产生的原因分析进行经济、政治、法律和社会学的综合分析。四是根据地方调查情况,针对城乡发展一体化的要求,提出稳步推进城中村改造的思路,提出和构建城乡一体化发展、土地、集体资产管理等方面推进城中村改造的政策组合和措施建议,并提供了一个"公私合作(PPP)"的创新模式建议。五是注重对城中村中的流动人口、租户的研究,并在改造方案中特别强调对租户利益的考虑。

第二章

城乡一体化中的城中村

一、城中村的概念辨析

在中国快速城市化和城乡一体化的改革进程中，全国几乎每个城市都遇到了城中村问题。城中村是城市郊区农村城市化进程中的特殊现象，是由城市建设急剧扩张与城市管理体制改革相对滞后的矛盾所引发的。目前，对城中村的概念，还存在种种不一致的认识。有的认为城中村是城市化过程中原农村区域形成的杂乱无序的建筑群落；有的认为城中村是指在城市总体规划区内仍然保留和实行农村集体所有制、农村经营体制的农村社区；有的认为城中村是指在城市化快速推进过程中，被纳入城市建设用地的村庄等。这些概念都只是从一个角度揭示城中村的特征，没有全面地揭示城中村作为一种居住形态和社会形态的本质特征。这种认识上的片面性也导致了城中村改造实践上的片面性。

城中村没有统一公认的定义，笔者更倾向于从城乡二元体制的出发点给出定义：城中村是城市郊区农村城市化进程中的特殊现象，是在城乡二元土地管理体制下，城市建设急剧扩张与城市管理体制相对滞后的矛盾所引发的，是指在城市规划用地内仍然保留了部分农村社区的外观形态、人际网络、组织制度、管理模式、历史文化及生活方式的特殊城市社区。因为在城乡二元政策的影响下，为了城市经济发展的需要而将部分农村用地划为城市工业用地，城市急剧扩张，但基础设施硬件和城市化管理体制软件的公共品供给滞后，导致了城中村的出现。

城中村现象出现于20世纪80年代中期城市经济体制改革之后，尤其是改革开放较早的东南沿海大、中城市里。广义的城中村包含位于城市规划区内的城边村、远郊村。狭义的城中村仅仅是指位于城市规划建设区范围内的村庄。

（一）城中村的类型

1. 根据农用土地现状及城市建设发展状况的分类

广州市则根据实际拥有农用土地现状及城市建设发展状况，将城中村分为三类：A类为完全没有农用地的农村，或已经完全被城市所包围的农村；B类为有小量农用地的农村和处在城市近期重点建设区域的农村；C类为有较多农用地的农村和近期不列入重点建设区域的农村。武汉市洪山区对城中村的分类亦与广州市类似，说明国内一二线城市面临类似的城中村问题。

北京建筑工程学院的丁微在《北京城中村现象与规划设计研究》中根据北京城乡接合部的特征，将城中村划分为三种类型：一是城市型，主要位于铁道两旁、高压线下不准盖楼或农转非居民多、拆迁量大的地块，成为城市中的"飞地"。这一类型的城中村主要分布在三环路周围。二是城乡交错型，这种类型主要由于部分地区农民转居不转工，就地安置，造成农居混住，有的一家人有农居两种户口。街道办事处和乡政府共在一个行政区内，依据不同的政策法规实施各自的管理。三是乡村型，主要是指规划市区范围内四环路至五环路的范围内的农村地区。该区域的农民多以出租房屋为生，私搭乱建现象较多。

2. 运用综合因素分类

研究者以广州市天河、海珠两区44个城中村基础资料分析为基础，运用因子分析法和聚类分析法，将其分为基础设施优越型、集体经济实力型和土地资源充足型三类。通过选取区位、面积、人口（常住人口、暂住人口）密度、交通、建筑密度和人均住宅面积等八个指标。

3. 根据动态分析方法的分类

城中村经历了农村居住聚落、半城中村（城乡接触阶段）、城中村（城乡冲突阶段）和城中村瓦解（城市化阶段）四个阶段。城中村根据发育成熟程度分为城市出现之前本地农民的村落、城市建设中失地农民的就地集中安置区、原住民面向外来低收入阶层的廉租屋区三类。按城市与农村村庄相交结的形态特征，城中村可分为全包围型（"都市里的村庄"）、半包围型（部分成为"都市里的村庄"）、外切型（村庄与市区边缘——河涌、铁路、公路线相切）、飞地相邻型（与开发区相毗邻，或在新开发的工业区出入口）、相离型（村庄尚呈独立形态）、内切型（与全包围型相似）六类。按城市化程度可以划分为基本上没有农业的城市中的村庄；含有部分农业正在向完全城中村转变的村庄；以农业为主，即将成为城中村的村庄三类。

4. 建设用地比例分析法

研究者根据建设用地比例将广州城中村分为几乎没有农用地、农用地和建设用地比例大致相当、尚余较多农用地三类。西安根据人均耕地或人均土地（不含宅基地）面积，将低于0.13亩的村庄定为城中村，根据城市总体规划用地性质、有无周转土地、土地使用强度和所处的地理区位，将城中村归纳为位于城市建成区内、已无周转土地、村庄用地性质为公用建筑用地型，居住用地型，城市道路、广场、绿地、文物遗址等用地型；位于城市建成区周边、尚有一定的周转土地、村庄规划用地性质为居住用地型；位于城市建成区以外城市规划建设允许范围以内、有一定量的耕地但将被城市增长所利用型等五类。根据建设用地占总用地的比例，城中村划分为典型城中村（70%以上）、转型城中村（30%～70%）、边缘城中村（30%以下）三类。按照保留农用地的多少分为处于繁华市区已完全没有农用地的村落、市区周边还有少量农用地的村落、远郊还有较多农用地的村落三类。

5. 根据城市生态景观的分类

从城中村的自然形态出发，可分为村域范围内山体、水体、植物等自然元素占主导性比例的自然型和村域范围内建筑及道路广场等用地占主导性比例的建成型两类。从城中村在城市市域生态布局中的重要性出发，可分为在城市市域生态布局中占重要地位的生态型和占次要地位的非生态型两类。从建筑结构特征看，城中村可以归为旧村古貌、空心村、农民新村三种形式。

6. 本书对城中村的应用分类

从城中村的治理和改造的研究与工作出发，笔者倾向于做了下面的划分，见表2-1。该划分是从城市区域规划的角度出发，把属于市、区、镇的行政区域范围内、远郊的、尚未具有鲜明城市化特征，但是已经成为城市规划区域的农村也包含在内。其中，A类和B类属于典型的城中村。

表2–1　　　　　　　　　　城中村的主要类型

内容	A类	B类	C类
区位	被城市建设所包围	城市边缘	城市规划区域（远郊）
农用地	无或很少	部分	绝大部分
居民从事产业	以第二、第三产业为主，土地资源为其主要收入来源	以第一产业经济类为主，兼业化严重	基本为第一产业
基础设施	比较完备	城市部分设施延伸至此，自身建设落后	落后
人口及素质	非农人口比重大，人口分离，流动人口占绝大多数，农民素质较高	农业人口为主，存在部分流动人口，农民受城市文明冲击较大	基本为农业人口，城市文明普遍对当地农民影响较弱

资料来源：刘红萍、杨钢桥：《农村城市化中的城中村形成机制与思考》，载于《农业现代化研究》2004年第4期。

（二）城中村概念与相关概念辨析

1. 城市旧区

城市旧区是指在城市范围内，但是结构和功能衰退老化的区域。这里的"旧"，不是指时间上的旧，也不是指物理上的旧，而是指其整体功能不能满足社会政治、经济、文化的发展和居民生活的需要，因而需要通过旧区更新，对其物质环境进行科学的完善，调整原有用地结构及人口分布，以提高城市整体功能。

2. 城边村

城边村，也称城郊村、近郊村，一般位于城市市区的边缘或城市的郊区，拥有耕地，大部分村民仍从事农业生产活动，但同时在经济联系以部分基础设施等方面已经与尝试紧密结合。随着城市的发展，城边村正逐渐演变为城中村，或直接成为城市的一部分。

3. 城乡接合部

城乡接合部是指兼具城市和乡村的土地利用性质的城市与乡村地区的过渡地带，又称城市边缘地区。城乡交错带尤其是指接近城市并具有某些城市化特征的乡村地带。早期城市与乡村的景观差异明显，随着城市化过程，城市不断向外围扩展，使得毗邻乡村地区的土地利用从农业转变为工业、商业、居住区及其他职能，并相应兴建了城市服务设施，从而形成包括郊区的城乡交错带。城乡交错带位于市区和城市影响带之间，可分为内边缘区和外边缘区。内边缘区又称城市边缘，特征为已开始城市建设；外边缘区又称乡村边缘，特征为土地利用仍以农业占支配地位，但已可见许多为城市服务的设施，如机场、污水处理厂和特殊用地等。

4. 城市贫民窟

虽然在社会犯罪集中、基础设施薄弱等方面存在共同点，但是西方国家和亚非拉国家城市出现的贫民窟与中国城中村是本质截然不同的现象。从西方发达国家来看，绝大多数农村转变为城市是必然的，由于西方国家没有实行城市和农村两套经济社会管理体制，由农村转变为城市是一个自然吸附、互相融合的过程，不存在类似中国的城中村。中国的城中村在本质上不同于上述国家城市的贫民窟。

二、城中村演变历程考察

在1978年开始改革开放后的30多年里，一些经济发达地区城市的建成面积迅速扩张，原先分布在城市周边的农村被纳入城市的版图，被高楼大厦所包围，成为"都市里的村庄"。比较著名的城市如北京、天津、重庆、上海、武汉、广州、深圳等城中村问题较为突出。

根据城中村的演进过程，城中村是伴随城市化的进程而产生、发展、逐渐演化的，从开始的村落逐渐过渡到了完全的城中村。在城乡二元体制的背景下，城市建设的迅速发展、工业化兴起，城市建设用地的需求量不断增加，沿交通干道迅速扩展，原来的农村居民点越来越多地被圈入城市发展用地范围，经济上也逐渐从农业转向第二、第三产业。村镇被城市包围，产业结构由以农业为主转为以第二、第三产业为主，大部分农民已经完全脱离了土地。然而，这些村民由于土地、户籍、人口、行政管理等仍处在农村体制之下，其经济、社会和建设都没有能够纳入城市规划和统一管理中，还处在城市体系之外，于是便形成了今天的城中村。这个时期的一个重要特征就是，该地区的外来人口大幅增加，有的地方甚至是外来人口在社区中占了主导地位，原来的村镇文化已基本消失。

经过以下四个阶段，城中村完成了从形成、发展到消失的过程，因此，也称为城中村的四阶段生命周期（常玮，2006）。

第一阶段为聚落形成阶段,也可称为"前城中村"阶段。其特点为传统农村居住聚落。这时城市尚未扩展至村镇,城中村还只是单纯的农村居住聚落,以农业为主,经济落后,农民收入较低。村镇主要功能是农民居住聚落或农村中心地。

第二阶段为城乡接合部阶段。其特点为城乡接触。城市用地扩展,周边村镇的部分土地被征用,形成城乡混合的格局,工商业逐渐成为城中村主要经济来源,越来越多的村民从事非农活动,农民的生活空间逐渐收缩到狭窄的聚落内部。

第三阶段为城中村阶段。具体表现为城乡冲突。此时村镇耕地几乎全部被城市征用,只剩下完全被城市建成区包围的村镇居住聚落,这个阶段形成了典型的城中村。该地区农民土地被征用已经无法靠种田为生但户口仍然是农业户口,没有实现同步城市化。行政上,城中村还属村镇建制,农业收入极少甚至没有。城中村治安恶化,此时,城与村之间在建设及社会文化方面的冲突日趋明显。

第四阶段为城中村瓦解阶段,特征是完全城市化。随着城市发展,为了尽快消除城中村给城市景观、交通、治安、防灾等方面带来的不利影响。最终,通过某项具体的城市建设项目将拆除城中村纳入议事日程,城中村社区逐渐瓦解,村民逐渐融入城市社会。

三、城中村特征的调查分析

(一) 城区城中村的基本特征

1. 城中村兼具城市和乡村的特征

我国城市化的一种重要形式,就是"城市包围农村"。具体地说,在城市化过程中,为了扩大城市规模,征用城郊农村土地,逐渐将一部分村落包围在建成区内。这些村落起初还在城市郊区,进而位于城乡接合部,随着城市规模的持续扩张,最终蜕变为城中村。城中村具有二重性,既有城市的特征,也有村落的特征。其所具有的城市特征表现在:(1)城中村的居民居住在市区,乃至中心市区;(2)和城市居民一样,主要从事第二、第三产业;(3)城中村居民的生活方式逐步城市化。其所具有的村落特征表现在:(1)作为生产资料或生活资料的土地,其产权归村落集体所有;(2)其所属社区由作为村民自治组织的村民委员会管理;(3)城中村的村民保留比城市户籍更为重要的村籍，由于拥有村籍使得他们的经济收入不仅超越了农民工，甚至超越了一般市民。应当说，土地制度的二元性，是城中村形成的重要因素。在这种二元结构下，城市选择了试图绕开村落这样一种规划思路，使城中村逐渐形成。

2. 城中村经济社会问题严重是其基本特征

城中村基本上都存在以下问题：一是私搭乱建严重。由于利益的驱动，城中村私搭乱建现象十分普遍，这些房屋大多是违法建设。二是基础设施薄弱。虽然处于城市建成区内，但市政基础设施标准低，配套设施严重不足。三是脏乱现象严重。市区内的施工单位在城中村地区违章乱卸渣土，得不到及时清理，征而未建的地块环境更为恶劣。四是社会治安恶化。

从实际来看，以上基本特征非常显著。以陕西省西安市为例，西安市城中村改造工作领导小组办公室调查表明，特别是二环以内 57 个城中村均具备五个方面的基本特征：一是农民耕地拥有量极少，三环以内人均耕地 0.27 亩；二环以内人均耕地 0.08 亩。二是城中村的地理位置优越，农民的生产经营主要以房屋出租为主。三是公共基础设施建设薄弱。村内的道路、给排水、供气供热、环境卫生、园林绿化等设施几乎为空白，居住环境极为恶劣。四是城市规划建设管理的盲区。农民房屋随意加高扩建，以房生财，违章建筑林立，村庄建设无序发展，农民房屋"黑、窄、密"，居住环境"湿、危、杂"，安全隐患较多。五是大量低收入、低素质的流动人口涌入，成为社会不良现象的多发地。[①]

在西方社会，我们经常看到"贫民窟"的字眼。联合国给"贫民窟"的定义是"以低标准和贫穷为基本特征的高密度人口聚居区"。毫无疑问，我国的城中村是一种低标准、高密度聚居区，城中村的大多数居住者又是以农民工为主的低收入流动人口，各色人等混杂，治安问题和环境问题非常突出，具有脏乱差的典型特征。

（二）新兴城区城中村的新特点与问题——以西安市长安区为例

随着城市建设大面积的超常推进，西安市长安区出现了诸多并将继续出现城市包围农村的现象，很多村落（甚至发展不错的村）异乎寻常地成为城中村。按照长安区第四轮城市规划，城区（东至长安路、南至潏河、

---

① 《西安城中村特征调查：位置好环境差 耕地量极少》，载于《华商报》2005 年 8 月 21 日。

西至西沣路、北至雁塔交界）实际规划面积 51.75 平方公里，规划范围内行政村有 36 个，总户数 14999 户，总人口 57099 人，占地面积 40267 亩，其中村庄占地 14047 亩。目前，基本符合城中村改造条件的村有 21 个。对长安区城中村与城区的城中村情况进行了调查分析，新兴城区的城中村具有以下特点。

1. 新兴城区扩张较快，城中村形成突然，农民缺乏适应准备

城区的城中村，是经过十几年甚至几十年的历史形成的，虽然仍是农村经济体制，但人们的生产生活方式早已城市化：脱离了农业生产，收入主要靠住房租赁和其他第三产业，消费全部靠城市提供。长安区城区规划范围内的城中村，除韦曲街道城区的几个行政村形成时间较长外，绝大多数是在城市开发项目（开发区）建设大面积占地后形成的。但是，由于受长期农村生产生活方式的影响，这些突然失去土地而被城市包围的农民，从观念、情感、习惯、能力上都很难适应新的环境。这些人中，既有对城市物质文明的向往，希望很快过上出行方便、购物方便、公共服务功能健全的城市生活；又有对农村田园风光的不舍，留恋于昔日的宁静自然、地缘亲情、伦理规范和生活节奏，对城市文明的很多特征感到陌生而不能自觉接受，甚至不自觉的抵触，更缺乏适应城市生活的生存能力。对这些突然成为城中村村民又缺乏城市生活生存适应能力的人们，需要政府和社会从以人为本出发，给予更多的尊重和关怀。

2. 与老城区相比，人均改造投资成本基本相当，土地价格、商品房售价和规定的容积率明显偏低，改造难度大[①]

由此带来的问题是，由于地价、商品房售价和容积率偏低，按照西安市用地指标获取的城中村改造综合用地，无法收回安置投资成本，需要相应增加长安城中村改造综合用地。

---

① 根据调查，城中村改造人均成本，长安 26.4 万元（包括拆迁费、安置费、工作费用、不可预见费），雁塔、碑林分别是 28.8 万元和 27.4 万元，长安区与上述两区数额差距不大。每亩地售价，长安 150 万元，碑林区、雁塔区分别是 390 万元、340 万元，长安是碑林、雁塔的 38.46% 和 44.11%。商品房每平方米售价，长安 4100 元，碑林、雁塔分别是 5900 元和 5890 元，长安是碑林、雁塔的 69.61% 和 69.6%。容积率，市城改办规定长安不超过 3.5%，雁塔、碑林分别是 4.5% 和 5.5%，长安仅是雁塔、碑林的 77.77% 和 63.63%。人均用地指标，按照市城改办规定，雁塔、碑林分别是 68 平方米、65 平方米；长安不超过 77 平方米，比雁塔、碑林多 10 平方米左右。

3. 宅基地用地明显多于城区，空院面积较大和建筑层次较低

在城区，由于有较大的住房需求，村民为了增加收入，在拆迁前多年甚至十几年，几乎已将院落盖满且层次较高，获取了较高的租赁收入。但长安区的城中村，较长时期一直是农村经济的生产生活方式，为满足村民农业生产和家庭经济需要，宅基地占地面积一般较大，院落空间也比较大，建筑层次一般二层。根据市城改办统计信息，城中村人均村域土地，碑林区、雁塔区分别是 0.103 亩和 0.299 亩；长安区是 0.352 亩，分别是全西安市和碑林区、雁塔区的 3.42 倍和 1.18 倍。

4. 抢盖搭建，违章建筑较多

现在面临城中村改造，不少村民为了获取数额更大的拆迁赔偿利润，在院落空间和低层次建筑上进行加盖抢盖。这种建设，没有任何实质意义的社会财富创造，但将大量增加安置补偿和拆迁成本，导致社会资源的严重浪费，需要采取有效措施，避免和遏制加盖、抢盖。①

---

① 《长安区城中村的特点与问题》，西安市长安区政府网，http://www.changanqu.gov.cn。

第三章

城中村研究的理论基础

一、城中村问题的中国城镇化理论

传统城市化是先进行工业化的发达市场经济国家的城市化模式。当时,城市化与工业化基本上是同步的,缺乏统筹安排,也没有科学的城市规模概念,经济和社会的可持续发展并未被城市领导层所考虑。在某些发达的市场经济国家,城市化率高达90%以上。城市化率,在经过200多年的工业化和城市化之后,至今已经没有重要意义,也很少再被人们关注。现阶段,在本国公民权利平等和身份限制已消失的条件下,城市化率就没有什么意义了。

传统城市化模式是不适合中国国情的。根据中国国家统计局的资料,迄今为止中国的城镇化率略高于50%。但据研究中国城镇化的专家的意见,中国目前的城镇化率还不到50%,理由是,中国至今仍存在城乡分割的二元户籍制度,城镇中一些农民工虽然在城镇中已是常住人口,但农民户籍未变,身份仍是农民,不能同城市居民享受同等待遇,反映了城乡一体化程度的不足。

从另一角度看,如果中国要达到西方发达国家的城市化率,即90%以上的人口集中于城市,那么城市居住条件必定恶化,居民生活质量必定下降。即使城市会因人口的增加而新增不少服务业就业岗位,但就业机会依然满足不了涌入城市的农民们的要求。因此,中国必须走适合中国国情的城镇化道路,即中国城镇化分三部分:老城区+新城区+农村新社区。[①]

---

① 厉以宁:《走符合中国国情的城镇化道路》,引自厉以宁主编《中国道路与新城镇化》,商务印书馆2012年版,第Ⅰ页。

其中，城中村的城乡一体化改造，主要在新城区和农村新社区。

二、城中村形成原因的有关理论

我国实施计划经济条件下的长期城乡二元体制是城中村形成的体制原因，导致城中村产生和具有的空间、经济、社会特征的根本因素是经济和制度。从城中村形成的微观演进分析来看，其实质是利益问题，因此，改造过程是各相关主体之间重新进行利益调整的过程。

1. 城乡二元经济结构、体制制度理论观点

更多的研究者运用城乡二元结构理论对城中村形成原因进行界定。认为城中村是位于城乡边缘带，一方面具有城市的某些特征，另一方面还保持着乡村的某些景观，以及小农经济思想和价值观念的农村社区；是由于城市快速发展而被纳入城市建设用地内距新旧城区较近的村庄；是存在于城市与村落之间的混合社区。城中村在体制上仍实行农村集体所有制和农村私营体制，具有一城两制的城市社区特点，是不同经济区域因制度差异交错发展而形成的兼具城乡二元特点的混合状态。

2. "中等收入陷阱"理论

世界银行在《东亚经济发展报告（2007 年）》中提出了中等收入陷阱（Middle-Income Trap）这一概念。中等收入陷阱是指：不少中等收入国家经济长期停留在中等收入阶段，原有的增长机制和发展模式中的矛盾爆发出来，原有的发展优势渐渐消失，它们迟迟不能越过人均 GDP 1 万美元这道门槛，进入高收入国家的行列。世界银行 2007 年报告中之所以提出中等收入陷阱概念，正是 20 世纪后半期以来一些已落入"中等收入陷阱"的发展中国家的教训的总结。根据厉以宁教授的分析，中等收入陷阱实际上包括了三个"陷阱"，它们分别是：第一，发展的制度陷阱；第二，社会危机的陷阱；第三，技术陷阱。其中，发展的制度障碍还在于社会垂直流动渠道被严重阻塞了。社会垂直流动渠道通常比社会水平流动渠道更重要。只要没有迁移受限制的户籍制度，农村或集镇的居民可以自由迁往城市居住并在那里就业，其后果主要反映为城市生活环境恶化，出现贫民窟或棚户区，社会治安状况不佳等。社会危机陷阱是由贫富差距扩大、城乡收入差距扩大、地区收入差距扩大和缺乏社会管理创新所造成的。

3. 社会学理论观点

城中村在社会结构、经济生活、人员身份、管理方式等方面依然承传农村聚落特点，是一种介于城市和乡村之间的非城非乡的聚落形态、城乡变异的社会形态。城中村户口关系十分复杂，居民职业结构与生存方式已基本完成向城市社区转型，但在基本素质上仍缺乏城市社区内涵特征。

4. 人居环境理论观点

人居环境理论认为，城中村是一种居住形态，是城市扩张中在原有农村集体土地和农民宅基地上建成的居住区域。建筑表征是"城不像城、村不像村"的无序异质的病理聚居形态；是乡村在向城市转型过程中由于各种原因造成转型不彻底而形成的一些在用地上以原有居住功能形态为主的聚居形态。

5. 系统功能主义理论观点

系统功能主义认为，城中村是一个社会系统，房屋出租经营和村股份经济、村委会、集体意识、社区教育和社会控制分别承担着系统的四个功能。城中村要维持良性运行须保证四个子系统有机统一。

三、城中村治理改造的有关理论

1. 城中村改造的利益冲突理论

城中村改造涉及政府、业主与改造单位三方的利益，其中政府代表的是公共利益，其他两方代表各自的利益，城中村改造的实质是调节三者之间的相互关系以达到利益均衡。具体到改造项目来说，政府不再是笼统、抽象的，而是具体为市政府、区政府、街道办（当然也包括相应的各级业务主管部门），相互之间有各自的利益；具体到城中村来说，业主包括城中村集体经济组织和村民个体，而且集体经济组织还是个体村民的群体利益代表，这一点与普通居住区分散的小业主大不相同；改造单位是指取得改造权的权利主体，一般情况下应为房地产开发商，在特殊情况下政府和业主也可以充当改造单位。

（1）政府与改造单位的关系。该关系主要涉及规划与地价两方面问题。规划方面主要考虑的问题是，政府在确保达到城市发展要求的前提下，兼顾改造单位的利益，确定适当的开发强度，分担合理的市政配套设施。地价方面主要考虑政府如何采取地价优惠或补贴的方式，给开发建设单位让利，确保改造项目得以进行。因此，确定合适的开发强度与地价就成为平衡二者关系的焦点。

（2）政府与业主的关系。该关系主要涉及房地产权确认及保护小业主利益问题。与一般国有土地不同，城中村因土地产权不清晰而产生了大量违法建筑，给城中村改造带来很大障碍。因此，解决改造前后房地产权确认问题是处理政府和业主之间关系的主要内容。当然，通过完善改造政策、采取措施以防止出现楼房烂尾、业主无法回迁等问题，也是政府的职责所在。

（3）改造单位与业主的关系。该关系涉及拆迁安置补偿，主要考虑改造单位以何种方式、标准对业主进行安置补偿的问题。该关系很大程度上是个市场问题，政府不宜直接介入。

综上所述，城中村改造的实质是通过解决产权、规划、地价及拆迁补偿安置四方面问题来平衡政府、业主与改造单位三者之间的利益关系，其中解决土地产权问题又是城中村改造的基本前提。

2. 城市政体理论

城市政体理论从政治经济学的角度出发，对城市发展的动力——市政府、工商业及金融集团和社区三者的关系，以及这些关系对城市空间的构筑和变化所起的影响提出了一个理论框架。该理论认为，城市空间的变化是政体变迁的物质反映。谁是政体的成员，谁是政体的主导者，会引起城市空间结构的不同变化。

城中村改造实质上也是各方利益博弈的物质反映：当政府力量占据主导地位时，政府主导的改造拆迁就会服从全市统一规划，为全市的发展谋求最大利益；当开发商力量占据主导地位时，城中村改造就会朝着开发商的意愿发展，为开发商谋求最大利益；当城中村村集体力量足够强大时，城中村改造就会最大限度地满足村集体的利益。

3. 产权理论

产权理论是 1991 年诺贝尔经济学奖得主科斯（Coase）奠基开创的，它是一种经济理论。产权理论认为没有产权的社会是一个效率绝对低下、资源配置绝对无效的社会，清晰地产权可以很好地解决各种经济问题。城中村规划改造是涉及社会、经济、人文等多方面的综合体，其中经济的重要性显而易见，几乎所有的城中村都有自己的集体资产，一个合理的内部经济体制可以为村民带来更高的经济收入，从而促进规划改造的实施，这就涉及明确产权的问题，一般情况用现金分配较为合适，因为这一方式使产权清晰明确、简单、易于操作且有利于村民自主择业。而股份分配则会带来许多难题。当然，现金分配需要以村集体资产全部能够变现为前提。对此，可以将乡、村两级所有的工商企业全部出售，出售时应允许企业的现行主要经营者优先购买。这有利于企业的正常经营与产权主体变更的平稳过渡。农田则可采取如下两种方式处理：一是仍由实际耕作的农民承包经营，一旦要将农田变为工商用地，其出售获得的收入应按比例返还给全体村民；二是政府收回储备起来适当时候出售。但政府不能无偿获得，应按一定价格收购。

4. 可持续发展理论

可持续发展理论是具有高度概括和综合性的战略思想，起源于生态学。对可持续发展做出明确界定并取得世界范围认可的，是1987年世界环境和发展委员会（WECD）发表的《我们共同的未来》中对可持续发展提出的定义。可持续发展理论是指既满足当代人的需要，又不对后代人满足其需要构成危害的发展模式。这一概念包含了三层含义：（1）"需要"，既要满足当代人的需要，又不危及后代人的利益；（2）"限制"，人类对资源与环境的索求不应超出它的承载极限；（3）"协调"，当代与后代、局部与整体、自然与社会、发达地区与落后地区等，强调适度与协调前提下的公平发展。

可持续发展是具有高度的战略意义和实践意义的指导思想，已引起各国政府高度重视和认可。我国政府于1994年制定的《中国21世纪议程》中明确提出了跨世纪人口、经济、社会和资源协调发展的奋斗目标。城中村现象的存在，对整个区域城市的现代化进程是一个很大的障碍，它导致了区内城市的人口、资源、环境和经济发展之间的不协调。运用可持续发展理论对这个现象深入分析研究，具有很强的指导意义。

5. 利益相关理论

城中村治理改造的实质是相关者利益再调整和均衡问题。由于城乡二元管理体制及其造成的利益代表的偏好，加上土地产权市场的封闭交易使城中村改造过程中的多方利益非常难以协调，村民宁可为"村民"而不愿为"市民"。学者运用动态博弈理论分析了政府、村民和开发商三者的利益冲突与协调关系，求得的均衡结果表明，城中村改造有三种模式可选择：政府主导型；村民自治型；政府、村民、开发商共同改造型。城中村改造的基本逻辑是构建政府、村民、开发商的多维利益协调机制。

6. 体制改革理论

村落难以终结的根源是制度安排的缺位或滞后。因此，村落的终结要在行政体制、土地制度、住房制度、建筑形态、公共设施、产业发展、社会结构和形态、人口和户籍制度等方面进行系统的制度安排。

7. 社会福利理论

城中村改造的理想状态是提供更多的就业机会和社会福利，是一个政府追求最大化的社会收益、投资商追求尽可能高的经济收益、村民追求经济收益提高和生活条件改善、外来人口追求安居乐业的过程，实质是社会资源在四方之间再分配的过程，是社会福利均等化的过程。廉租房是解决城中村环境下弱势群体社会福利的重要措施。以人为本的城中村病理聚居形态治理模式的操作方式采用的是廉租房单元体系，其模式具有高密度、小户型、低造价和大批量等特点，获益者为城中村原有居民及其城市居住条件弱势群体。

8. 人的全面发展理论

城中村改造要以不降低城市系统可持续发展能力为前提，以实现人的全面发展和社会和谐为目的。以人为本的城中村病理聚居形态治理模式的实质，是一种偏重于以原有居民及其他城市居住条件弱势群体为治理行为的关注对象，以"规划全覆盖、建筑模式化"为主要治理方式的治理模式，强调建筑空间物质环境治理与适用人群之间的互动关系。

9. 旧城更新融资理论

国外旧城更新中普遍采用的公私合营 PPP（Public – Private Partnership）模式，即公共政府部门与民营企业合作模式，近年来被许多城中村改造所采用并取得成功。它是在公共基础设施建设中发展起来的，以参与各方"双赢"或"多赢"为合作理念的一种项目融资与实施模式。城中村改造应该根据项目类型、投资主体、筹资方式、民营资本参与方式、资产特点结合具体对象选择不同的 PPP 模式。

10. 城市经营理论

经营好城中村集体资产使其实现保值增值是治理城中村问题的核心。

城中村集体资产包括厂房、公共服务设施、现金收入、由村委会支配的部分征用土地的补偿费、村办企业所产生的商标、专利等知识产权。城中村集体资产保值增值是运用城市经营理论治理城中村的重要思路。

11. 城市生态学理论

生态化发展是现代城市可持续发展的重要指导思想。自然生态景观保存完好的城中村具有较高的生态休闲、旅游、城市美化价值，应当基于完善城市生态景观体系目标，按照生态城市、山水园林城市要求优化城中村社会、经济、资源与环境。生态优化策略下的城中村改造方式主要有都市里的生态村、城市中的乡村民居度假村、生态公园等。

第四章

城中村产生的原因解析

城中村不仅是一种房屋形态，也是一种社会形态。城中村存在的根源是城市化没有瓦解原农村社区的居住结构和社会结构。只要原居住结构和社会结构没有瓦解，城中村就仍然可能是城中村。城中村可谓是我国城乡二元结构的集中反映和典型代表，虽然其行政隶属关系上已经作为城市社区，却依然保留着农村的生活方式和行为习惯，并未完全融入城市经济与社会生活。究其形成的主要原因，既包括城市化扩张的客观因素，又受到城乡二元结构体制等主观制度性因素的根本影响。

城中村产生的原因是多方面的。从制度角度讲，土地集体所有制、宅基地政策是形成城中村的重要制度条件，土地集体所有和宅基地政策，把村民捆在一起，形成了一个基于土地的利益共同体，难以分化瓦解，这与土地私有国家形成了显著区别。从社会经济角度讲，中国农村宗族和地缘观念很强，安土重迁，这种居住观念构成了城中村存续的社会心理条件；同时，随着城市化的推进和社会经济的发展，土地增值，外来人口激增，使得私房出租成为一个利益丰厚的产业，这是城中村得以发展的经济条件。

一、工业化与城市化的快速发展是城中村现象产生的直接原因

城中村的产生与形成是我国近些年城市化进程快速推进的结果。1978~2009 年，是我国工业化和城市化迅速扩张的 30 年，国家统计局公布的数据表明，期间城市数量由 193 个增加到 655 个，增加 462 个；城市化率由

17.9%增加到了46.6%，提高了28.7%；城市建成区面积超过3.8万平方公里，城镇居民人均住宅建筑面积由6.7平方米增加到28平方米。城市与城市化的快速扩张，必须要有大量土地支撑以满足扩张的需求，必须要通过征收城市周边农村的耕地获得扩展的空间，于是城市近郊的农村就被高涨的城市化浪潮所席卷，实现了"城市包围农村"。城市扩张绕过了农民聚集的村落，只征收了他们的土地资源，而没有将农村人口真正地融入城市，于是一个个的"孤岛"及城中村产生了，如图4-1所示。因此，工业化与城市化的快速发展是城中村现象产生的直接原因。

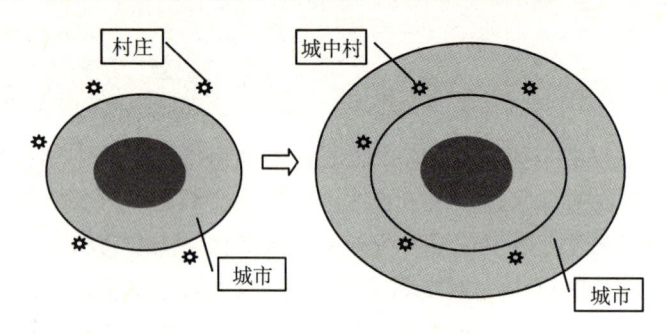

图4-1 城中村形成示意

二、城乡二元体制是城中村形成的深层次制度性因素和根本原因

世界上的发展中国家普遍地存在着城乡二元结构（包括社会结构和经济结构），它主要表现为国民经济由现代城市工业部门和传统的乡村农业部门所组成。这种二元结构是发展中国家在实现工业化、城市化过程中自然出现的现象。一般发展中国家二元结构是在经济发展因市场机制原因自然形成的，虽然城市产业比农村产业先进，但因为生产要素可以在城乡之间自由流动，城市对农村的经济辐射又能带动农村经济的发展，农村剩余劳动力能够被城市产业逐渐吸收，从而可以使二元结构相互转化。我国的二元结构受集中式计划经济体制和优先发展重工业的工业战略偏差制约，表现出与其他发展中国家不同的特殊性，形成了城乡封闭的二元经济结构与社会结构，以及并存的一系列制度安排，如城乡二元土地所有制、城乡二元户籍身份制度、城乡二元分配制度、城乡二元社会保障制度等。我国实行的城乡二元结构体制是城中村形成的深层次制度性因素，也是根本原

因所在，其具体表现为以下方面。

1. 城乡二元土地制度是城中村产生的核心因素

我国的土地制度在世界上是独一无二的，根据城乡实行不同的所有制度，即所谓的土地的二元所有制结构。《中华人民共和国土地管理法》第二条规定："中华人民共和国实行土地的社会主义公有制，即全民所有制和劳动群众集体所有制。"根据《中华人民共和国宪法》第十条、《中华人民共和国土地管理法》第八条规定，"城市市区的土地属于国家所有，农村和城市郊区的土地，除由法律规定属于国家所有的以外，属于农民集体所有；宅基地和自留地、自留山，也属于集体所有"。城中村作为都市里的村庄，呈现出了最为典型的国家土地所有权和农村集体土地所有权两种差异明显的城市内部土地二元结构。城市的扩张只能征用农民作为生产资料的耕地，一般不能征用农民作为生活资料的宅基地；同时政府为了避免或降低高额的征地补偿、房屋拆迁补偿、居民就业安置等成本，因此政府通常选择交易成本最低的城市化方式，在城市规划中绕过城中村，避开农民的居住区，原来的农村就变成了"孤岛"。

土地产权制度是城中村居住环境问题形成的根源。1982年党中央明文规定："社员承包的土地，不准买卖，不准出租，不准转让，不准荒废"。1994年，中央农村工作会议决定把土地承包期在原来15年的基础上再延长30年。这样，土地承包期实际为50年不变。农民的土地承包权，具体表现为农民对其承包的土地在合同期内的占有权、使用权、收益权，承包者有权在合同期范围内独立自主地从事经营。由于农村土地的产权归村集体所有，在城市化过程中，国家可以征用作为农民生产资料的农用地，但难以征用作为生活资料的宅基地，房地产商就无法介入城中村的整体性房产开发，而只能留给村民分散地进行粗放型开发。

2. 农村集体土地换取经济利益的行为强化了城中村形态

城中村中的农民因外来人口急剧涌入城市而带来了难得的获利机会，特别是随着城市的经济发展，城市的土地价格也日益攀升，高昂的地价使处于优越地理位置的城中村聚集了雄厚的集体财富，无耕地的村民凭借其有利的区位条件，在自己拥有使用权的宅基地上大量地建造房屋以供出租，并以此获得了不菲的收入，城中村村民成为新型的租金食利阶层。村集体开始在留用地上与房地产商合作开发商业地产和住宅，诸多的农民则在各自的宅基地上大量地建房。建房者在有限的宅基地上，一方面通过超高建筑来实现利益最大化，另一方面通过侵占公共空间来实现利益最大化。从个体理性选择的角度看，城中村这种特殊的建筑群体和村落体制的形成是农民城市外来务工人员大量出现，以及在土地和房屋租金快速增值的情况下，追求土地和房屋租金收益最大化的结果。原来城市化排斥城中村，转变为如今的城中村拒绝被城市化、市民化。经济收入的路径依赖，极大地强化了城中村长期存在和发展的现实性与被拆迁改造的艰难性。

3. 城乡二元人口管理制度

城乡分割的户籍管理制度是1958年以后逐步建立和发展起来的，是计划经济的产物，更是短缺经济的结果，是根据当时农业生产率低、农产品供给不足做出的理性抉择，与当时实施的粮油等主要农产品统购统销、计划配给制度是一致的。以户籍管理制度为核心，人为地划分为农业户口与非农业户口自计划经济时期形成，旨在抑制人口流动的户籍制度，在当今人口自由流动的时代仍然发挥着"束缚"和"锁定"功能。城中村在城市化的过程中，人口本应随着土地同时实现非农化，然而由于户籍制度的"锁定"，使得土地城市化了，村民却仍然是农民。户籍制度迟迟未"松绑"，却又使得城中村的村民由边缘人群迅速转变为既得利益者，他们在享受城市提供的交通、教育等各种公共服务设施的同时，仍然可以享受其他农民应有的权利，如以户籍制度为核心的计划生育、人口迁移、宅基地分配等政策，这种双福利也加强了他们对目前现状的认同。

4. 城乡二元行政管理制度

农业户籍的村民城中村所保留的农村行政建制，由村委会从行政上进行管理，农村社区具有特殊的血缘、地缘纽带，农村行政管理体制成为这些村庄在城市化过程中实现自身利益最大化的"体制外壳"。

城乡隔离的二元结构体制是城中村产生的根本原因。一个国家的城市化进程，在根本上受到两个因素的制约，即工业化和制度。如果说工业化是通过非农产业就业人口的聚集而促进城市化的话，那么制度则是通过对各种经济社会运行规则的制定和执行来影响城市化的。工业化对城市化的影响具有一定的张力和韧性，而制度对城市化的影响则具有刚性。

总体而言，我国在计划经济时期为了推进重工业优先发展战略而实行了一系列的城乡隔离政策，形成城市与农村分割的二元结构制度，在城市化过程中，这种旧的制度安排所存在的各种深层次矛盾在短期内难以得到根本性的解决，城中村便在城乡二元结构制度的束缚下，作为这种特殊制度安排的产物产生了。这种城乡二元结构制度主要表现在三个方面：一是二元土地制度，即农村土地集体所有制和城市土地国家所有制。二是二元人口管理制度，其中户籍管理制度是最主要的，户籍政策采取农业户口与非农业户口两种制度，还有以户籍制度为核心的计划生育政策。二元化的户籍管理制度对城中村的形成有重要影响，在城中村形成之前，村民因农业户籍而长期被排斥在城市化和工业化之外，本可以在城市化过程中陆续融入城市社会，却被户籍制度"锁定"在土地上，然而，在市场化改革不断深化的背影下，户籍制度改革的滞后却使得原有的村民由边缘化人群迅速转变成既得利益者，单纯对户籍制度的改革已经很难彻底改变城中村的社会经济结构。三是二元的行政管理制度，即城市行政组织负责管理和服务非农业人口户籍的人口，而农村行政组织负责管理和服务农业户籍的村民。城中村所保留的农村行政建制，由村委会从行政上进行管理，农村社区具有特殊的血缘、地缘纽带，农村行政管理体制成为这些村庄在城市化过程中实现自身利益最大化的"体制外壳"，作为政权组织在农村基层的延伸机构，村委会在执行上级的命令时，常会以保护村落局部利益为取向而使政策走样。这种二元体制框架中，二元土地制度是城中村产生的核心因素。城中村虽然身处市，但仍保留着土地的二元所有制结构——城镇土地制度和农村土地制度，相对应地形成了国有土地所有权和集体土地所有权两种差异明显的城市内部土地使用的二元结构，国家可以征用作为农民生产资料的农用地，但难以征用作为农民生活资料的宅基地。政府在城市规划中将城中村视为一类独立的用地单元，采取"保留村镇用地"的做法将城中村绕过去。在具体规划过程中，一方面是根据城中村人口增长预测，划出后备宅基地供村民居住；另一方面，土地开发方将其征用村镇土地中的一部分，作为村镇经济发展用地返还，由村镇自行开发。政府由于无法在短期内承担转换城乡分割的二元管理体制所带来的成本，如高额的土地和房屋拆迁补偿，村改居后居民的城市社会保障以及失地村民的就业安置等问题，导致在城市建成区向外扩展时，城市化建设采取了"绕道"的形式，避开农民的居住点。然而外来人口的急剧增加为村集体留用地及宅基地的房地产开发和出租业的发展提供了机会，于是村集体开始在留用地上与房地产商合作开发商业地产和住宅，农民则在各自的宅基地上疯狂地建房。由于每一寸土地都可能转换为潜在的高昂的出租收益，因此建房者在有限的宅基地上，一方面通过超高建筑来实现利益最大化，另一方面通过侵占公共空间来实现利益最大化。这样上面所描述的城中村便合乎逻辑地产生了。可见，城乡分割的二元结构制度是城中村产生的根源，这种长期以来所形成的在土地管理、人口制度、行政管理等方面的二元结构在城中村中根深蒂固，并在改造中，制造了很大的制度障碍，成为城中村改造的难点所在。

与城乡二元结构相联系的城中村，其所固有的一种特殊现象，即"一村两制"。哪里有城中村，哪里就有"一村两制"。由于城市在征地过程中，往往只能将部分农民"农转非"，而把其他村民和整个村庄纳入农村管理体系，这种"一村两制"的现象根源于用招工进厂的"农转非"方式，来代替村庄、村民的城市化。伴随市场取向改革的深化，城市居民（主要指近年来农转非的居民）依附在户籍制度上的社会福利保障的含金量明显减少，这种征地方式既没有解决"人"的城市化，也没有解决"村"的城市化，并会带来城乡差距倒挂的现象。

有关农民和农村各种问题的研究常归因于小农意识而忽视了制度和管理问题。假如对农民和农村进行科学管理和制度重构，我们肯定可以通过调整村民的众多行为而降低目前城中村规划建设糟糕的程度。事实上，即使是由于土地产权制度的制约使城市管理的制度和手段一时无法有效地扩展到城中村，也并不意味着城市开发管理部门可以忽视这些特殊区域的开发情况，适度的控制与引导是完全可行的。在城中村的建设过程中，规划与管理在这些地方几乎是一个绝对漏洞，这种人为造成的二元管理格局，实际上默认了城中村开发中的个人主义和无政府主义。

三、城中村的经济特征进一步强化了二元结构制度

城乡分割的二元结构制度是城中村产生的根源，也是城中村改造中的难点所在，之所以称之为难点问题，关键在于其涉及城中村改造的对象——农民的切身利益。可以说，农民是二元结构制度的既得利益者，力求维护二元结构制度所产生的生存状态，使其产生了路径依赖，这种路径依赖使得城中村的状况陷入长期的非效率的锁定状态。

路径依赖类似于物理学中的惯性，一旦进入某个路径（无论是好还是坏）都可能对这种路径产生依赖，路径依赖形成的原因中最主要的就是利益集团的因素，利益集团是存在自身利益需要的集团。这些利益集团对现存的路径有着强烈的需求，他们力求巩固现存的制度，阻碍选择新的路径，哪怕新的体制比现存的体制更有效率。在城中村改造过程中农民是既得的利益集团，他们从二元结构制度中受益匪浅，正是由于利益的内在驱

动,使得村民不愿改变旧有的制度安排,相应地二元结构制度就产生了路径依赖的效应。

农民从二元结构制度中得到很多利益,如农村土地产权制度所带来的租金收益、农村人口管理制度所产生的三大优势和农村村委会管理制度带来的集体经济的分红和福利等,这使得作为理性经济人的农民强烈地依赖于这种制度安排,并力求维护之。

首先,二元土地产权制度的租金收益。我国实行的是二元土地产权制度,农村土地所有权归集体所有,国家难以征用农民的宅基地,农民对宅基地具有相对自由的使用权。城中村的"孤岛"形成后,村中的农民却因外来人口急剧涌入城市而带来了难得的获利机会。特别是随着城市的经济发展,城市的土地价格也日益攀升,高昂的地价使处于优越地理位置的城中村聚集了雄厚的集体财富,无耕地的村民凭借其有利的区位条件在自己拥有使用权的宅基地上大量地建造房屋以供出租,并以此获得了不菲的收入,城中村村民成为新型的租金食利阶层。村集体开始在留用地上与房地产商合作开发商业地产和住宅,农民则在各自的宅基地上疯狂地建房。建房者在有限的宅基地上,一方面通过超高建筑来实现利益最大化,另一方面通过侵占公共空间来实现利益最大化。从个体理性选择的角度看,城中村这种特殊的建筑群体和村落体制的形成,是农民在土地和房屋租金快速增值的情况下,追求土地和房屋租金收益最大化的结果。这种收入模式使得局面开始发生逆转,由原来城市排斥城中村转变为如今的城中村拒绝被城市化、市民化,经济收入的路径依赖极大地强化了城中村长期存在和发展的现实性与被拆迁改造的艰难性。

其次,人口管理制度给农民带来的三大优势。我国一直实行的是城乡二元的户籍制度管理,虽然城市居民在很多方面优越于农村居民,但城中村村民在某些方面也有比城市市民优越的地方,如可以同城市居民一样享受到城市的设施、交通、入学等,而同时他们又可以像其他农村村民一样享受到"计划生育、人口迁移、宅基地分配"三大优势。在计划生育政策方面,城市户口只能生一胎,而农村户口却可以合法地生两胎,在人口迁移政策方面,因为城中村是农村建制,从农村迁移入户城中村则比较容易,属于乡—乡迁移流动,一般不受国家计划控制,在宅基地分配与使用方面,按政策城中村内的每户村民都可以分到一块宅基地,宅基地当初的取得成本几乎是无偿的。但现今城市土地的升值,使得许多中村村民的生活问题就靠它来解决。这就使许多城中村的村民不愿转变户籍,成为市民的一员。

因此，计划经济时期形成、旨在抑制人口流动的户籍制度，在当今人口自由流动的时代仍然发挥着它极大的"束缚"和"锁定"功能。城中村在城市化的过程中，人口本应随着土地同时实现非农化，然而由于户籍制度的"锁定"，使得土地城市化了，村民却仍然是农民。户籍制度迟迟未"松绑"，使得城中村的村民由边缘人群迅速转变为既得利益者，他们在享受城市提供的交通、教育等各种公共服务、设施的同时，仍然可以享受其他农民应有的权利，这种双福利加强了他们对目前现状的认同。

最后，农村的行政管理制度的集体经济分红与福利。目前，城中村的管理体制基本上是属于农村管理性质，这种管理体制的特点：一是党、政、企高度合一，党支部、村委会、村集体经济三种组织结构的结合，其中党支部和村委会作为村集体企业的决策层，而分散的村民则成为分红的股东。二是职能上的全能化。村委会成了管理全村政治、经济、思想、生活等社会职能的小政府，对村民实行一种统包统揽的全方位全能化管理。

不少城中村的村集体收入主要来自物业收入，由于城中村地价的升值，使得一些城中村的集体财产数额也相当惊人，村民作为村集体经济股份合作制的股东，能够按照股份分红，且分红的金额相当可观。在城中村行政管理制度中，村民委员会还要负责村集体的福利，如老年村民的养老金、村民的医疗补贴、村小学教师工资外的福利补贴及小学硬件建设、村道路和管线的建设、村民服役的补贴、献血补贴、上高等学校补贴，等等。村集体的分红和福利制度使得村民产生一个村籍的身份，拥有村籍就意味着拥有一系列的收益与福利，这就加深了村民对这种村落管理制度的依赖。

二元经济结构产生城中村，利益驱使使二元经济结构长期存在。城中村改造的一个核心问题就是土地问题，所以城中村的转制和改造，以及进一步的城市化都离不开对土地产权和土地资产经营的研究和探析。

四、城中村形成的历史文化原因

除了城市化推进的客观因素和制度性的主观因素以外，城中村的形成还有其历史文化原因。在我国乡村社会，宗族通常是村落的一个重要组成部分，宗族和村落重叠现象更为严重。宗族文化迟滞了从乡村聚落到都市村庄的演进。传统观念的文化土壤、都市环境的心理适应以及经济利益的内在牵引是都市村庄得以存续的条件。城中村是以血缘和地缘为基础形成的社区，居民的乡土观念较重，尤其对村落历史的认同，是城中村形成的历史文化因素。

五、政府的低成本城市化道路的选择

从政府方面讲，一是认识不足，缺乏及时的规划和调控。政府对城中村的发生、发展后果估计不足，没有及时拿出有效的规划、改造措施，最后积重难返。二是重新安置的经济和社会成本巨大。迅速推进的城市化进程，使得原农村居民主动迎接城市化，并最大限度利用城市化形成的级差地租，使得安置的成本十分高昂，政府一时无力负担，于是采取回避态度，任其发展。三是无法解决农民城市化的善后问题，如重新安排就业，解决其社会保障和生活来源等。

综合分析，城中村也并不是我国城市化进程中必然产生的现象，如果政府在城市化过程中采取了及时和适当的政策措施，城中村的产生也是可以避免的，如上海浦东、海南洋浦等一些地方，在城市化进程中采取了一次性征地、统一安置等办法，就成功地避免了一些城中村的产生。

城市与城市化的快速扩张，必须要有大量土地支撑以满足扩张的需求，必须要通过征收城市周边农村的耕地获得扩展的空间，于是城市近郊的农村就被高涨的城市化浪潮所席卷，实现了"城市包围农村"。但是，由于政府主导了城市化的进程，政府作为一级经济组织，采取了成本最低的城市化道路，从利益最大化出发，不得已征用了原农村的土地，而对于成本更高、收益相对较低的村庄的改造、农民的市民化则避重就轻。这样，大量的城市扩张绕过了农民聚集的村落，只征收了他们的土地资源，而没有将农村人口真正地融入城市，于是一个个的城中村产生了。

城中村作为都市里的村庄，呈现出了最为典型的国家土地所有权和农村集体土地所有权两种差异明显的城市内部土地二元结构。城市的扩张只能征用农民作为生产资料的耕地，不能征用农民作为生活资料的宅基地；同时政府为了避免或降低高额的征地补偿、房屋拆迁补偿、居民就业安置等成本，因此政府通常在城市规划中绕过城中村，避开农民的居住区，原来的农村就变成了"孤岛"。

第五章

牡丹江市城中村调查分析

2012年8~12月，笔者组织对黑龙江省牡丹江市的四个城区（西安、阳明、爱民、东安）所辖城中村的40名区主管领导、区主管单位领导、乡镇、街道办事处负责人等政府干部、50名行政村负责人、705家村民和125家租户进行了大面积、全方位的调查，共发放和回收了920份问卷，并对部分对象进行了访谈。从已经公开的资料看，对于京津、珠三角、长三角、省会城市的城中村调查研究较多，对于一般地级市的城中村的研究和调查较少。中西部地区的地级市的城中村问题，同样具有典型性，其调查研究和改造措施经验，在全国也具有普遍意义。

一、牡丹江市城中村问卷调查的基本情况

调查问卷通过采取实地考察、走访村民、问卷调查方式展开，共涉及牡丹江市19个城中村，分别为：西安区共民村、西苑村、南江村、新安村、立新村；阳明区桦林村、互利村、铁岭三村、临江村、工农村；爱民区金龙村、银龙村、新荣村、北安村；东安区胜利村、江南村、兴隆村、中乜河、下乜河。通过对城中村基本情况、家庭农业经营、住房与生活设施、公共服务与社会保障、农村基本经营制度、强农惠农政策落实、对于村庄改造和城市化的愿望，以及生活状况和幸福感等方面的问卷调查，基本掌握了牡丹江市城中村发展情况、存在问题及各方面的改造意愿和建议。

二、牡丹江市利益各方视角的城中村现状及问题

(一) 城中村总体现状观点调查

1. 农民的观点

农民是城中村的政治、社会、经济、文化主体,也就直接成为受城中村利益诉求和现存问题影响的最敏感主体。图 5-1 给出针对城中村现状,农民最关注的是就业和增收问题,在调查对象中的占比达到 27.9%;其次是基本生活基础设施供给不足问题。对道路、供水、供电、排水、垃圾处理基本没有纳入城市管理,脏、乱、差、挤、旧等十分突出的问题占比达到 24%;再就是文化场所和绿化设施的缺乏问题占比达到 19.2%,成为农民反映最突出的前三项问题。涉及安全相关的消防、建筑、公共卫生、治安等问题占比合计为 18.4%。从就业和增收问题的关注度来看,反映城中村农民的就业稳定性较差,不能够给农民未来带来可持续的收入来源,农民对未来的憧憬不确定性强;从基础设施供给水平来看,在政府财政资金紧张,对城中村基础设施建设投入不足的情况下,城中村自身公共造血机能缺乏,也就不能形成自身的供给产品供给机能;城中村农民把文化场所和绿化设施作为主要问题之一,说明当前农民的收入较之以前有大幅增长,消费行为由对生活必需品的需求正转向对生活非必需品的转换;安全问题则是前几个问题累积的集中反映。

2. 村干部的观点

村干部和城中村的农民相同,也是城中村的政治、社会、经济、文化主体,受城中村利益诉求和现存问题影响的最敏感主体。但其又是城中村管理和协调的直接参与者。从调研的数据也做出了反映,从对同等问题的关注程度的分布来看,城中村村干部和农民是基本相同的,说明二者的共同点。但也有不同点,对于城中村农民最关注的是就业和增收、文化场所和绿化、基础设施,而图 5-2 的数据显示,村干部基本把就业和增收、文化场所和绿化、基础设施放在同等重要的位置,村中各位负责人对三项问题给予的比例都是 26.3%。说明相比于农民,城中村的直接管理者村干部更愿意从总体和未来视角关注城中村问题。

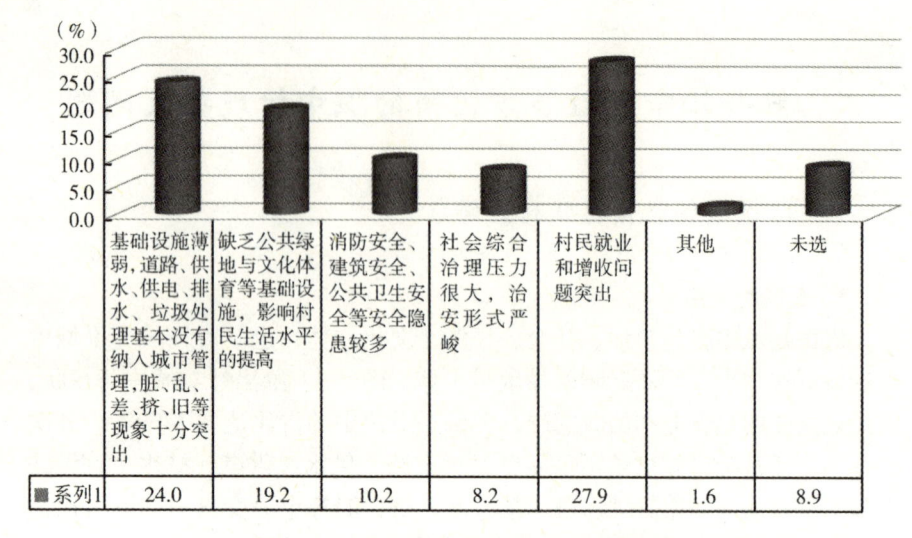

系列1	基础设施薄弱，道路、供水、供电、排水、垃圾处理基本没有纳入城市管理，脏、乱、差、挤、旧等现象十分突出	缺乏公共绿地与文化体育等基础设施，影响村民生活水平的提高	消防安全、建筑安全、公共卫生安全等安全隐患较多	社会综合治理压力很大，治安形式严峻	村民就业和增收问题突出	其他	未选
	24.0	19.2	10.2	8.2	27.9	1.6	8.9

图5-1 城中村现存问题比例（农民观点）

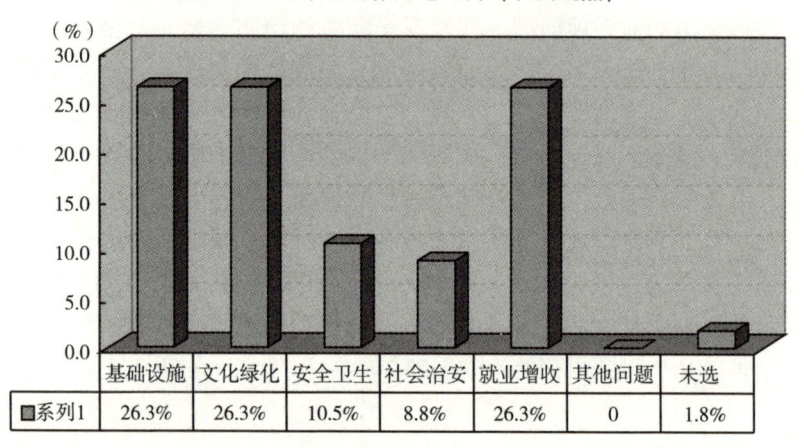

系列1	基础设施	文化绿化	安全卫生	社会治安	就业增收	其他问题	未选
	26.3%	26.3%	10.5%	8.8%	26.3%	0	1.8%

图5-2 城中村现存问题图（村负责人观点）

（二）城中村的基础设施——给排水情况

图5-3给出牡丹江市城中村的生活供水情况，79.6%的村民使用自来水；12.2%的村民使用手压井；6.1%的村民饮用山泉水；2%的村民仍在饮用河流及塘坝挑水。截至2011年，全国城市公共供水普及率为89.5%，近期目标达到95%[①]，截至2012年年底，我国农村自来水普及

---

① 《全国城镇供水设施改造与建设"十二五"规划及2020年远景目标》，中央政府门户网，http://www.gov.cn/iwgk/2012-06/13/content_2159982.htm。

率为74.6%①。从数据比较来看，与全国城市平均水平相比，该市城中村则更接近于农村地区平均水平，说明我国三四线城市城中村居户的饮用水安全问题严重。

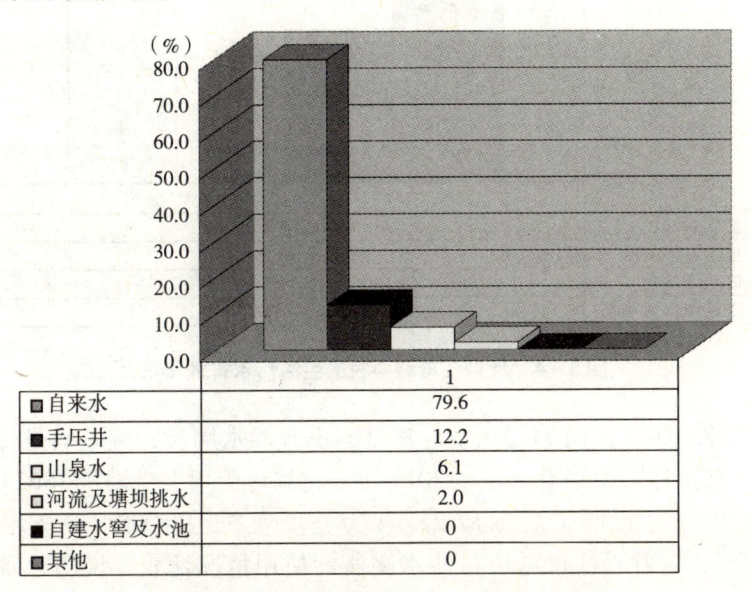

	1
自来水	79.6
手压井	12.2
山泉水	6.1
河流及塘坝挑水	2.0
自建水窖及水池	0
其他	0

图5-3 牡丹江市城中村的生活供水情况

图5-4给出了牡丹江市城中村的生活污水排放情况，31.5%的使用化粪池；22.2%的排放到院外排水沟；18.5%的村民随意排放；27.9%的村民能够排放到城市排水系统。可以看到，城中村的生活污水随意排放达到40.7%，类似于大多数村民和远郊的纯农村，这个必然会给城市的市容市貌和环境卫生带来不利影响，同时也应看到的是2010年我国重点城市共有污水处理厂1644座，城市生活污水处理率为76.4%，全国城镇生活污水处理率72.9%②。说明生活污水也是城市难以解决的问题。因此，城市难题下的城中村问题更加不容乐观。

图5-5给出了牡丹江市城中村冲水厕所的使用情况，作为农村卫生条件的重要参考。城中村的村民家庭中，8.7%的村庄普及了冲水厕所；45.2%的村庄一半的村民家庭使用冲水厕所；42.9%的村庄只有个别家

---

① 《2012年我国卫生和计划生育事业发展统计公报》，中央政府门户网，http://www.gov.cn/jrzg/2013-06/18/content_2428628.htm。
② 《环保部关于重点城市主要污染物排放情况通报》，中华人民共和国环境保护部，http://zls.mep.gov.cn/hjtj/nb/2010tjnb/201201/t20120118_222720.htm。

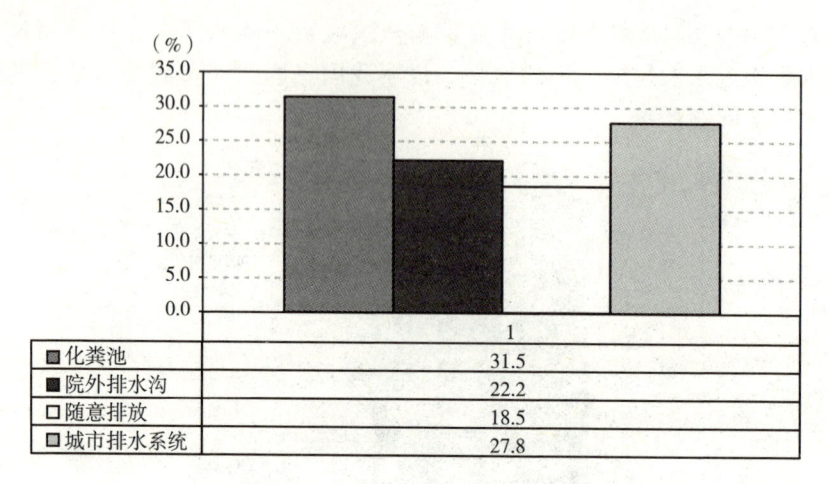

化粪池	31.5
院外排水沟	22.2
随意排放	18.5
城市排水系统	27.8

图 5-4　牡丹江市城中村的生活污水排放情况

庭使用冲水厕所；而 11.9% 的村庄基本没有冲水厕所，应该只是使用旱厕。从全国性数据来看，截至 2012 年农村累计使用卫生厕所 18627.5 万户，其中当年新增卫生厕所 737.4 万户。农村卫生厕所普及率达到 71.7%[①]，与牡丹江市城中村冲水厕所的使用情况比较，说明牡丹江市城中村公共卫生受到严重威胁，社会事业发展整体落后。

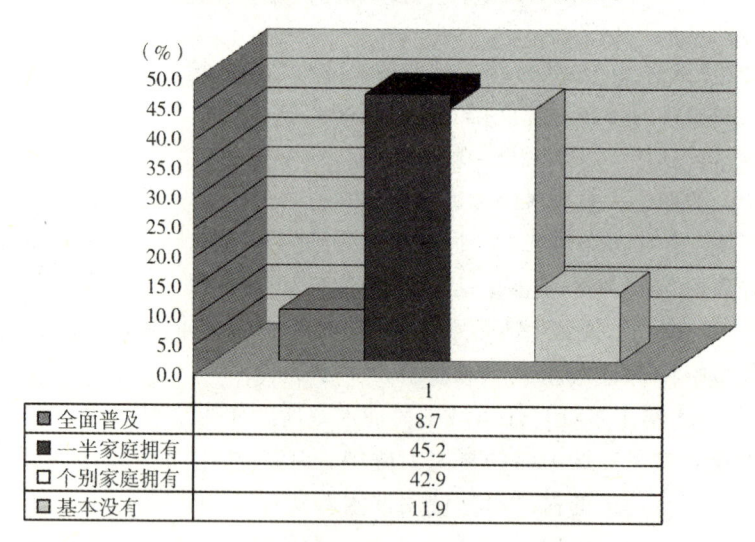

全面普及	8.7
一半家庭拥有	45.2
个别家庭拥有	42.9
基本没有	11.9

图 5-5　牡丹江市城中村冲水厕所的使用情况

---

① 《2012 年我国卫生和计划生育事业发展统计公报》，中央政府门户网，http://www.gov.cn/jrzg/2013-06/18/content_2428628.htm。

三、牡丹江市城中村管理和改造的利益主体诉求调查分析

(一) 各利益主体对城中村的定位和作用的认识

1. 行政村负责人对城中村的看法

图 5-6 显示,关于城中村的定位和作用的认识,从村干部的观点来看,并非"一棒子打死",比较全面客观地评价了城中村的问题和积极价值。

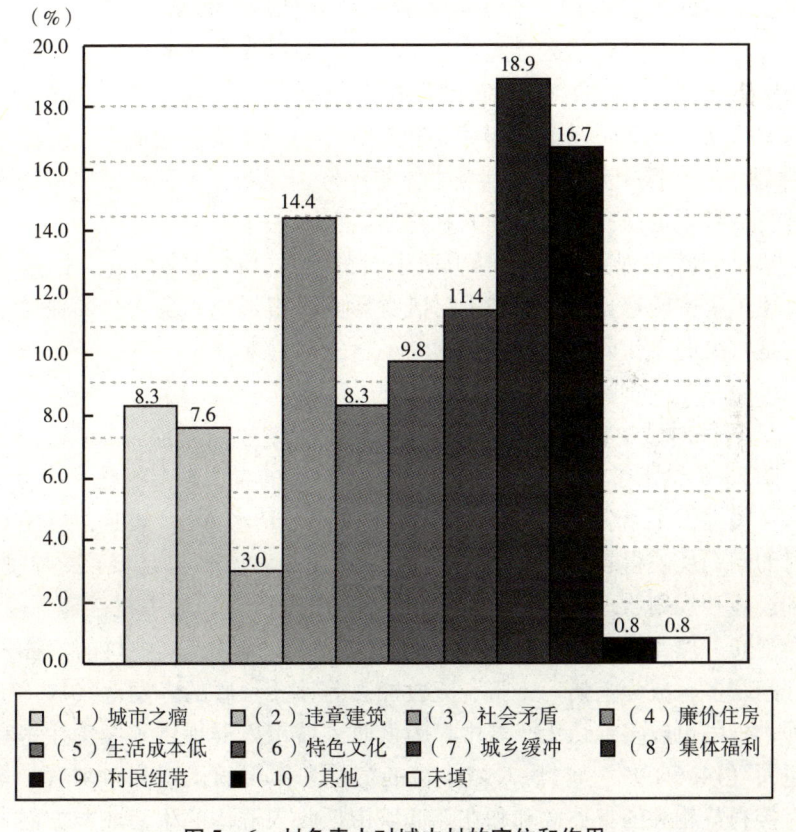

图 5-6 村负责人对城中村的定位和作用

8.3% 的观点认为,城中村是城市之"瘤",基础设施和规划管理落后,影响城市形象;7.6% 的观点认为,城中村是违章建筑、社会治安、

黑作坊等社会问题的高发地带；3%的观点认为，城中村的集体资产管理问题多，成为上访、告状、流血冲突等社会矛盾的多发地；14.4%的观点认为，城中村为低收入城市人群提供了廉价住房和生存空间；8.3%的观点认为，城中村的存在降低了城市生活成本和经营成本，留住了城市发展所需的劳动力；9.8%的观点认为，城中村在城市中保留了特色文化；11.4%的观点认为，城中村是农民进城的缓冲地带，有助于化解城乡割裂；18.9%的观点认为，城中村为村民提供了就业、养老和其他集体福利；16.7%的观点认为，城中村是村民的纽带，为村民提供文化、传统和心理支撑。从村干部对城中村的定位和作用的认识分布来看，超过15%的村干部对自身作用的肯定，即其对原住村民的集体福利起主导作用的及在原住居民之间相互关系的纽带作用所做的贡献；10%~15%是站在对城中村所在城市的积极作用上来，认为城中村降低城市低收入群体的生活成本，现在也降低城市的运行成本。同时，作为城乡衔接的缓冲区，避免进城农民工与城市居民在城市基础设施、公共服务、就业的矛盾的激化；5%~10%则认为问题和作用并举。但就城中村产生的问题而言，总的占比达到18.9%，低于其他三个利益主体的评价，说明村干部是城中村最大的利益受益者，也是城中村治理的利益协调主体。

从村干部的观点来看，对于城中村的看法，既是全面的，也是矛盾的。比较集中的意见认为，城中村既是影响城市形象，也为村民提供了福利，是村民的文化园地和纽带。

2. 村民对城中村的认识

图5-7给出了村民对城中村的认识，村民的看法最多的是，认为城中村为村民提供了就业、养老和其他集体福利（18.4%）；同时，村民对城中村的问题反映得也比较多，集中在以下几项：城中村是城市之"瘤"，基础设施和规划管理落后，影响城市形象（15.1%）；城中村是违章建筑、社会治安、黑作坊等社会问题的高发地带（13.5%）；城中村的集体资产管理问题多，成为上访、告状、流血冲突等社会矛盾的多发地（14.3%）。此外，村民也较多地认为，城中村为低收入城市人群提供了廉价住房和生存空间（14.6%）。从村民对城中村的定位和作用的认识分布来看，与切身直接利益相关的集体福利和在降低城市低收入群体的生活成本方面与村干部的认识类似，都给予肯定。但是与村干部不同的是，城中村带来的三个问题都与村民的生活息息相关，村民给予很大的关注；再一个明显不同就是关于城中村在村民间相互关系的纽带作用村民不持太高的认可，说明

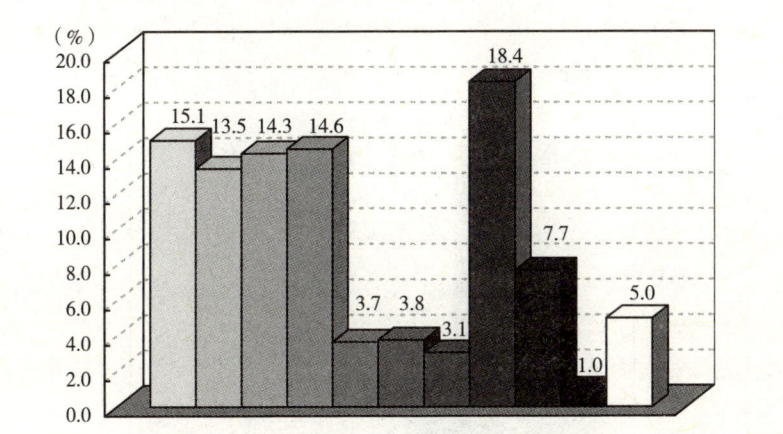

城市化对原住村民的冲击越来越大。

图 5-7　村民对城中村的定位和认识

从村民的观点来看，对于城中村的看法，与村干部类似，也是矛盾的。综合各方面的看法，对于政府如何管理和改造城中村具有重要的参考意义，合理、合规的改造计划运用得当，村民可能是该计划的最大支持者。

3. 政府干部对城中村的看法

政府干部对城中村的看法与村干部、村民的看法，存在较为明显的不同，政府干部 22.6% 的观点认为，城中村是城市之"瘤"，基础设施和规划管理落后，影响城市形象；21.2% 的观点认为，城中村是违章建筑、社会治安、黑作坊等社会问题的高发地带；20.4% 的观点认为，城中村的集体资产管理问题多，成为上访、告状、流血冲突等社会矛盾的多发地。

根据图 5-8 显示的，牡丹江市政府干部，对该市现存城中村的现存问题和定位的关注程度分布，最关注的问题是从城市形象角度，认为城中村由于基础设施和规划管理落后，严重影响牡丹江市的对外总体形象，成为该市发展之"瘤"；另一个关注的焦点是由于违章建筑、人员混杂、黑作坊等带来的消防、建筑、治安、公共卫生等问题；再一个就是由于城中村集体资产管理程序漏洞、管理制度不完善、管理信息不透明带来的社会矛盾的激化所导致的社会问题的扩大化。这三个问题在政府干部关注程度的分布就占比达到 64.2%。

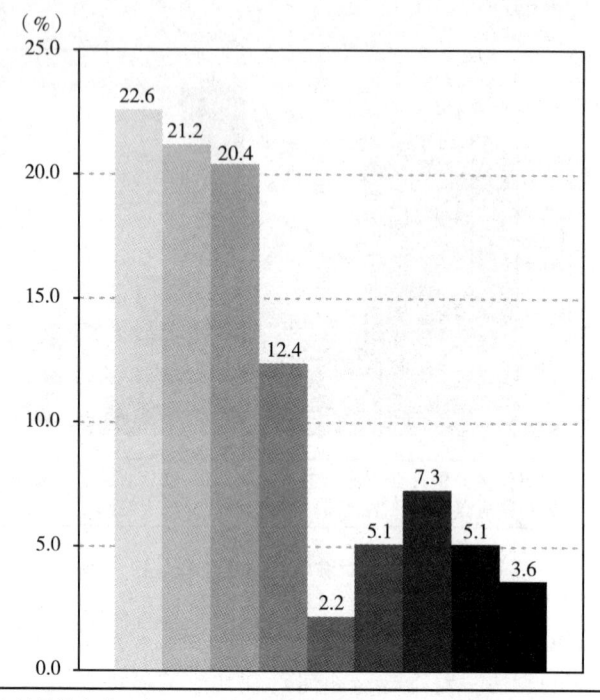

图5-8 政府干部对城中村的定位

政府干部不仅关注问题，其也能够站在整个城市的视角，也关注城中村在城市发展和规划中的定位和积极作用。在这方面，总占比达到35.7%。其中认为城中村最重要的作用也是政府干部切身感受的，是为城市非正式部门下的低收入人群和进城农民工提供廉价的住房和生存空间，缓冲农民进城冲击，并从多方面降低城市运行、经营、管理成本，促进城市化的发展。另一重要的作用是，在我国社会保障体系不完善、就业市场信息不完全和服务不到位、传统习俗文化受冲击的情况下，城中村及相应经济组织为原住村民提供了养老、就业、传统及特色文化习俗保持等服务。

4. 租户对于城中村的看法

图 5-9 显示了租户对城中村的观点，看法最多的是，认为城中村在城市中保留了特色文化（15.4%）；城中村的存在降低了城市生活成本和经营成本，留住了城市发展所需的劳动力（15.4%）；城中村为低收入城市人群提供了廉价住房和生存空间（14.6%）。同时，租户对城中村的问题反映的集中在，城中村是城市之"瘤"，基础设施和规划管理落后，影响城市形象（11.8%）。首先我们可以看到，租户主体主要是城市低收入群体和进城农民工。在这里需要明确的是租户在城中村的角色，不像其他利益主体贯穿于城中村形成、持续、改造等整个过程和所有利益博弈，租户只涉及部分的过程和利益，因此，涉及其他利益主体的城中村问题，租户

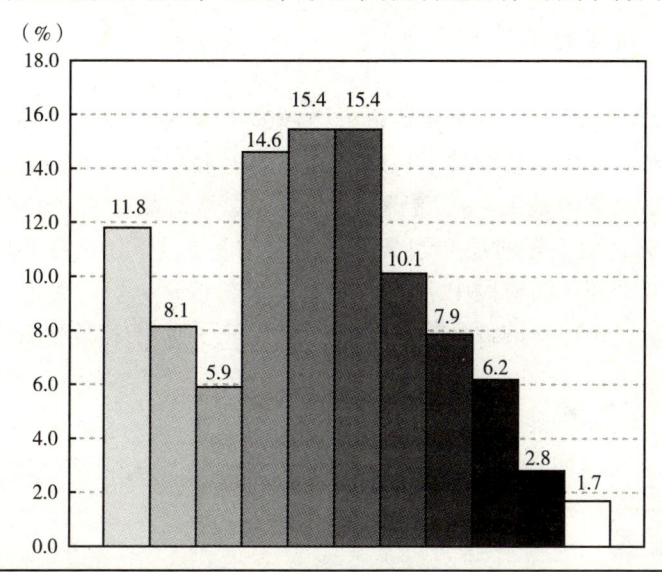

□ 城中村是城市之"瘤"，基础设施和规划管理落后，影响城市形象
□ 城中村是违章建筑、社会治安、黑作坊等社会问题的高发地带
□ 城中村的集体资产管理问题多，成为上访、告状、流血冲突等社会矛盾的多发地
□ 城中村为低收入城市人群提供了廉价住房和生存空间
□ 城中村的存在降低了城市生活成本和经营成本，留住了城市发展所需的劳动力
□ 城中村在城市中保留了特色文化
□ 城中村是农民进城的缓冲地带，有助于化解城乡割裂
□ 城中村为村民提供了就业、养老和其他集体福利
■ 城中村是村民的纽带，为村民提供文化、传统和心理支撑
■ 其他
□ 未填

图 5-9 租户对城中村的定位

是最直接的观察者,因此,除与自身利益直接相关以外,租户的看法应该比较具有可观性。他们对城中村的定位和作用在保留特色文化和降低城市生活成本和经营成本、留住了城市发展所需的劳动力,同时给出了最高比例,说明城中村在给租户提供低成本生活设施使其能够留在城市的同时,但是很难融入当地文化,不能和原住村民、村干部、政府干部一样,怀有对牡丹江市的认同感,这是城中村改造过程中特别需要注意的。相同点是对于城中村为低收入城市人群提供了廉价住房和生存空间及作为城乡缓冲带的作用与其他利益主体基本取得共识;对城中村问题关注的分布比例高于村干部但低于村民,说明作为城中村的临时过客,虽然对城中村问题切身感触,但居住的短期性使其低于原住村民对问题的关注程度。

(二) 城中村改造的意愿

图5-10为村民、行政村负责人、政府干部认为村民对城中村改造意愿的分布。村民愿意对城中村进行改造的比例是65.4%,说不好的是11.5%,不愿意的是4.6%。行政村负责人愿意对城中村进行改造的比例是75.6%,说不好的是11.1%,不愿意的是6.7%。站在政府干部的角度,政府干部认为村民中71.8%愿意城中村改造,17.9%的村民不愿意进行改造,10.3%的说不好,这其实也反映了政府干部对城中村改造的意愿。

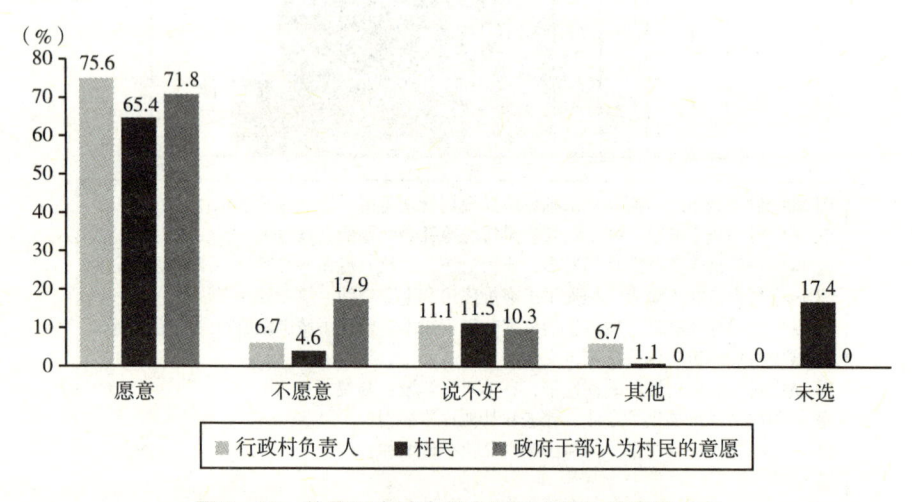

图5-10 牡丹江市城中村个利益主体改造意愿分布

从图5-10关于牡丹江市三方利益主体在愿意城中村改造的分布比较

中,村干部改造意愿最强,再就是政府干部,最后是村民。可是在城中村的定位和作用方面,对城中村产生的问题的分布政府干部排第一位,村干部是排最后一位。说明村干部根据实际情况来看,利益驱动是村干部赞成城中村改造的主要动力,而不是因为城中村产生问题才愿意改造。把城中村问题放在第一位的政府干部则排在第二位,说明改造所涉及的资金、政策、宣传、维稳等因素众多,阻力较高,再就是政府干部并不是城中村问题的切身体会者,或放在城市发展的视角,城中村改造并不是首当其冲的,从17.9%的反对城中村的比例来看,远高于村干部和村民,也说明这个问题。对城中村改造意愿最低的是村民,同时也应看到,虽然村民不愿意的占比只有4.6%,但是未选的占比达到17.4%,也可以理解为对城中村调研抵触则对城中村改造也是抵触,则总的占比达到22%。因此,从村民愿意改造意愿的相对低和不愿意改造意愿的相对高,说明在这三个利益主体中村民是城中村改造的最大阻力。从原因来看,虽然现存城中村问题在村民中反响较大,但现存问题带来的对村民影响的低强度、长期化使得问题不利影响的弱化,是不如城中村改造带来的对村民高强度、短期化的影响使得问题不利影响的强化。再就是全国城中村的改造来看,我国城中村改造的配套政策、措施不到位,使得部分地方强拆带来的恶劣舆论影响着村民对城中村改造的意愿。

(三) 对于城中村改造以后户籍政策的意愿

图5-11显示,牡丹江市分别有20.3%、12%、14.6%的村干部、村民、政府干部选择原住村民继续保留农业户口,享有农业户口的各种政策;分别有16.9%、33.2%、26.8%的村干部、村民、政府干部选择原住村民转为城镇市民户口,并享受市民户口的养老、医保等政策不再享有农业户口的各种政策;52.5%、37%、56.1%的村干部、村民、政府干部选择原住村民继续保留农业户口,并享受市民户口的养老、医保等政策,以及农业户口的各种政策;8.5%、9%、2.4%的村干部、村民、政府干部选择原住村民对于何种户口,不是很在意。

综合来看,分别有72.8%、49%、70.7%的村干部、村民、政府干部选择愿意原住村民在城中村改造后,继续保留农业户口,很明显村民的比例是最低的,村民还是更倾向于城市户口;再从村民转为城镇市民户口,并享受市民户口的养老、医保等政策不再享有农业户口的各种政策,以及继续保留农业户口,并享受市民户口的养老、医保等政策及农业户口的各

	继续保留农业户口，享有农业户口的各种政策	转为城镇市民户口，并享受市民户口的养老、医保等政策不再享有农业户口的各种政策	继续保留农业户口，并享受市民户口的养老、医保等政策，以及农业户口的各种政策	对于何种户口，不是很在意	未选
行政村负责人	20.3	16.9	52.5	8.5	1.7
村民	12.0	33.2	37.0	9.0	8.7
政府干部	14.6	26.8	56.1	2.4	0

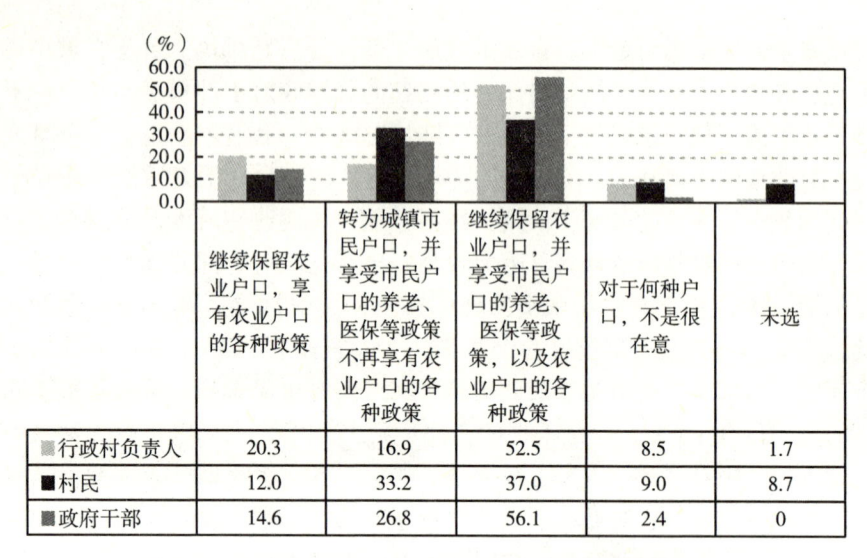

图 5-11 牡丹江市城中村改造以后户籍政策的意愿分布

种政策的占比（33.2%、37%）来看，村民还是向往城市的养老、医保制度，而且又反映了农村社保体系的不完善，及城中村村民失去农业用地后，惠农政策并不能够落实到城中村村民，使得城中村村民既不能享受国家城镇社保政策也不能享受农村惠农政策；最后还要说明村民对村集体提供的福利的可持续性是怀疑的。与村民形成鲜明对比的是村干部和政府干部希望原住村民保留农业户口，占比达到70%以上，即使原住村民享受市民户口的养老、医保等政策，同时也享受农业户口的各种政策，占比也达到50%以上，而把原住村民转为城镇户口享受市民户口的养老、医保等政策不再享有农业户口的各种政策，占比分别只有16%和26%多，说明二者在不希望原住村民转为城镇户口的原因不仅仅是养老、医保等政策所涉及的问题。从村干部角度可能是管理权限的制度化及集体资产的所有权、管理问题，从政府干部角度，因为城中村村民转为城镇户口不仅仅是养老、医保等政策，也存在城市化下的基础设施投入、城中村改造、管理等问题，这些有可能是二者重点考虑的。

（四）关于城中村进行改造最需要解决的问题

从图5-12来看，在牡丹江市城中村改造过程中，村民最关心的问题，前四项分别是：村民持续的收入来源问题（17.3%）；村民转为市民后，能否再享受农村集体经济利益的问题（14.6%）；补偿标准较低的问题

（18.7%）；担心形成"没有工作、没有土地、没有保障"的"三无"农民（17.4%）。其中，村民最关心的是担心补偿标准较低问题。在城中村改造过程中，村干部关心的问题，前四项分别是：村民持续的收入来源问题（21.5%）；村民转为市民后，能否再享受农村集体经济利益的问题（12.9%）；补偿标准较低的问题（14.1%）；担心形成"没有工作、没有土地、没有保障"的"三无"农民（19.6%）。其中，村干部最关心的是农民持续的收入来源问题。在这个问题上，村民和村干部的认识是一致的。在城中村改造过程中，政府干部关心的问题，前四项分别是农民持续的收入来源问题（14.8%）；农民转为市民后，能否再享受农村集体经济利益的问题（13.8%）；村民对村集体经济股份化后分红、经营绩效、资金安全等的担心的问题（10.8%）；农村后续第二、第三产业的发展问题（11.3%）。从租户的角度，最关注的问题有，农民持续的收入来源问题（18.6%）；补偿标准较低的问题（17.9%）；担心形成"没有工作、没有土地、没有保障"的"三无"农民（16.2%）；农村后续第二、第三产业的发展问题（10.5%）。

	农民持续的收入来源问题	农民转为市民后，能否再享受农村集体经济利益的问题	补偿标准较低的问题	农村后续第二、第三产业的发展问题	担心形成"没有工作、没有土地、没有保障"的"三无"农民	从村委会到社区、村民和农村的社会管理脱节问题	村集体经济股份化村民变"股民"的法律、税务等问题	村民对村集体经济股份化后分红、经营绩效、资金安全等的担心	村民转为市民后生活方式不习惯的心理失落问题	已违章建筑性的定和处理问题
村干部	21.5	12.9	14.1	6.1	19.6	4.3	10.4	3.7	3.1	3.7
村民	17.3	14.6	18.7	4.8	17.4	5.6	4.0	6.9	1.9	5.8
政府干部	14.8	13.8	9.4	11.3	9.4	7.4	9.4	10.8	4.9	8.9
租户	18.6	9.8	17.9	10.5	16.2	10.0	2.9	5.2	2.1	3.6

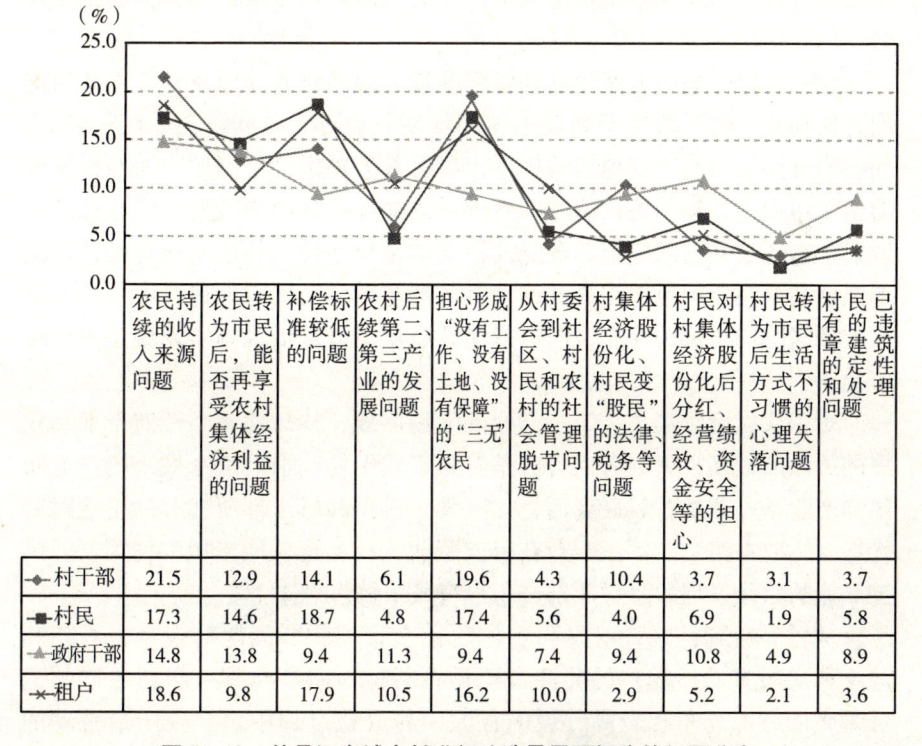

图5-12 牡丹江市城中村进行改造最需要解决的问题分布

从农民未来实现可持续性收入和基本生活保障的角度，涉及农民持续的收入来源问题和担心形成"没有工作、没有土地、没有保障"的"三无"农民。比较来看，关注占比最大的是村干部（41.1%）；其次是租户（34.8%）；再其次是村民（34.7%）；最后是政府干部（24.2%）。说明针对城中村改造规划和配套措施是不完善的，带来的未来不确定性较大，使得直接利益者不能形成稳定的预期，也就增加了城中村改造的阻力和成本。这反过来也凸显了规划和配套措施的重要性和制定规划和配套措施的紧迫性，也对城市干部提出更高的要求。

从集体经济的发展及福利分配来看，涉及农民转为市民后，能否再享受农村集体经济利益的问题、村集体经济股份化问题和村集体经济股份化后分红、经营绩效、资金安全等的担心的问题。比较来看，关注占比最大的是政府干部（34%）；其次是村干部占比达到27%；再其次是村民（25.5%）；最后是租户（17.9%）。说明由此问题可能产生的社会矛盾、上访等问题突出，使得政府干部更关心城中村改造中的此等问题。而对于村干部和村民来说，总的关注程度排第二位，说明对当前和未来利益的关注程度较高，因此在城中村改造中，改造主体对须尽量稳定直接利益主体的预期收益。

另一个较为关注的问题是补偿标准较低的问题，其涉及利益主体当前的直接利益，但又取决于利益主体的预期收益。从各利益主体比较来看，利益的直接相关性决定他们的排序，村民最为关注这个问题，而与村民较为密切的租户基本与村民持相同观点，关注度最低的是政府干部，这个也说明了在拆迁补偿问题上，政府及村委的主导地位和村民的弱势地位。值得注意的是在此问题关注最低的政府干部却对村民已有的违章建筑的定性和处理问题的更加关注，说明牡丹江政府希望以最低成本实现城中村的城市化。

对于农村后续第二、第三产业的发展问题，比较而言，政府干部和租户的关注度较高，就前者而言应是着眼于城中村改造后整个城市的产业布局和产业结构调整；就后者而言，区别于村民和村干部所拥有的土地财产优势，主要在第二、第三产业获得工资收入，会更关注于城中村第二、第三产业的后续发展，也说明部分租户视城中村为集体企业。

从村委会到社区，村民和农村的社会管理脱节问题的视角，对各利益主体比较来看，租户的关注占比排在首位，而且与其他利益主体的绝对差距的相对比重也较高，说明在城中村改造过程中租户处于最被动的地位。

(五) 城中村改造后的住房面积意愿

据住房和城乡建设部数据信息,截至2011年,我国城镇人均住房建筑面积32.7平方米,农村人均住房面积36.2平方米。图5-13给出牡丹江市城中村改造后的各利益主体对住房面积意愿,从图5-13中可以看出,各利益主体对住房面积的合计更倾向于人均住房面积30平方米,和全国城镇人均住房建筑面积基本相当,说明大部分人还处于解决住房基本需求的阶段。

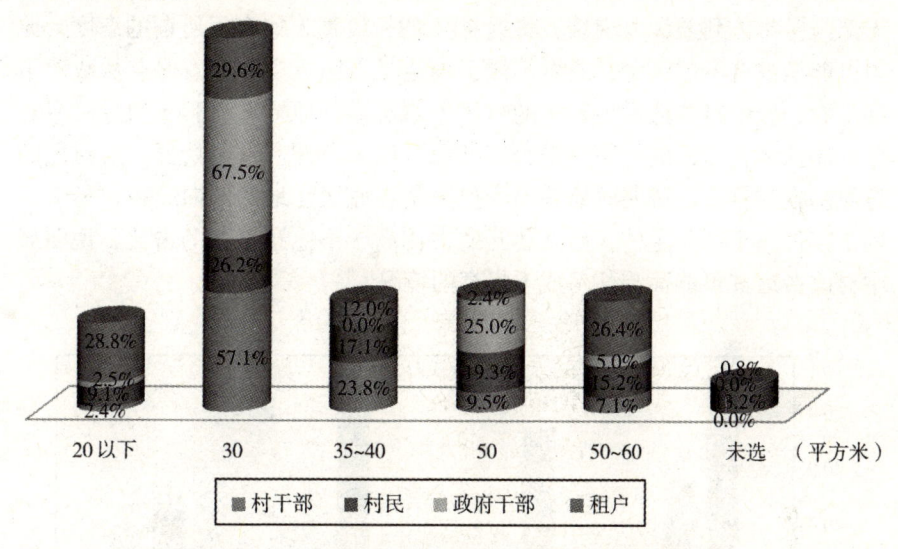

图 5-13 牡丹江市城中村改造后的住房面积意愿分布

从各利益主体对人均住房面积35~40、50、50~60平方米的分布来看合计都超过50%,说明伴随经济发展,人民收入的提高,人们从住房基本需求向改善型住房需求的过渡意愿也是比较强烈。分别来看各利益主体,村民更倾向于人均住房面积30平方米,人均住房面积35~40、50、50~60平方米的分布也都在17%左右,说明村民对未来城中村改造后的住房面积持乐观态度。从村干部来看除了倾向于人均住房面积30平方米,倾向于35~40平方米,体现了更务实的态度,是较为理性、合理的。而政府干部明显聚焦于人均住房面积30平方米和50平方米,说明政府部门关注于居民住房基本需求和改善型需求,符合牡丹江当地的社会经济发展水平。就租户而言,一个特点是对人均住房面积20平方米以下的关注,说明临时性过渡住房是应以小户型为主。

(六) 城中村改造后离开原社区的意愿

城中村的农民是否适应新的社区生活，这也是我们调查和了解的内容。从图5-14可以看出，城中村改造后，47.6%的村民不愿意离开原社区，18.7%的村民愿意离开原社区，21.1%的村民对是否离开原社区无所谓。这表明较多的村民，倾向于城中村改造后作为整体的社区，熟人熟面，没有重新文化融入的问题。城中村改造后，从村干部来看，显著特点是没人选择愿意离开原社区，57.1%的负责人不愿意离开原社区，说明村干部与村集体利益深入交集；将近40%的村负责人抱有无所谓的态度，原因可能是没有考虑清楚，或者不便于表达是否愿意离开的意愿。从政府干部来看，城中村改造后，52%的村民不愿意离开原社区，30%的村民愿意离开原社区，15%的村民对是否离开原社区无所谓。这个情况，与村民的意愿基本吻合，也说明政府趋向于村民留在原居住地的倾向。租户显著区别于其他三个利益主体，愿意离开的占比高于不愿意离开的占比，说明城中村改造后其可能面临住房成本提高的境况。

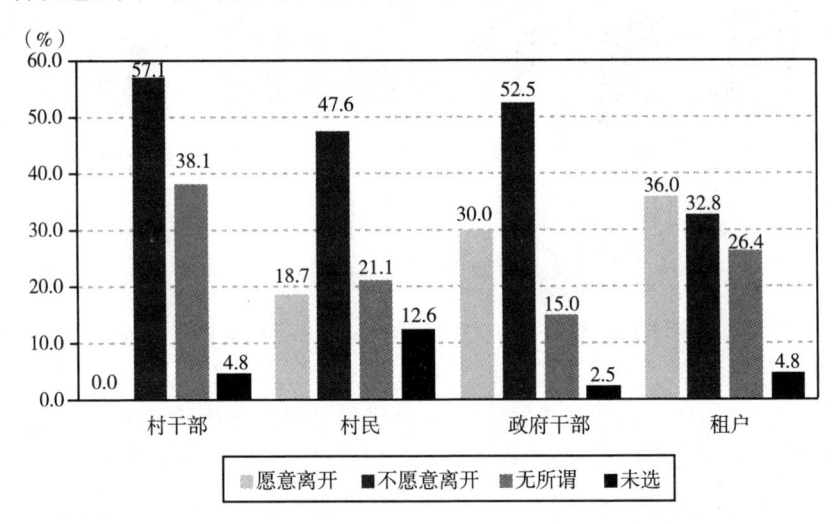

图5-14 牡丹江市城中村改造后离开原社区的意愿分布

比较来看，不愿意离开的占比村民反而低于村干部和政府干部，反映了对于城中村改造的意愿村民是低于村干部和政府干部的。因此，在新建社区的功能服务建设、城中村改造过程中村民的安置和补偿要多征询村民的建议，增强其对城中村改造的认同感。

(七) 城中村改造期间的过渡期安排意愿

图 5-15 显示牡丹江市城中村各利益主体应对城中村改造过渡期的不同方式的分布。从分布来看，首先是大多数选择政府发补贴、自己想办法；其次是选择政府安排临时房；最后是另外租房和投靠亲友。从政府发补贴、自己想办法的方式各利益主体的比较来看，村干部和政府干部最倾向于选择这种方式，二者应是着眼于简单方便。而村民和组合虽然与其他方式相比更多选择这种方式，但相对前二者而言，对这种方式和较低意愿，这是改造主体所要重视的问题。而对政府安排临时房的方式，相对而言，原住村民和村干部则更希望这种方式。在另外租房方面，租户持最高比例，说明租户由于长期处于租房境况内，对过渡期的安排最为适应。

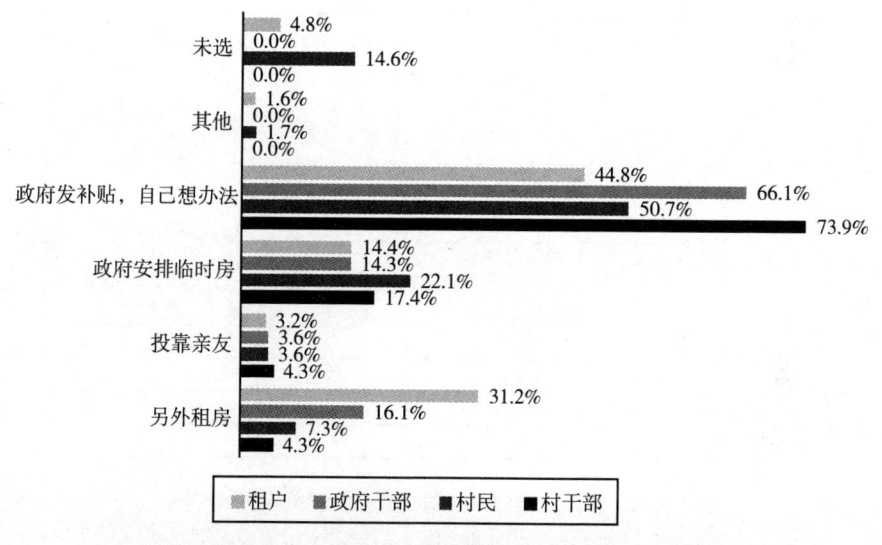

未选 4.8% / 0.0% / 14.6% / 0.0%
其他 1.6% / 0.0% / 1.7% / 0.0%
政府发补贴，自己想办法 44.8% / 66.1% / 50.7% / 73.9%
政府安排临时房 14.4% / 14.3% / 22.1% / 17.4%
投靠亲友 3.2% / 3.6% / 3.6% / 4.3%
另外租房 31.2% / 16.1% / 7.3% / 4.3%

图例：租户　政府干部　村民　村干部

图 5-15　牡丹江市城中村改造期间的过渡期安排意愿分布

(八) 城中村改造后，村集体的资产的处置问题

1. 集体资产的处置方式问题

图 5-16 显示，对于城中村改造过程中，42.7%的村民同意"全部变现分到个人"，39.5%的村民同意"成立股份公司，村民变股民"；5.4%的村民认为"维持现状"；1.1%的村民持"无所谓"的态度。可以看出，同意变现到个人、成立股份公司的意见基本持平，是主流意见，前者意见

略多。这说明，村民对于现代企业制度的陌生，同时也说明，村民对于现实经济利益的考虑更多一些；村干部，7.3%的同意"全部变现分到个人"；80.5%的村干部同意"成立股份公司，村民变股民"；2.4%的村干部认为"维持现状"；7.3%的村干部持"无所谓"的态度，说明村干部的主流意见是"成立股份公司，村民变股民"；政府干部的意见最为统一，百分之百的同意"成立股份公司，村民变股民"，综合村干部和政府干部的观点，这说明村干部、政府干部对于农村集体经济的进一步发展认识都比较到位，接受了现代企业制度的理念。从租户角度，47.2%的同意"全部变现分到个人"；22.4%的同意"成立股份公司，村民变股民"；而21.6%的持"无所谓"的态度说明了租户的非利益方视角，从短期和长期反映出原住村民对当前利益的诉求和未来利益受损的担心。

	全部变现分到个人	成立股份公司，村民变股民	维持现状	无所谓	其他	未选
村干部	7.3	80.5	2.4	7.3	2.4	0.0
村民	42.7	39.5	5.4	1.1	0.7	10.6
政府干部	0	100	0	0	0	0
租户	47.2	22.4	4.8	21.6	1.6	2.4

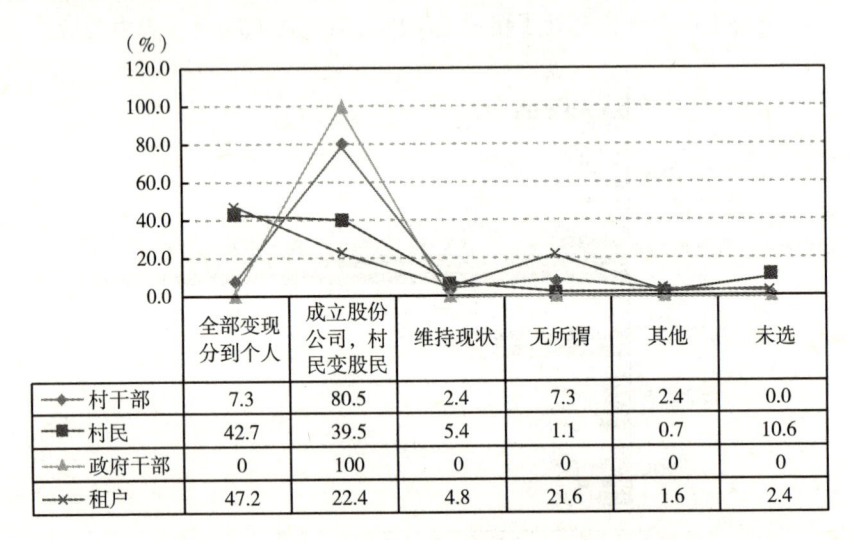

图 5-16 牡丹江市城中村对集体资产的处置方式分布

从"成立股份公司，村民变股民"各利益主体的观点比较来看，应加强集体资产使用的透明度，尤其是加强集体企业股份化后的内部治理结构，避免集体资产的流失和被侵占，明确村民利益诉求的满足路径，给予稳定预期，铺平集体资产的股份化道路，以实现村民可持续的收入的来源。

2. 集体资产转变股份公司后的前景评估

图 5-17 显示对于城中村改造后村集体资产成立股份公司前景的看法，村民中 28.5%的人"看好"；24.1%的人"不看好"；38.4%的人选择

"说不好"。这个结果，也验证了前面村民选择股份公司形式较少的情况。与其他三个利益主体比较而言，对集体资产转变股份公司后的前景"看好"的比例最低，"说不好"比例最高，说明对集体资产的股份化持怀疑态度，这就需要加强对村民进行现代企业制度的宣传力度；同时，经理人制度对村干部的替代机制也值得重视和研究。

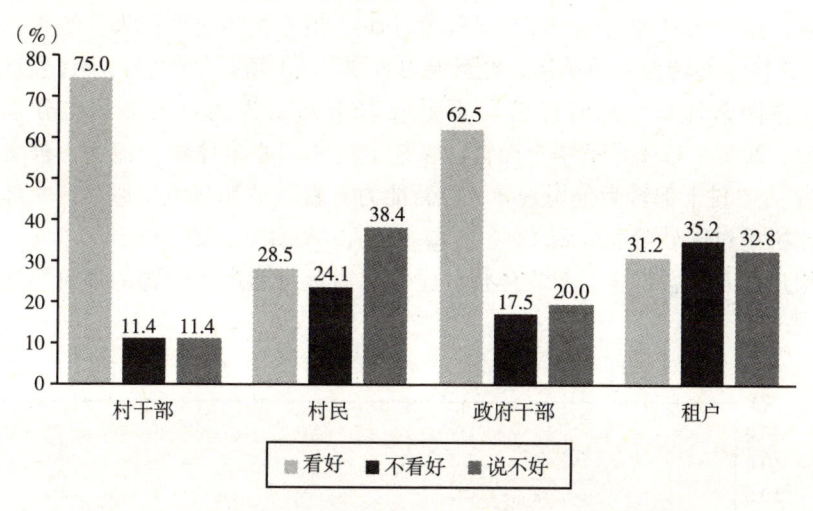

图 5-17 牡丹江市城中村集体资产转变股份公司后的前景评估

对于城中村改造后村集体资产成立股份公司前景的看法，村干部、政府干部中选择"看好"的分别有 76%、62%；选择"不看好"的分别有 12%、18%；选择"说不好"的分别是 12%、20%。这个结果从总体来看，与前面村干部、政府干部的集体经济处置形式选择基本相适应。但又与集体经济处置形式的观点有点反差的是，村干部更看好城中村改造后村集体资产成立的股份公司前景，说明村干部在集体资产使用中的主导地位。

对于集体资产处置方式股份化支持程度最低的租户，对集体资产转变为股份公司后的前景最不看好。但值得注意的是，在"看好""不看好""说不好"租户持有的观点都在 30% 以上，也就是基本持平，说明局外人认为集体资产股份化后的发展不确定性较大。

3. 对于集体经济改制为股份公司的风险评估

图 5-18 显示，对于"不看好"城中村改造后村集体资产成立的股份公司前景的原因，农户认为的主要原因有三方面，"担心集体资产流失、被贪污侵占"的占 19.6%；"村干部转为公司领导，经营能力有限"的占

15.2%;"市场竞争激烈,集体经济比拼不过国营经济、私营经济"的占13.3%。村干部认为三方面主要原因,"担心集体资产流失、被贪污侵占""村干部转为公司领导,经营能力有限"均占11.4%;认为"集体资产成立股份公司,法律上有障碍"占到了8.6%;政府干部认为"不看好"的原因,最重要的是"集体资产成立股份公司,法律上有障碍"占到了32%,这点与村民、村干部差异较大,而"担心集体资产流失、被贪污侵占""村干部转为公司领导,经营能力有限""市场竞争激烈,集体经济比拼不过国营经济、私营经济"也是政府干部认为的重要原因,分别占28%、20%、12%。就租户而言,多集中在"担心集体资产流失、被贪污侵占"、"村干部转为公司领导,经营能力有限"、"市场竞争激烈,集体经济比拼不过国营经济、私营经济",分别占40.4%、25.5%、20.2%,由于租户涉及利益最少,对集体资产股份化后最可能产生问题的评价应比较客观。

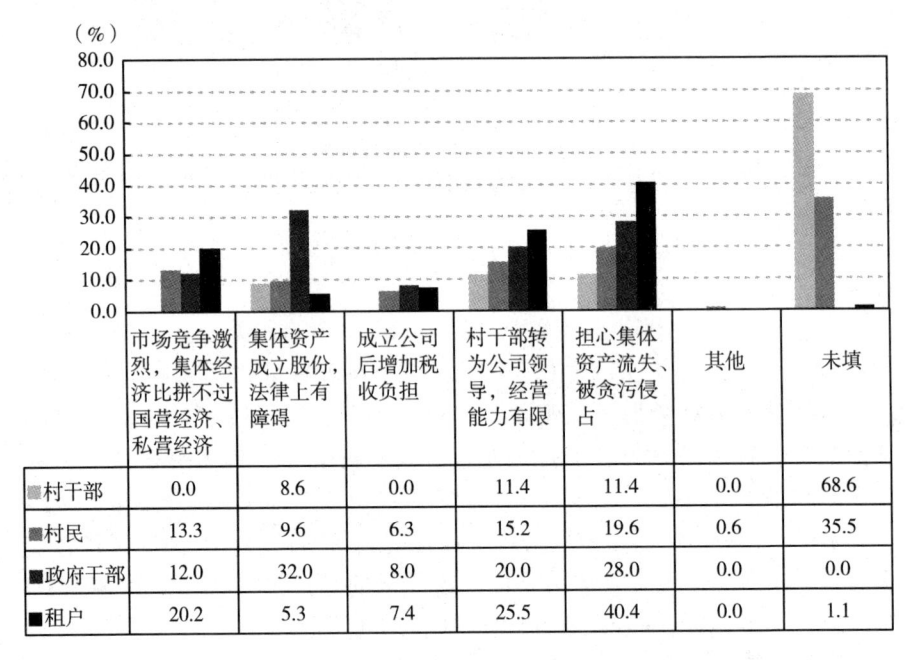

	市场竞争激烈,集体经济比拼不过国营经济、私营经济	集体资产成立股份,法律上有障碍	成立公司后增加税收负担	村干部转为公司领导,经营能力有限	担心集体资产流失、被贪污侵占	其他	未填
村干部	0.0	8.6	0.0	11.4	11.4	0.0	68.6
村民	13.3	9.6	6.3	15.2	19.6	0.6	35.5
政府干部	12.0	32.0	8.0	20.0	28.0	0.0	0.0
租户	20.2	5.3	7.4	25.5	40.4	0.0	1.1

图5-18 牡丹江市城中村集体经济改制为股份公司的风险评估

比较而言,需要注意的有两方面,一方面,在"集体资产成立股份公司,法律上有障碍"政府干部持最高比例,说明我国普法力度薄弱,直接的利益主体村民和村干部对制度转化可能存在的法律障碍及突破法律障碍的难度估计不足,以及对制度转化过程中缺乏法律保护可能产生的潜在问题估计不足,例如图5-18中所列问题。另一方面,针对集体资产股份化后最可能产生的问题在"未填"项,村干部占比"68.6%",村民占比"35.5%"也进一步证实直接利益主体对于集体资产的股份化并没有做好准备,综合集体资产方面村干部的选择,村干部在此明显存在盲目乐观的倾向,脱离客观情况较多。因此,在城中村改造中的集体资产处理方面是主管部门特别需要注意的问题。

(九) 对于城中村改造过程中的"空挂户"的处理问题

城中村的"空挂户",即户籍从村外迁入本村,一般不在本村生活或虽在本村生活,但不是集体经济组织成员也不是本村原住居民后代,与本村人没有法律亲属关系。由于城中村涉及拆迁补偿、集体经济股份化等利益分配,"空挂户"享受什么样的政策,是城中村改造不可回避的重要问题。

图5-19显示在牡丹江市城中村改造过程中对"空挂户"在利益分配中各利益主体的态度。从村民的视角,最多的观点是"不能享受任何的村集体经济利益"占比达到27.7%,24.5%的村民认为"无论什么样的待遇,由本村村民大会集体讨论决定",14.6%的村民认为"对集体耕地和承包地不能享受补偿政策";而认为"全部和本村原籍村民一样待遇""拥有承包地的'空挂户'和本村原籍村民一样待遇"的村民分别仅占4.1%和6.6%。说明村民对"空挂户"分享城中村改造利益主要是持反对态度,符合全国各地城中村改造的基本经验。村干部最多的观点是占比达到33.8%认为"无论什么样的待遇,由本村村民大会集体讨论决定";21.3%的村干部认为"不能享受任何的村集体经济利益";20%的村干部认为"对集体耕地和承包地不能享受补偿政策";而认为"全部和本村原籍村民一样待遇""拥有承包地的'空挂户'和本村原籍村民一样待遇"的村干部分别仅占3.8%、5.0%。但值得注意的是,为挽留人才,16.3%的村干部认为"如果参与了集体企业的创建和经营,可以享受集体收益"。政府干部比较集中的观点,最多是30.7%的干部认为"如果参与了集体企业的创建和经营,可以享受集体收益",这与村干部在此项上的出发点应该是一致的,只不过给予了更多的权重和期待。再就是20%的干部认为"无论什么样的待遇,由本村村民大会集体讨论决定",17%的干部认为"不能享受任何的村集体经济利益";而认为"全部和本村原籍村民一样待遇""拥有承包地的'空挂户'和本村原籍村民一样待遇"的干部分别仅

占 6.7%、10.7%。与其他利益主体有点区别的是租户对于"拥有承包地的'空挂户'和本村原籍村民一样待遇"的观点占比达到 18.3%，从客观角度反映了此分配措施的合理性。

	全部和本村原籍村民一样待遇	拥有承包地的"空挂户"和本村原籍村民一样待遇	对集体耕地和承包地不能享受补偿政策	如果参与了集体企业的创建和经营，可以享受集体收益	不能享受任何的村集体经济利益	无论什么样的待遇，由本村村民大会集体讨论决定	其他	未填
村干部	3.8	5.0	20.0	16.3	21.3	33.8	0.0	0.0
村民	4.1	6.6	14.6	9.9	27.7	24.5	2.3	10.3
政府干部	6.7	10.7	10.7	30.7	17.3	20.0	2.7	1.3
租户	11.6	4.3	4.3	10.4	24.4	20.7	9.8	0.6

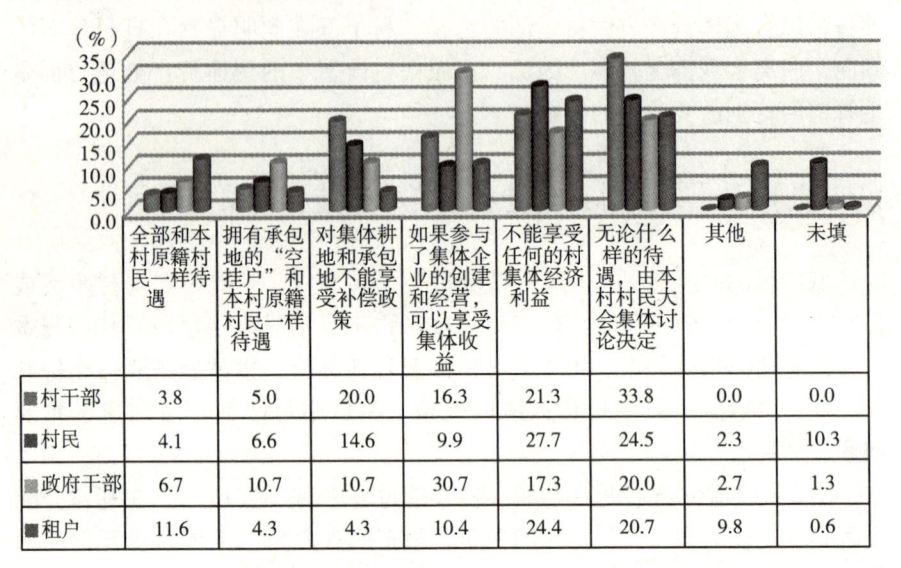

图 5-19　牡丹江市城中村改造过程中"空挂户"的处理意愿分布

从不同利益主体对各种利益分配措施的比较来看，对"空挂户""全部和本村原籍村民一样待遇"的观点，租户最赞成，村干部和村民最反对，说明从理性来看有合理性，但从直观感受上直接利益者村干部和村民是无法接受的。对"拥有承包地的'空挂户'和本村原籍村民一样待遇"的观点，租户和政府干部都持有较高的占比，进一步确认从理性下的法理角度，"空挂户"是应该参与利益分配的。但村干部和村民还是关注城中村改造过程后产生利益的本源，认为其本源决定了利益的分配。这个可以凸显在"对集体耕地和承包地不能享受补偿政策"的不同利益主体的占比的对比分析上，村干部和村民对此持支持态度。在"如果参与了集体企业的创建和经营，可以享受集体收益"上政府干部和村干部与其他主体相较而言持更高的积极态度，这为集体企业股份化后的现代内部治理结构的实施有一定助推作用。对"不能享受任何的村集体经济利益"各利益主体基本达成一致意见，这个有助于在以后我们其他城中村改造中可以明确的利益分配条款。对"无论什么样的待遇，由本村村民大会集体讨论决定"村干部最为支持，其他利益主体也都较为支持，但值得注意的是选择此项的租户和政府干部可能认为这是公平的，但这只是表面现象，内在的是由于利益主体是原住村民,此项决定间接支持了可能不公平的非合理的利益分配形式。

(十) 城中村的改造模式问题

图 5-20 给出了在城中村改造的模式中,当前主要有"政府主导模式"、"村集体主导模式"、"引进产业项目模式"以及"与房地产开发企业合作"四种模式。村民、村干部、政府干部和租户的首选都是"政府主导"的模式,分别占比 57%、52%、56%、80%。说明城中村居民和政府干部对当前政府治理是具有信心的。从村干部来说,赞成"村集体主导模式"占比只有 10.4%,说明村干部在对城中村改造中对自身能力的不自信,也说明我国村级治理的薄弱,凸显了村干部强烈的对外依赖性。对"与房地产开发企业合作"相比于其他主体,村干部的相对支持力度较高,因此,在城中村改造过程中对此种方式需严格监管。对于"引进产业项目模式"政府干部和村干部持相对支持的态度,说明对未来村民实现可持续收入的关注,但也从侧面反映了当前我国城中村的城市化改造后,村民收入提高且可持续、生活环境的可持续改善确实是亟待解决和研究的课题。

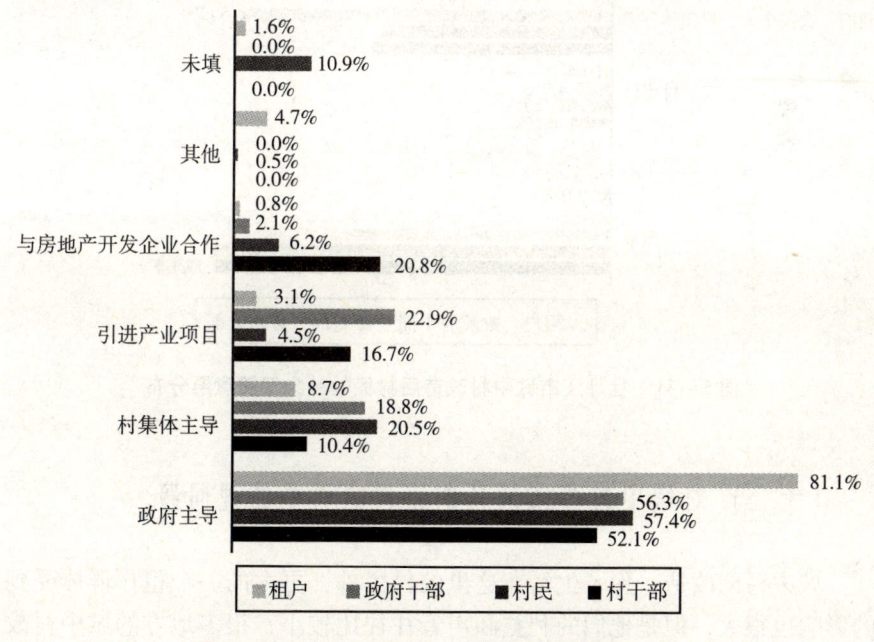

图 5-20 牡丹江市城中村改造模式的意愿分布

（十一）城中村改造后村民的社会保障问题

图 5-21 显示了牡丹江市城中村各利益主体在城中村改造，进行城市化之后，农民失去耕地之后，最容易引发社会矛盾的是农民的医保、养老等社会保障问题的承担主体的观点分布。总体来看，首先是各利益主体认为医保、养老的地承担主体应该是政府；其次是由政府、村民个人、村集体三方共同承担，很少有同意村集体承担的，对于由村民个人全部承担的基本没有。比较来看，赞成由政府承担医保、养老的分布里，租户占比最高达 78.4%；然后是村干部 57.1%；再就是村民 48.9%；最后是政府干部 41.5%，从直接受益主体村民的角度来看，这是最理想的状态，但就实际而言，由政府、农民个人和村集体三方共同承担可能是最切实可行，一是从政府干部对此的支持达到 53.7%，二是就村民和村干部的分布比例来看，二者对此亦能达成统一的意见。

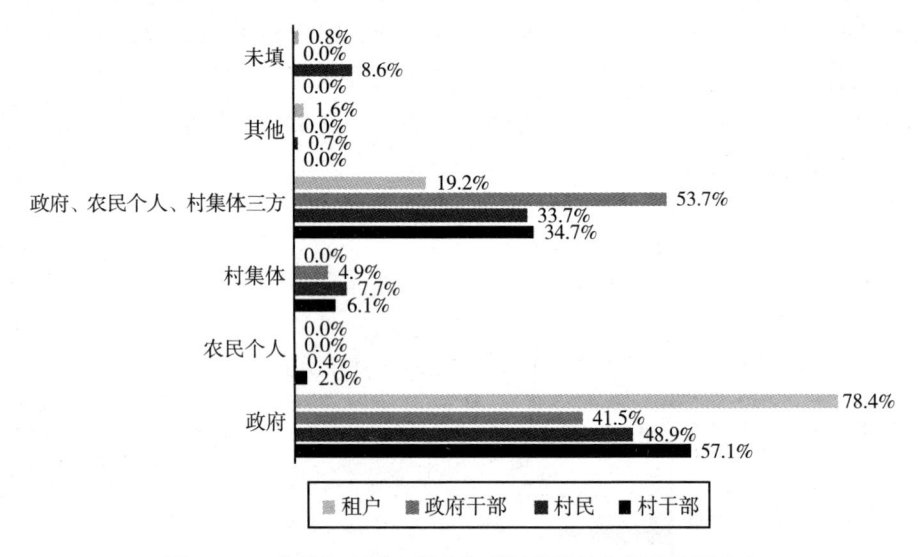

图 5-21 牡丹江市城中村改造后村民的社会保障意愿分布

（十二）对城中村改造涉及的租户的利益处理问题

城中村的改造，除了生活在这里的村民外，更大的一个租户群体受到的影响也很大，但是他们的利益和声音往往比较小，很多地方的城中村改造也没有将租户纳入利益方。图 5-22 显示调研中,村民、村干部、政府干部,认为城中村改造应该对村里的租户的利益予以补偿的比例分别为 53%、58%、72%;认为不应该的比例分别为 10%、24%、25%;而没有考虑过这个问题的比例分别为 24%、14%、3%。在租户中,认为应该给予补偿的占到 92%;认为不应该和没有想过的则均为 2%。但从总体来看对租户进行适当、合理的补偿还是不会受到太大的阻力的。

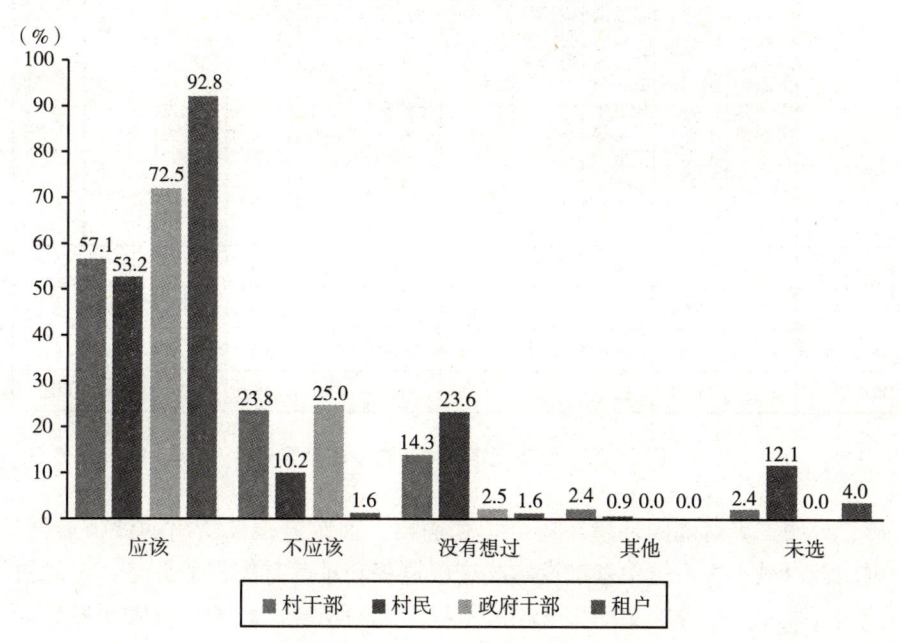

图 5-22 牡丹江市城中村改造中租户的利益处理意愿

(十三) 城中村改造的价值

观察图 5-23,对于城中村改造的价值,村民、村干部、政府干部及租户给予"改善基础设施、改变城市面貌、提升城市形象""改善居民生活环境、提高村民生活水平、提高居民素质""减少消防安全、建筑安全、公共卫生安全等安全隐患""改善就业问题,促进农民增收"这四个方面对于城中村改造价值比较肯定的态度,这基本符合我国前期对城中村改造价值的研究结论。现在让我们针对每一项城中村改造价值对四个利益经济主体做一下比较。

相对于其他城中村改造价值,对"改善基础设施、改变城市面貌、提升城市形象"四个利益主体都比较看好,其中租户和村民给予了更高的评

	改善基础设施、改变城市面貌、提升城市形象	改善居民生活环境、提高村民生活水平、提高居民素质	减少消防安全、建筑安全、公共卫生安全等安全隐患	改善社会治安形势	改善就业问题、促进农民增收	提高城区土地利用效率、优化资源配置、拓展城市发展空间	增加城市可利用土地面积、增加土地出让收入	促进商业地产开发、增加财政收入、推动经济发展、促进就业	作为城乡统筹发展、城乡一体化发展的突破口、加快城市化进程	其他	未选
村干部	15.5	18.6	11.9	6.2	9.8	9.8	9.8	8.8	9.3	0.0	0.5
村民	18.4	17.4	10.2	8.9	13.7	6.8	7.3	6.3	7.6	0.3	3.1
政府干部	15.0	12.2	13.0	11.4	12.2	11.0	6.3	7.5	11.4	0.0	0.0
租户	19.2	17.7	13.6	8.3	12.9	3.9	12.9	4.9	3.2	2.9	0.7

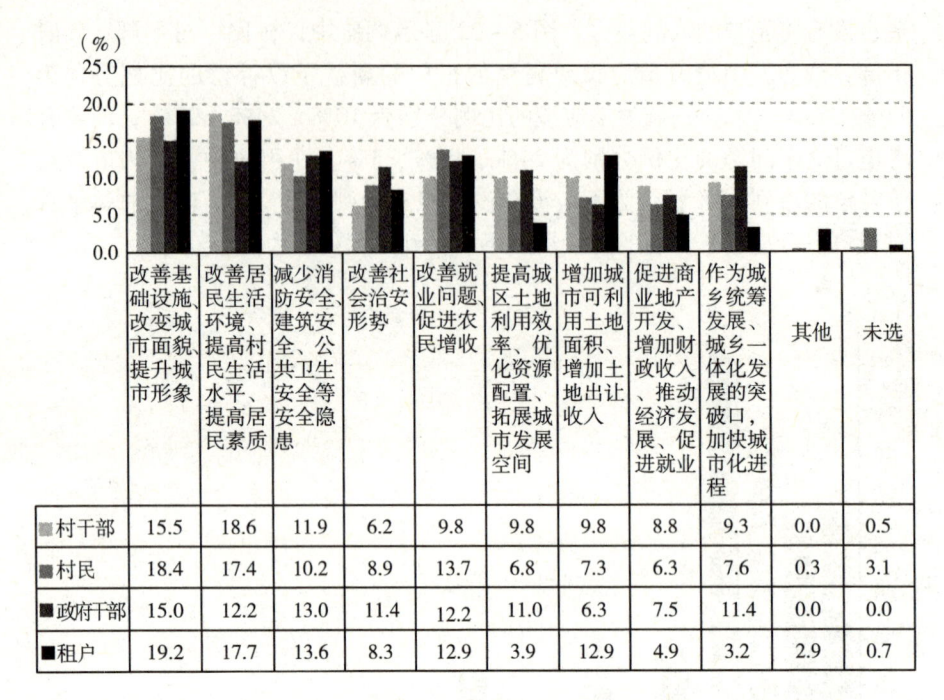

图 5-23　牡丹江市城中村改造的价值分布

价，说明二者对周围环境改善的迫切需要，而政府干部给出的评价最低，说明其对城中村改造中基础设施改造的过程和难度有较高的评估，而对快速实现城市面貌和形象的提升相对不抱太高的期望。对于"改善居民生活环境、提高村民生活水平、提高居民素质"，政府干部也给出相对最低的评价，而村干部、村民和租户则给出相对较高的评价，说明当前城中村的生活环境和水平确实较低，亟待改善，而改造后的人居环境应明显好于现状，但就政府干部的评价而言，改造后的城中村人居环境应是低于当前的城市水平的。

在"减少消防安全、建筑安全、公共卫生安全等安全隐患"方面租户相对给出最高的评价，说明现在租户租赁的城中村住房在消防、建筑、公共卫生安全等方面存在极大的隐患，亟待解决。也说明在城中村违章、违规建筑在利益驱动下非常普遍，因此，即使未打算进行城中村改造的，对此问题也须高度关注。对"改善就业问题，促进农民增收"的评价，村民最高，再就是租户，从就业角度，困难最大的也是二者，进一步反证了越迫切、越困难的越给予更高的期望。因此为保证社会稳定，城中村改造前作为改造主体及决策部门对于就业相关的未来产业发展需有通盘考虑。

在"改善社会治安形势""提高城区土地利用效率、优化资源配置、拓展城市发展空间""作为城乡统筹发展、城乡一体化发展的突破口、加快城市化进程"三个方面政府干部给出相对最高的评价，说明政府对于城中村改造的价值是体现城市发展的总体视角。在"增加城市可利用土地面积、增加土地出让收入"方面租户给出最高的评价，说明租户对自身拥有住房的迫切需求。在"促进商业地产开发、增加财政收入、推动经济发展、促进就业"村干部给出最高的评价，说明需要对村干部在城中村改造中的利益诉求予以协调。

就单个利益主体来看，村干部最关注的城中村改造价值是"改善居民生活环境、提高村民生活水平、提高居民素质"，占比达到18.6%，其次是"改善基础设施、改变城市面貌、提升城市形象"，占比达到15.5%。对"减少消防安全、建筑安全、公共卫生安全等安全隐患""提高城区土地利用效率、优化资源配置、拓展城市发展空间""增加城市可利用土地面积、增加土地出让收入""作为城乡统筹发展、城乡一体化发展的突破口，加快城市化进程"这几个方面放在基本等同的位置，这种安排显示了城中村改造中村干部的优先意愿。村民最关注的城中村改造价值是"改善基础设施、改变城市面貌、提升城市形象"，占比达到18.4%；然后是"改善居民生活环境、提高村民生活水平、提高居民素质"，占比达到17.4%，与村干部有一定的区别。同时也比较重视未来的就业问题，占比达到13.7%；再就是比较重视包括消防、建筑、公共卫生、治安等安全问题，而对其他问题则关注较少。从政府干部角度最关注的城中村改造价值是"改善基础设施、改变城市面貌、提升城市形象"，占比达到15%，然后是"减少消防安全、建筑安全、公共卫生安全等安全隐患"，占比达到13%，社会治安的占比也达到11.4%，体现了政府管理角度对各种安全问题的重视。对未来居民的生活环境、就业增收关注度也比较高，都达到了12.2%。另一个关注的视角就是与城市经营效率和促进城市化密切相关的"提高城区土地利用效率、优化资源配置、拓展城市发展空间""作为城乡统筹发展、城乡一体化发展的突破口，加快城市化进程"，关注度占比都达到11%以上。最后来看一下租户，类似于村民最关注的城中村改造价值是"改善基础设施、改变城市面貌、提升城市形象"，占比达到19.2%；其次是"改善居民生活环境、提高村民生活水平、提高居民素质"，占比达到17.7%，但是其对"减少消防安全、建筑安全、公共卫生安全等安全隐患""改善就业问题"和"增加城市可利用土地面积、增加土地出让收入"的关注度都相对较高，说明生活安全、就业安全、住房安全和需求是租户所期望能够进宽解决的问题。

（十四）城中村改造的必要性

图 5-24 显示村民、村干部、政府干部、租户均把城中村改造"有必要，势在必行"作为第一选项，比例分别为 54.4%、85.7%、79.5%、57.7%；而认为"没有必要，顺其自然"的比例也比较高，分别为 16.7%、7.1%、17.9%、20.3%；说不清楚的只有村民和租户，分别占比是 16.6% 和 21.1%。比较来看，从村干部和政府干部对城中村改造必要性的占比来看，二者相对于村民和租户来说应该是感觉更加紧迫。但村干部和政府干部在"没有必要，顺其自然"方面又有显著差别，说明二者虽然都希望加快城中村的改造过程，但站的视角应是不同的。从村民和租户的态度来看，对城中村改造的必要性基本持相同的观点，从数据来看，对城中村改造结果的不确定性使二者中一部分人对改造的必要性是持怀疑态度的。

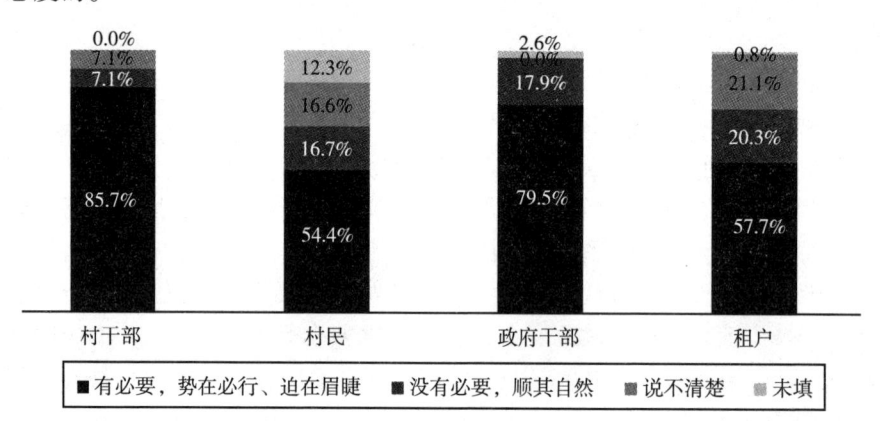

	村干部	村民	政府干部	租户
未填	0.0%	12.3%	2.6%	0.8%
说不清楚	7.1%	16.6%	0.0%	21.1%
没有必要，顺其自然	7.1%	16.7%	17.9%	20.3%
有必要，势在必行、迫在眉睫	85.7%	54.4%	79.5%	57.7%

图 5-24　牡丹江市城中村改造的必要性分布

四、城中村管理现状及问题
——以牡丹江市西安区为例

城中村大多处于国有、集体土地并存、交错的地区，在空间分布、人员构成、产业就业、土地房屋权属、公用设施建设、社会管理等方面均呈现不同于一般城区和农村的特点。笔者结合对黑龙江省牡丹江市西安区的城中村的考察，分析城中村的现状及问题。

黑龙江省牡丹江市西安区共有南江、立新、共民、西苑、新安、卡路六个城中村。

卡路村位于牡丹江市区西部，属于城乡混居村。全村1630户，2245人，其中农业人口621户，2074人，全村有耕地1044亩，山林面积为937.5亩，养鱼水面为168亩。卡路村农业以种植蔬菜等经济作物为主，棚室生产技术先进，为牡丹江市首批菜篮子基地。卡路村地处城郊，交通发达，公路、铁路交错，16路公交车直通村内，牡宁铁路线途径卡路车站，方便快捷。

西苑村位于牡丹江市西二条路与海浪路交汇处，毗邻市区，交通便捷，加之牡丹江地处301国道和201国道的中心位置，是黑龙江省东南部交通枢纽，占地面积0.2平方公里。总人口146户378人。有耕地225.64亩，全村总收入3313万元，固定资产268万元，其他资产521万元。西苑村地理位置优越，环境优雅，已在城镇化道路上进行了有益的尝试，村里有集体企业——牡丹江机动车交易中心，是全省东南部最大的机动车集散地。

立新村坐落在牡丹江市的西南城乡部的狭长地带。全村共有总户数738户总人口2277人，耕地面积1418亩。立新村的农业以种植蔬菜为主。立新村是典型的城中村，村域内工业、建筑业和服务业较发达，人多地少，工农混居。

共民村位于牡丹江市区西部，有耕地面积1080亩，全村农业户523户1760人，村委会坐落在西新安街与西八条路交叉口，是一个以种植蔬菜为主，养殖业为辅的城乡结合村，村域内工业、建筑业和服务业较发达。

新安村位于牡丹江市市区西十二条路长安街和牡丹街之间，城乡接合部，城乡混居。全村农业户105户，农村人口为320人，耕地面积为555亩。新安村系朝鲜族村，70%以上的青壮年劳动力实施对韩劳务输出，使土地合理流转，集中到种田能手中，农民的收入得到大幅度提高。新安村与牡丹江市西安区西长安街——朝鲜民俗风情街相连，成为牡丹江市对外开放的一个窗口。

南江村坐落在牡丹江市中心滨江公园西侧，全村有555户，1200人，共7个村民小组。以农业种植和养殖为主体产业，农业种植品种有玉米和黄豆；养殖业种类有生猪和蛋鸡。村经济组织现有固定资产1800多万元，厂房占地面积17000平方米，水、路、电、有线电视、通信网络已进户；村路、主要干道水泥路面和两侧排水沟已竣工完成；自来水水质达到国家饮用水卫生标准；有线电视安装户率100%；电话普及100%；宽带信息网络户率80%，基本实现生产生活信息化。目前，南江村已基本实现了城中村向城市化的转型。

（一）西安区城中村管理现状

1. 空间分布呈现一定的圈层式格局

我国很多城市都是以老城区为核心进行"摊大饼"式的空间拓展，由于城中村因城市快速扩张而逐渐形成，因此，城中村的空间分布也呈现出一定的圈层式格局。牡丹江市也呈现上述特点，临近农业区域的城市外围区域的城中村数量最多，城市核心区域城中村的数量相对较少，但越是位于城市中心区域的城中村，建筑和人口越是密集。

2. 土地房屋权属性质多样

城中村土地权属主要是集体所有的农用地和建设用地，还有一些已经转为国有，但实质上其土地处置权仍保留在原农村集体经济组织的土地。城中村的房屋类型较多，包括村民自建住房、村集体组织用房、农转居公寓，以及其他少量社会公益或配套用房等，其中有大量村民自建的没有办理权属登记或者权证不齐的房屋。

3. 人员构成与就业状况复杂

城中村居住人员中外来人员占有较大比重，据对沿海一些城市的调查，外来人口普遍占到城中村居住总人口的60%以上，最高的村可达到90%以上。[①] 从牡丹江市西安区调查发现，城中村居住人员的职业成分复杂，除村民外，还普遍有工厂工人、营业服务场所服务人员、个体户，还有一定比例的无业人员；城中村内普遍没有发达的工商业，村民的经济收入主要是原种植业、养殖业，以及依靠出租房屋、村集体经济分红以及经营小规模的商业、餐饮业等。

4. 公益性公共设施较少

目前城中村的公共设施中的商铺较多，但教育、文化、体育、绿地、道路广场等公益性设施的数量较少、档次不高，表现在城中村的土地利用

---

① 陈湛：《城市化进程中的城中村问题研究》，云南大学出版社2009年版，第30页。

结构上，居住用地的比重较高，而其他的社会公益性用地的比例明显较低。

5. 社区管理主要还是农村管理特征

在牡丹江西安区，村民的生活空间形态主要还是传统农村形态，南江村、新安村村民居住形态已经是社区式，而城中村的社会管理基本保留原村委会模式，村委会用于日常运转和公共服务设施建设、维护的经费多为村集体自筹解决。在以前已经实现撤村改居的城中村，村委会改为社区居委会，其居委会工作人员往往由原村干部转任。

（二）西安区城中村管理中存在的问题

结合牡丹江市西安区城中村的发展现状分析，六个城中村的发展很不均衡，没有进行城市改造的村屯主要存在以下问题。

1. 基础设施薄弱

道路、供水、供电、排水、垃圾处理基本没有纳入城市管理，脏、乱、差、挤、旧等现象十分突出，路面自然损坏、坑洼不平、宽窄不一。各种管道、电线杂乱无章，排污不畅，内涝时有发生，垃圾乱堆，卫生死角多，环境恶劣，并且缺乏公共绿地与体育等基础设施，严重影响村民生活水平的提高和城市区域环境的改善。

2. 建筑质量参差不齐，安全隐患较多

城中村的住宅建筑新旧混杂，等级差异较大，近期的、20世纪七八十年代的，甚至新中国成立前后的住房均有，老房屋大多是木、石、砖木结构住房，陈旧破烂，无卫生设施。建筑质量总体不高，私搭乱建较多，没有宅基地的村民基本住在耕地中的看护房里，卫生环境较差，极容易引发各类疾病，存在公共安全隐患。高密度、低质量的建筑在遇到火灾、地震自然灾害时，往往会造成较严重的损失。由于城中村内道路狭窄弯曲，导致消防通道严重受堵，消防安全隐患突出。

3. 治安形势严峻

村民、外来人员、居民混合居住，村民大多游手好闲无所事事，社会综合治理压力很大，在一定程度上构成对群众生命财产安全的威胁。

4. 就业问题突出

由于土地稀少，大多村民的棚室都已出租，靠租金生活，与城市居民相比，在城市就业中存在着高不成低不就的现象，处于明显弱势，村民发展面临许多困难。

（三）西安区进行城中村管理探索的成效和改造中存在的问题

随着城市化进程的不断推进，牡丹江市西安区较早进行城镇化建设的共民村、新安村、南江村面貌发生了较大变化。

第一，环境的改变。由于高起点、高标准进行规划和建设，改造的村居住与商业办公兼容，各种配套基础设施齐全，绿化、净化、美化达到了有关要求。

第二，住房条件的改变。平房换成了采光充足、通风良好、结构合理，水、电、气、暖、有线电视等居住配套设施齐全的楼房。同时楼房也有一定的升值空间。

第三，由于进行了社区化管理，警务设施齐全，治安状况明显好转。

第四，村民个人收入的改变。城中村改变后成为功能齐全的综合区域，蕴含着巨大商机，给安置在该区域内的部分村民提供了一定的就业岗位，同时为村民从事第三产业提供良好的区位优势，部分村民收入有了一定的提高。

虽然牡丹江市西安区城中村在城镇化建设方面取得了重大的突破，但在改造过程中依然存在一些问题和困境。

第一，缺乏规范性指导意见。目前，牡丹江市旧村改造项目的运作实施缺乏指导性意见的规范约束，对旧村改造项目规划、土地、拆迁、建设、后期管理等缺少统一的指导意见来规范监督。因此，必须在坚持规划先行的原则下，在现有城乡一体化规划的基础上，应抓紧编制城中村改造总体规划以及分区控制性详细规划。

第二，城中村改造范围内的失地村民全部转成城镇户口，并未给他们带来社会保障待遇的实际转变。西安区政府反映，城中村改造后，集体土地以货币补偿方式一次性被征收，村民完全失去了土地。由于普遍缺乏相应的生产技能，很多村民陷入了"种地无田、上班无岗、低保无份"的困境。部分村民失去土地后，失地农民在拿到征地拆迁补偿款后，由于不懂得如何理财，很快就把补偿款挥霍一空，成为社会不稳定因素。因此，应针对不同年龄阶段为失地村民建立起以养老、医疗等为重点的社会保障体系，以切实保障失地村民的利益。另外，失地农民的征地拆迁补偿款不应全部发放到村民手里，应为失地村民购买医疗保险、养老保险等"五险一金"或平等地享有城市居民一样的教育、社保等待遇，这样，失地村民的后顾之忧就解决了。

对以上问题，基层政府和村委会建议，城中村在进行改造时，应按功能统一规划，各项基础设施维护管理等工作全部纳入城市大规划之中。既有居住区，也应有商服区域，集体所得部分不应该进行再次分配，应盘活这部分资金，采取股份制联营企业或自建商服中心，村民入股，年底进行分红的方式，优先雇佣入股村民，这样既增加了村集体积累和发展，又提高了村民的收入，再次保障了村民的利益。此外，还应对失地农民进行就业培训，引导就业，扶持创业，使失地农民真正过上城镇居民的日子。

综合来看，城中村降低了农村人口流入城市的门槛，是一个低成本进入城市化的切入点。这是我国城市化过程中必然出现同时也是必需的产物。与此同时，城中村存在基础设施、社会治理、居民就业、发展前景等方面的问题，被称为城市的"瘤子"，成为制约城乡一体化进程以及制约城市发展的重要障碍。

第六章

城中村的多维视角价值论

在城乡发展一体化的趋势下,城市化的进程是大势所趋,城中村总体上必将逐步融入城市。对于城中村的前景,需要在针对城中村的现存问题、积极价值、城市发展规划进行综合分析,兼顾经济社会发展、城市发展、农民、租户、开发商、公众等多方面的利益,确定具体的城中村的发展取向。

一、城中村面临的问题

(一) 城中村的居住环境问题

城中村居住环境存在的问题可以概括为以下几种。

(1) 绝大多数民房系私人违章建造的"六无工程",质量安全隐患严重。违法加盖,危险频发。受利益驱动,所有城中村的村民几乎都在盖房子,而村内新增建筑多为在原设计基础上加建、扩建,属违章建筑,其房屋质量令人担忧。在西安、武汉等地曾发生多起正在搭建的楼房坍塌的恶性事件。据统计,2007年初至2011年6月,西安全市村民自建房屋发生事故的有50起,死亡69人,直接经济损失886.1万元。

(2) 建筑密度高。目前社会流传的所谓"握手楼"、"接吻楼"、"一线天",都是城中村特有的现象。建筑密集、拥挤,对居住者的健康不能不造成损害。在城市区位优势显著、地价剧涨以及城市房地产市场火爆的情况下,在租金利益的驱动下,盲目开发使得随意加高楼层,扩张住宅面积和容积、挤占公共空间成为普遍的行为。1986年,深圳市政府规定,农村私人建住宅,层数要控制,原则上每幢不得超过三层。1992年又规定,农民建房的基底面积每户不得超过 80 平方米。但一项调查的结果表明，3 层以上的违章比例高达 61.5%，4 层以上的占 39.4%，4~6 层的私房占总数的 56%，基底面积超过 80 平方米的住宅比例达到了 52.1%，平均值为 102.5 平方米。在广州的城中村，6~8 层总面积 400~600 平方米的住宅，而且在第二层以上最大限度地挤占公用街道的"领空"是最普遍的。

（3）配套设施严重不足。与城市基础设施建设不同步，排水、消防、抗震、抗台风等防灾减灾方面存在重大隐患。同时由于布局杂乱，村内交通狭小拥挤，道路狭窄弯曲，不能提供基本的车流道路、消防通道等公共设施，一旦发生火灾等灾害，消防车、救护车难以进入，将会造成严重的后果，其安全隐患多，危险频发，抗灾能力极低。

（4）卫生环境极差，成为城市卫生死角，极易滋生公共卫生突发事件。

（5）人口稠密，商业活动过度，使居住空间显得更加拥挤散乱。

（6）改造无序。在老村改造中，每户各自为政，改造的不同时性和在投资、标准等方面的差异，把整个村庄变成了混乱的大工地，拆拆建建，建筑噪音、垃圾随处可闻可见。

（7）在城中村土地使用中也存在诸多问题，如村民的宅基地、工业用地、商业用地相互交织，非法出租、转让、倒卖等，管理混乱。

综上所述，城中村的现状完全不能满足人对居住空间的基本要求，它不仅不适合居住生活，而且还存在严重的安全隐患。城中村与城市作为一种现代住所的要求相差甚远，甚至还远不及农村居住条件。因此姑且不论它对城市整体形象之损害，单从居住生活的层面讲，城中村也需要改造，并且改造不是枝节上的修修补补，而是需要拆迁与重建。

（二）城中村的社会问题

1. 城中村的犯罪及治安问题

20 世纪 90 年代以来，城市犯罪现象成为全社会关注的焦点之一。一项关于边缘社区社会稳定问题的研究指出，边缘社区违法犯罪问题成为影响城市社区稳定发展的主要因素，并且已经成为全国各大中城市严重的社会问题。1993 年，上海市城乡接合部外来人口刑事案件作案人数已占总数的 70%，广东省则占 80%，其中深圳市高达 90%[①]。根据广州市公安局的

[①] 中共济南市委党校课题组：《"边缘社区"与城乡结合部社会稳定问题研究》，载于《济南市社会主义学院学报》2001 年第 4 期。

统计显示，2000年第一季度，广州市白云区发生重大入屋抢劫案178宗，其中发生在出租屋内的就有134宗，占75%。广州市公安机关近年所捕捉的犯罪嫌疑人中有八成是在城中村的出租屋中藏匿被抓获的。[①]

城中村的犯罪现象属于典型的社区犯罪。所谓社区犯罪，是特指犯罪活动具有十分明显的区域性，也就是说，特定的空间环境对犯罪活动的产生起到了重要作用，居住区物质实体环境与犯罪行为，以及社区人际关系状态与犯罪情景之间具有因果关系。20世纪初，美国芝加哥和底特律两市社区犯罪问题严重，研究表明，外来人口的增加、人口异质性的加强、拥挤、贫困、隔离与社会分化等是导致两市社区犯罪的主要因素。在一些人际关系欠佳、邻里互动贫乏、社区活动极少的地方，犯罪率明显高于其他地方，而造成这种状况的主要因素，是城市空间的过度拥挤以及城市居住区的刺激物密度过高而影响到人们对户外活动的参与和社区交往的形成，影响到人们彼此对社区里的一些重大问题漠不关心，从而给犯罪分子以可乘之机。这些研究结果可以用来说明城中村拥挤而复杂的居住环境对犯罪行为的产生所起的作用。同时还需看到，由于各城市对"边缘社区"疏于强力控制，一些违法犯罪问题未被有效查处，助长了犯罪分子的嚣张气焰。

城中村人口结构复杂，由村民、市民和流动人口混合构成。受经济条件限制，大部分涌入城市的外来人员多愿意选择租金较低、又接近就业地或交通便利的城中村居住。一方面，由于受经济利益的驱动，造成城中村违章建筑屡禁不止，层出不穷；另一方面，城中村成为村民、流动人口和城市居民的混合社区，多元文化与生活方式在此交流、冲突、融合。然而社会管理的缺失和失衡使城中村成为城市社会治安问题的重灾区。在城中村内，发廊林立，赌博盛行，各种恶性案件不断，社会治安形势严峻。

2. 城中村的失业问题

在非农化和城市化的进程中，城中村不仅没有解决就业问题，反而出现了结构性的失业问题，大量的劳动力没有工作，特别是40岁以上的劳动力，大多数整天无所事事，处于闲置状态。那么是他们不愿就业，还是没有就业机会呢？据笔者调查，绝大多数居民表示没有就业机会，而非自己不愿工作。但是，几乎在每条城中村，商业气氛都甚为浓厚，

[①] 王立志：《塞林文化冲突理论的分析与适用——以广州城中村农民工犯罪为视角》，载于《法学论坛》2009年3月第2期；张孔见：《城中村大透视》，载于《城乡建设》2001年第6期。

各种店铺鳞次栉比，应该说就业机会是相当多的。为什么村民要出租自己的铺面而自己不经营呢？难道是利润低微到简直不值得干吗？事实上，除一些小商业之外，城中村还存在许多其他类型的就业岗位，例如，在广州市天河区某城中村，仅全村保安系统每年支出就高达160万元，而全村保安人员几乎都是从外面招聘的；再如，集体企业存在大量的就业岗位，而其人员也都是从外部招聘的。总的来看，城中村绝大多数就业岗位均被外来人员占领。

对于上述失业问题，笔者认为主要有如下原因。一是由于大笔收入来得太容易，且具有稳定性和持续性，使人们产生了好逸恶劳。同时，"村办社会"的发展使各个家庭没有后顾之忧。二是城中村脏、乱、差的环境连这些村民自己都不认同，而出让工作机会、选择失业反而可以显示自己与外来人口的身份差别。三是过去各家庭之间由于生产技能、种植品种和经营方式的不同而在收入上存在很大差别，现在由于都在相等面积的宅基地上建房出租和参与集体分红而出现了罕见的平等格局，没有一定的贫富差别，各个家庭就失去了相互比较、相互激励、进一步发展的动力。四是不思进取，缺乏适应现代工商业所需的知识和技能，缺乏职业竞争的必要条件，无法承受二次创业或就业的风险，则是这些人无法进入或不敢进入村外劳动力市场的重要原因。

3. 城中村的文化生活问题

脱胎于农民、又不得不进入城市生活的城中村村民缺乏文化和职业的培训，一旦失去土地优势，他们必然成为城市生活中最缺乏竞争能力的群体，这一状况使得城中村村民对未来缺乏信心。如今依靠城中村优越的地理区位，从而获得土地的征用补偿和土地房屋出租收益，致使短期内村民物质财富急速增长。传统农村文化尚未与现代城市文明接轨，私房出租的巨大收益并未带来村民素质的提高，富裕之后不思进取、不工作、不读书的现象在中青年村民中蔓延。城中村中青年村民的二元性和社会边缘性凸显，游手好闲被称为"食利阶层"和城中村"富二代"，村民文化素质不高、道德品质没落、法律意识淡漠使城中村成为城市化进程的主要空间障碍。由于收入来得太容易，且具有很高的稳定性和持续性，花钱就不会太珍惜，一些禁不起不良生活方式侵蚀和影响的人养成了好逸恶劳、不劳而获、不思进取、整天吃喝玩乐的不良习性，也即现在各级党委和政府十分关注的所谓城中村"富二代"现象。

（三）城中村的经济问题

1. 城中村的"寄生经济"问题

在非农化与城市化过程中，城中村的产业结构经历了一系列的重大调整和转变。早期集体收入主要来自诸如纺纱、酿酒、制砖、制茶、农产品和食品饮料加工等劳动密集型产业。随着城市劳动力价格上涨和土地大幅度升值，城中村经历了一个去工业化的过程。目前，房地产业、房屋出租业、小商业与服务业、小工业、个体运输业是几乎所有城中村的主要产业，其中相当一部分产业是被安排在一种具有社区性质的股份合作制的集体经济组织下运行的。随着经济结构的重大转变，特别是集体股份合作制经济的发展以及房地产业和房屋出租业的兴起，城中村出现了一个十分明显的食利阶层，并且整个村落的经济呈现出一种浓厚的"寄生经济"状态。

首先，作为集体经济支柱的房地产业，是依靠城中村优越的地理位置、特殊的土地产权制度和城市房地产市场的兴起发展起来的。城中村凭借这些优势吸引房地产商的介入和银行的大笔贷款，夺占激烈的城市房地产市场。在收益分配方面，城中村是一个封闭的单位化的利益共同体，纳税之后的全部收入完全在单位内部分配。在集体经济组织实行公司制改造以前，由于两种税率之间存在巨大差别，使城中村在与外部系统进行的资源、能量与信息的交换过程中，完全处于一种不平衡、不对称状态：城中村从外部系统中获得了巨大的利益，可向外部提供的价值甚少。这表明城中村集体经济具有浓厚的"寄生经济"的特点。目前，农村经济组织经过公司化改造，实行公司税率，初步纳入城市经济体系，这种情况才稍微有些改变。

其次，个人或家庭依靠股份分红和房屋出租过着悠闲的生活。考察这两项收入的来源可以发现其中的寄生性质。集体企业的股份不是来源于个人或家庭的自致性收入，并且不是通过家庭认购（即不属于家庭投资），而是村集体根据集体收入总量按人口进行的平均分配。房屋出租的经济性质则与上述集体经济中的房地产业十分相似。从城市人均收入水平来看，城中村每个家庭依赖这两种途径获取的收入是相当可观的。以广州市天河区某城中村为例说明。该村共有500多户常住家庭，每个家庭利用自己的宅基地（80～150平方米）建造了平均6～8层的住房，每层租金大约1000～2000元/月，则整幢租金月收入至少有8000元，年租金收入至少有8万元。除房屋租金，股份分红也相当可观。按该村的实际情况，现在平均每户至少有两个16岁以上配有股份的户口，每人20股，每股年收益底线为600元，则两人一年所得分红至少有24000元。将租金和分红合计，则家庭的年收入至少在10万元。这里姑且不论存款利息及其他收益。

2. 城中村的"地下经济"问题

"地下经济"是指在国内为了逃避税收、劳动力市场监管等"市场摩擦"因素而在官方GDP统计之外进行的经济活动的总和。城中村的"地下经济"所涉领域十分广泛。如房地产业、房屋出租业、个体工商业、各种流动作业、摊位出租、停车费、村内各种罚款与乱收费、黄赌毒、走私、盗窃销赃，以及地下工厂的生产、加工、盗版，等等；此外还包括第二职业收入、集体分红、储蓄利息及其他收益，等等。这些经济活动除少数可以合法免税或合理避税外，其他绝大多数属于非法行为，即所谓"黑色经济"。城中村的"活力"与"生命力"在一定程度上来自于地下经济的活跃，地下经济的生存发展往往需要独特的"土壤"，而城中村恰好具备这种"土壤"。

其一，城中村良好的区位条件是地下经济发展的最佳依托。例如良好的市场区位，便利的交通，邻近庞大的供求市场，良好的信息供应渠道。其二，城乡二元管理结构成为地下经济滋生泛滥的最佳场所。在这里，社区管理往往只涉及诸如水电、计生、税务等常规性粗放型管理，而对城市化过程中新出现的现象，特别是复杂的经济现象，几乎处于失控状态。其中又有两方面的原因，一方面，从农村社区延续下来的一套管理办法很难适应急剧转型的社会，以致出现"工具性失控"；另一方面，生活在这里的居民对社区管理的重要性认识不足，要求不高，以致出现"价值性失控"。其三，由于居住区环境质量不高，使这里房屋的租金相对邻近的城区具有价格上的绝对优势。由于不论是工作、生产还是居住都需要房屋，这些租金廉价的房屋自然成为了三教九流的首选，从而吸引了大量的外来人口。其四，城中村社区特殊的经济利益关系容易促成社区集体越轨行为。在这里，房屋出租是村民家庭经济的支柱，他们总是千方百计降低出租条件避免房屋空置，以致违法犯罪活动不仅没有受到直接管理者——房主应有的控制，甚至还有些见利忘义的村民为承租者的违法犯罪活动暗中提供支持。

综上所述，城中村问题的存在，与人民群众日益提高的生活水平不相适应，与迅速变化的城市容貌不相适应，与城市经济社会发展和现代化的要求也不相适应，城中村已成为制约城市发展的一个重要因素。城中村的改造一直在小范围内进行，但长痛不如短痛，如果不痛下决心进行全面改造，问题长期拖延下去，随着时间的推移，改造的成本必然会越来越高，将势必影响各方面参与改造的能力和意愿。因此，要切实加快城中村改造步伐。

二、城中村的积极功能分析

（一）城中村的存在对城市化的积极作用

城中村负面效应较大，但其正面作用更应值得引起重视。城中村降低了我国城市化、现代化的成本，起到缓冲柔和作用。为外来人口提供了居住、生存与发展功能，减弱了文化冲突的强度；解决了城市化过程中政府暂时无力解决的部分问题，使得被征用耕地的原住人口的日常生活有了保障；有效防止了城乡再断裂的出现。城中村具有控制营商成本、降低创新产业和人才进入门槛的功能。城中村是目前较为合适的城市低收入人口居住模式，应在城市各阶层人口合理分布和长期动态的城市化框架下，研究城中村存在的合理性，寻求防治的策略，丰富城市可持续发展理论。

（二）城中村对城市低收入务工人群的积极价值

在很多发展中国家，由于存在大量在公地上搭建的贫民窟，基础设施很差，犯罪率也往往较高，一些国家，比如拉美的墨西哥、巴西，还开始逐步通过土地赋权、政府投入基础设施建设、加强城市警察服务等多种方式，来改造贫民窟的生活条件和安全状况。

在城中村对城市低收入务工人群的积极作用方面，国内学者认为，城中村弥补了城市住房体系中的中低档次住房供应不足的结构性失衡，成为城市住房供应的主力军（张建荣，2007）；满足了城市低收入者的住房需求，且这种居住模式是长期的，是目前较为合适的城市低收入人口居住模式（魏立华，2005；邓春玉等，2008）；说明城中村的存在在一定程度上缓解了社会居住矛盾，稳定了住房经济政策。同时，张京祥（2006）认为城中村的非正规就业对于解决我国巨量农村剩余劳动力就业问题具有无可替代且难以估量的作用，政府应该充分重视其对吸纳城市外来人口的"蓄水池"和"过滤器"作用。

（三）城中村的社会保障功能

高速城市化过程中，我国失地农民的社会保障问题异常突出。以失地农民聚居的城中村为例，在发展中国家社会保障制度存在致命残缺，难以成为失地农民生活保障主要依赖的条件下，由农民的自组织方式所实现的社区保障，能够为失地农民提供一种替代性的问题解决路径。而且，由于我国统一社会保障体系的建立在相当时期内仍然还有困难，因此，城中村失地农民所依赖的社区保障及其城市化意义值得关注。

迄今为止20多年的改革开放进程中，我国城市化的旋律并不和谐，农民尤其成为各种城市化资源配置的失利者。与此相关，农民拥有的土地资源越来越成为农民生活保障的重要依托，但同时，随着城市化速度的加快，农地又必然地大量进入城市发展之用，由此而导致的失地农民群体日益庞大。如此庞大群体的出现，与失地农民相关的一系列社会问题，特别是与基本生存发展相联系的社会保障问题日益严峻。本研究以失地农民聚居的城中村为例，发现依赖农民的自组织方式实现的社区保障，能够为失地农民面临的保障缺失提供一条有效的解决路径。而且，我国统一社会保障体系的建立至少在相当时期内仍有困难，因而，这一解决路径具有重要的过渡价值。

1. 城中村的社区保障概况[①]——以广州市石牌村为例

石牌村是目前广州城市中心区天河区历史最长的城中村之一。还在1994年，村庄土地就基本被征用完毕，村社区范围与村民住宅聚落基本合而为一。随着城区的扩展，村社区实体所在，面积共0.16平方公里的原住居民聚落逐渐为周边繁华的石牌东路、石牌西路、黄埔大道与天河南路所包围，形成典型的都市村庄。1997年，作为农村建制的石牌村委会被撤销，原村居民近万人按地段归属四个新成立的居民委员会，原村集体经济则改制为三骏企业集团公司。但改制以来，由于宏观社会制度、社区组织管理方式与历史文化等原因，特别是非农化农民利益机制的作用，四个新成立的居委会实际上一直以改制的三骏公司为核心，形成具有过渡性特征的，同时具有浓厚村社型特质的社区共同体组织。

石牌村社区保障的发展，实际上是与集体经济的飞速发展同步进行的。从20世纪80年代中期起，一方面，村庄农地逐步被城市建设所征用，而土地非农转化中，失去土地这一最重要保障资源的农民在加速度递增，

[①] 社区保障特指，通过动用社区资源，实现或者部分实现社区成员基本生活保障与福利的机制与方式。参见蓝宇蕴、郭正林：《论城中村的社区保障及城市化意义——以广州城中村为例的研究》，载于《社会科学战线》2006年第2期。

这些人对社会保障有强大需求；另一方面，随着土地被征用，大量征地补偿款与留用地资源投入了集体经济的发展之中，村集体经济的基础越来越雄厚，且发展势头强劲，为失地农民保障需求的满足创造了物质基础。当村庄土地全部非农化后，村庄便成为失地农民聚居的社区，蓬勃发展的集体经济与失地农民生活保障需要的结合，使社区保障成为社区组织必须承担的重要工作。正是在村庄土地非农化、失地农民与集体经济的关系演变中，社区保障不断地进入了社区制度建设的视野。到撤村转制的20世纪90年代末，以社区经济为基础的社区组织，基本上建成了完整的社区保障体系。

社区保障与福利，涉及面广泛，几乎包容了村民生活的所有领域，主要包括：

（1）基本物质生活保障。在社区组织对村民基本生活的保障上，主要是通过凡是非农化村民人人有份的股份分配形式来实现。1994年，也即是在村庄土地基本被征用完毕的当年，进一步完善了一直沿用到今的社区股份制度，规定凡是当时还是农业户口的居民，不论老幼也不论是否参与过村集体劳动，人人都可以获得数量不等的社区股份（一般参与劳动时间长，股份配置就多），作为往后社区组织进行基本生活分配的依据。据统计，村股民平均持股约20股，以2004年的股红分配为例，每股至少可以获得300元的收入，即非农化村民平均最低年生活费至少在6000元，还略高于广州市最低生活保障线。

（2）医疗保障。社区合作医疗是村里历史最长的社区保障之一，现在的社区合作医疗制度基本上是人民公社时期合作医疗制度框架的发展，当然是在注入了更多经济资源基础上的发展。合作医疗制度规定，凡是非农化的村民，都有资格参与社区合作医疗，获得在就医和保健上的优待。

（3）老年生活保障。在1982年，村里就已经开始建立了农民退休金制度，规定村民凡男年满60岁，女年满55岁者，每月可领取一定量的生活补助费。随集体经济的发展，补助费已作多次调整。现村里退休老人每月可领取200元的退休金。

（4）优先就业安置。由于社区完全置身于城市，非农化的村民在城市就业市场中竞争，难以避免地陷入大规模失业境况。为此，在可能的情况下，社区组织都是尽量优先安排本社区居民就业。

（5）其他社区性福利。在村民子弟的入托、入学上，可以享有优惠政策，子弟在外拿了大奖或考上大学，还可以享受社区组织颁发的种种奖励，村民死亡则可以获得一笔丧葬补助费。此外，社区的许多公共活动中心与设施主要都是面向内部居民，开展的诸多社区服务项目也多是面向这个群体的。石牌村的社区保障自成体系，在社区组织的边界内，人们享有从"摇篮"到"坟墓"的多重保障与福利。这些保障与福利，成为失地农民进入城市生活，并最终实现与城市融合的最主要生存与发展保障方式。

2. 城中村社区保障的机制与特点

市场经济改革以来，由于国家全能全包的单位制体制弱化，出现了许多新情况、新问题，急需政府与单位制组织以外的力量来消解。而在逐步脱离单位体制以来，城市社区日益成为我国转型时期的新型结构性社会因素，作为具有承接市场条件下诸多生活需求，以及连带不少相关社会需求的社区，在一定程度与一定范围内具有解决或缓解社会问题之效，因此成为寻求问题解决的依托。我国城市社区建设的提出，包括社区保障的提出正是基于这一背景。但由于社区功能的发挥，社区的组织化状况是基础，而我国城市社区的组织网络整体发育水平低，社区可支配资源有限，特别是缺少关键因子，即社区的凝聚力与归属感，使得社区建设与社区保障的开展，多处于初步状态，实践效果不理想。与此有很大不同的是，在城中村社区，不仅具有强大社区经济的资源基础，而且还具有直接传承的组织体系及其历史文化资源，这些特殊社区禀赋共同决定了它具有发挥社区功能的潜质与现实能力。

（1）社区保障是城中村社区组织的一种必然选择。城中村社区保障与福利体系的建构，实际上与社区拟单位制现象的建构同义，因而其发生的机理与社区拟单位制的建构基本相同。整个非农化过程中，甚至包括非农化过程完成以后，城中村组织一个很值得注意的共同性现象是，与许许多多的非农化村庄一样，在自身的组织结构与功能的承续与再生中，往往或多或少都带有社区组织单位制化的趋向。社区拟单位制的产生，固然有模仿效应的影响，但究其本质，还是拟家族化组织资源配置方式与管理模式在社区组织再生产中的具体实现。传统的村社共同体生活中，由于封闭、分散与弱小的小农生产与生活方式所决定，家族制的组织与管理模式几乎是村落社区生活中唯一最重要的组织与管理方式。这种以共同生活体为基础的组织及其管理的内在精神中，既具有为实现整合而要彰显权威与等级差异的动力，但也同时具有谋求内部资源分享与整合发展的需要，且在长期共同生活的历练与磨合中，会形成一种根深蒂固的集体意识。在具有封建色彩的传统权威与等级观念都受到全面冲击而影响式微的今天，寻求社区共同体资源在各种功能领域与成员之间尽可能平等化的配置依然是社区组织建构的倾向，也因此，传统社区本来就是包容人们生活保障及其意识的温床。其实，即使现代国家层次上社会保障制度的萌芽，最早也是起源于社区自发的互助与互济。

这一组织建构倾向决定了社区保障与福利在社区组织建构中的地位。具有浓厚传统色彩的城中村社区组织，其结构趋势合乎逻辑地成为组织策略与资源分配的一种支配意识。特别是社区内以集体意识隐含与沉淀的自发保障意识，又在失地农民保障需求的强大驱动下，成为自觉建构社区保障的实际行动。就整个社区保障体系的内涵看，明显地体现出，它是在追求整个社区内的整体发展，即在追求经济与社会共同发展的过程中实现的。

（2）城中村社区保障的特点。社区组织是社区保障实现的主体与载体。城中村的社区保障，由于它所依托的是城中村社区组织，这种组织既与一般的农村社区组织不同，也与一般城市社区组织不同，因此，其社区保障的实际运作也存在自身的特点。

第一，社区保障的运作资源丰富，包括雄厚的社区经济基础与密集的社会资本资源。实力雄厚的社区经济是社区保障得以实现的前提条件。城中村社区是在经济发达村社区的基础上发展而来，而经济发达的村庄，往往有着良好社区保障与福利建设的基础。从社会保障的视野看，城中村是一个容纳了诸多传统资源，同时又在新形势下再生了许多现代资源的特殊城市社区，因此，以富含社会资本的组织化方式来实现社区保障，这也是城中村社区保障机制运作的重要特点。由于基于特定的社区基础与条件，城中村延续了具有漫长历史文化沉积的组织化场域及其场域逻辑，因而拥有完备的作为社会资本因素存在的种种正式与非正式的规则、信任与社会关系网络体系，而这些社会资本因素恰好是罗伯特·普特南所谓成功社区的基本要素。近20多年来，发达国家社会保障与福利机制的再选择，一个比较集中的思路就是重建多元与富含社会资本的社会保障体制，由此可见，社会资本与保障功能实现了之间的密切关联。正是由于城中村社区深度地内植与积淀了许多社会资本，因而决定了社区保障运行与实现中的独特性。

第二，社区保障的功能覆盖全面，包括最为人们所忽视的精神保障功能。由"村"向"城"过渡的城中村，由于强大社区经济的支撑，以及这一基础上的长期历史文化与社会关系多重联结的重新动员，使得社区再度成为城市条件下具有密切连带的共同体组织。就这种组织化共同体的逻辑特点看，相对于城市大量功能性的组织而言，这一特定的社区共同体包含着满足人们多重需要的内在机制。社区共同体对非农化居民的心理文化认同及相关精神性寻求的保障功能。具有浓郁传统风味的民俗文化，在给予日益深度进入城市生活的人们以心理寄托的同时又渐行渐远，成为人们实现与城市融合，并最终湮没于城市的精神依赖。而且，这一功能就暂时性而言，还没有其他途径可以替代。实际上，随着现代社会分工的日益细化，城市各种组织越来越呈现为功能分立与专门化的社会单元，与此相对应，就一般而言，所谓的城市社区也越来越成为一个以居住为核心而具有越来越明显功能倾向的松散性社会实体，而单纯因居住集中在社区的人们，彼此的联系除了局限于简化的居住及其相关事务之外，往往缺乏更多联结纽带，因而，人际关系"原子化"倾向成为众多城市社区生活的事实，这也是西方历史上所谓社区消失论的主要依据。但西方社区消失导致的结果是，生活需求包括一些社会需求的缺失，诱发了国际性社区重建的运动。但不论是国际性社区重建的寻求，还是我国当下把社区重建作为解决许多社会问题的方式，其背后的深层缘由往往都离不开社区所具有的生活共同体取向，而该取向或多或少都与需要发掘社区某些传统资源特质相关联。因而，值得强调的是，承续了诸多传统社区共同体特质的城中村，本身就内含发挥多重社区功能的良好基础。

第三，社区保障的运作机制精密，包括独特人际关系网络提供的支撑。在具有深厚历史文化与现代社区资源融会而成的城中村社区情境中，社区保障的方式与制度往往是以细微而精密的机制在发挥作用。即使过渡期内以转制公司为核心与依托的组织化社区共同体，由于它与具有长期历史文化渊源之传统村落共同体的直接继承性关联，由于其内在的特定社区制度、留存的历史文化传统、熟人半熟人化的亲缘地缘关系网络等的共同配合，沉积了许多具有民间性质的保障资源及其保障实现的机制，而这一资源与机制又恰好与再生的经济基础相配合，在化解保障问题中仍效果显著，使城中村民在适应今天的都市生活中获得了保障需求的实现。养老是与人类历史相伴随的古老话题，但现在的一般农村地区，老年人的基本生活保障已经成为制约农村社会发展的大问题。而同样在缺乏国家社会保障资源支持的城中村，社区却能够以自己的方式解决问题。城中村多属城市化早发之地，人口老龄化现象比较严重。但在这个城中村，应该说，基本上不存在群体性的、以社会问题形式出现的老年人问题。在社区制度的约束下，村里老人的赡养，主要依赖家庭与亲属关系的支持，基本上可以完全消解。这是因为，村里的老人，一般多少都有一笔属于自己的私产，包括社区股份、老人退休金、房产或者宅基地等有价值的财产，与私产的存在相关，使得在老人赡养的问题上，进一步强化了亲属关系网络的人际约束。例如，某村里有位孤寡老人，拥有一块不到40平方米的宅基地，按照私下协议，老人拿出宅基地，老人的外孙出钱，共同在宅基地上建起了四层楼房，其中一层留给老人自住，其余三层出租，当中的两层租金归外孙，另外一层的租金归老人，同时外孙还全包老人的日常生活费用。正是这块小小的宅基地，再加上老人在村内可信任的亲属关系，就完全地解决了老有所居与老有所养问题。村里还有老人，把自己的房屋产权证放在可以信任的其他村人家里，并在老人有需要时负责照料其生活。类似这些非常民间化的方式与机制，却在社区组织中进行着保障性功能的有效调节。

3. 城中村社区保障的意义及其局限

社区是一个依托地缘纽带形成的社会组织单元，是一个具有整合多重功能的生活性共同体，在功能日益分化的现代社会变迁中，人类福利的实现仍然是离不开这样的共同体的。与此相关，20世纪中叶以来出现的世界性社区复兴潮流并非偶然。在发达国家，政府与市场常常都难以避免地面临失灵的问题，而社区能够发挥政府、市场及任何其他组织都暂时难以替代的作用。在许多层面远远落后于发达国家的我国，特别是与市场经济相配套的各种社会制度，包括社会保障制度仍处于建立和完善过程中，社区更成为解决诸多社会问题、化解种种社会风险的良方。这一背景下，社会保障的社区化寻求与社区替代应该成为理论与实践聚焦的领域。也因此，我国社会保障重点关注对象的失地农民，其社区保障的实践及其城市化意义尤其值得注意。

目前条件下，我国政府还没有承担起关于失地农民社会保障的主要成本。政府开展的对城中村民的社会保障，无论是力度还是公信度都非常有限，难以作为现实地解决失地农民生活与发展保障的主要依赖，充其量只能作为保障需求实现的一个补充。也与此相关，至少到现在为止，广州城中村失地村民参与政府社会保障的状况不容乐观。2001年，天河区下发了关于撤村改制人员参加社会养老保险的文件，鼓励转制居民积极参加政府推行的养老保障。整个天河区符合参保条件的转制居民共有49732人，但只有2560人参保，而且多是因为在转制公司有工作而被硬性要求参保的，即使这样，参保率也仅为5.1%。广州的城中村中，社区保障成为失地农民生存和发展的最重要依赖。

脱胎于农民的城中村非农化群体，比较其他社会群体而言，这一群体对社会保障有着更为独特而强烈的需求。随着耕地的全部被征用，城中村民被迫突然地进入了城市生活，但就适应城市生活的技能而言，这些人普遍一无技术、二无文化、三无任何其他优势，是一个注定要在城市就业市场竞争中被边缘化的社会群体。而且，改革开放30多年来，我国仍然缺乏系统化的弱者保护机制，依赖于国家现有的社会保障制度，同样又是一个注定要被城市生活边缘化的群体。然而，城中村的石牌村，去"过密化"的社区经济虽然并没有改变该群体在城市就业市场中的边缘化状况，但却没有使他们成为城市生活的边缘群体，绝大多数人在享受一份清闲而又衣食无忧的城市生活的同时，还能够以各自的方式筹划着自己与家庭生活的未来。这一生活境遇的获得，社区组织所提供的种种保障起到了决定性作用。

城中村的社区保障，实际上是城市化过程中的农民以自组织方式有效地缓解了政府社会保障的巨大压力，并在这种缓解中创造着新的民间社会认同。众所周知，由于长期计划体制及其惯性的影响，我国有限社会保障资源为政府所垄断，且国家在开展城市社区保障上缺乏相应的配套措施，已有资源潜力远未开发出来，因此，一般城市社区中，社区保障的开展受到双重制约，既要受制于所拥有的社会保障资源在数量与质量上的匮乏，也要受限于城市社区基本上还是国家行政力量作用的事实。许多城市社区，不仅自主开展社区保障的行为能力严重不足，而且即使已开展的少量保障工作，也还是在非常表层地履行政府的相关安排。与此相比不同的是，城中村社区不仅具有与现代市场经济相容的强大社区经济的支持，而且还具有丰富原生意义上的社区内涵，两者的结合，形成亲和力与凝聚力都比较强的组织化实体，这在现代城市社区中堪称稀缺。学界比较一致的观点认为，一个称得上社区的社会单元之形成，最主要的并不仅是人们在共同地域上的居住，而是人们在相互的利益联系与互动中所产生的归属感与依存感。从这一意义上，城中村建构的社区保障，不仅是人们基本利益的纽带，解决了非农化群体的实际问题，而且在创造新的民间认同与凝聚中功能突出。

如果置于更广阔的全球化、更长远的国内社会保障改革的视野下，城中村社区保障则具有和越来越成为共识的公共政策观念相契合之处。第二次世界大战以后，一些西方国家以社会福利为基本国策与发展宗旨，并在宪法层次上把福利国家作为国家性质的定位。然而，数十年的国家高福利取向，导致经济发展的竞争力受挫、财政收支失衡、福利支出的增速超过经济发展的速度，不仅使政府的福利资源枯竭，而且资源配置与福利管理的效率不高，导致公众的不满与相关问题丛生。这一实践条件下，促使西方国家进行社会政策及其制度的改革与转型，这一转型的基本趋势是，走向建构一个更加多元化的社会保障与福利体系，其中就包括对社区保障资源的重视与发掘。此外，就我国进行社会保障改革的情况看，改革以来，社会保障制度与体系的重新建立过程，同样产生了许多问题并带来警示，如社会保障形式单一、政府的财政负担过重、保障资金收不抵支，等等。因此，社会保障的现有体制面临着实质的转型，其中，如何发挥民间与社会的力量，包括发挥社区自组织力量来发展社会保障事业，就成为转型实现的一个必需的选择。

当然，需要说明的是，城中村社区保障也存在自身固有的局限。从早已系统化的西方社会保障制度和现代社会保障的一般发展趋势看，社会保障是国家的收入再分配制度，并借此对社会成员的基本生活权力进行保障，是依法建立的、在全国范围内统一实施的安全制度，法制化与强制性的国家干预是社会保障实现的主要形式。而作为群众自治组织的社区实施的保障，不具有社会保障的强制性、长期的稳定性与社会性，因此，虽然城中村社区保障暂时与局部地解决了失地农民的生存与生活保障问题，但城中村的社区保障也有自身固有的局限。随着过渡性的村社型组织走向终结，随着仍然具有浓厚社区性质的经济，不可避免地朝向去社区化与社会化的方向发展，社区保障将必然地走向弱化。因此，这种形式的社区保障，其长效性是受到局限的。再有，依托于自治性组织的社区保障还天然地缺乏足够的强制力，保障效果受到影响。

总之，由城中村特殊社区背景所决定，它所承续的具有长期合法化基础的组织化网络与管理模式，使它能够充分地利用自身资源实现社区的自我保障，以自组织方式化解失地农民的保障问题。城中村社区保障作为所属群体保障需求实现的主要形式，而不是简单补充，这在国家社会保障制度存在致命残缺的情况下，具有很强的社会保障的替代功能。许多地区失地农民问题显得十分严峻的形势下，其重要性更加彰显。但是，由于城中村社区保障是在特定社会条件下的替代，从我国建立市场化机制的长远经济目标看，政府推行的社会保障应成为公民社会保障的支柱与保障需求实现的主要依赖，而其他形式的保障供给是程度不等的补充。有鉴于此，在充分发掘与发挥民间社会保障资源的同时，建立与健全国家社会保障制度依然是解决失地农民社会保障问题的长远之策。

三、城中村现象影响的多维视角

(一) 消极影响

社会各界对于城中村存在的问题已达成共识，并把它看作是城市肌体上的"肿瘤"。这些突出问题概括起来主要有社会治安问题、环境卫生问题、安全隐患问题、计生和人口管理问题、市政配套和城市形象问题等，在此不再展开论述。除此之外，还有城中村催生租金食利阶层的隐患等。

1. 对城市建设的影响

由于多年来对城中村的综合管理不当，在利益的驱使下，当地居民随意增建、搭盖出租房屋的现象很普遍。同时，由于环境卫生、生活服务等公共配套设施未完善，城中村的脏、乱、差现象严重。此外，城中村的存在严重妨碍了城市交通网络的优化，一些城市主干道由于城中村的阻挡而不能在近期实施，不得不绕道改线，使交通干道服务区域不能优化配置，对城市的规划建设产生不利影响，也不利于城市环境保护工作的开展。

2. 对城市管理体制的影响

城中村长期保留农村建制，实行农村管理体制，形成了相对封闭的小社会，城中村所在的街道难以按照城市管理体制实施管理。这种城乡二元管理体制，表面上两种管理体制都在实施管理，实际上是哪种体制也没发挥好作用，造成城中村的规划、建设、管理长期处于混乱状态，不利于政府有关部门开展工作，体制上不能制定合理的政策进行规范和约束，造成了房屋建设布局混乱现象，不仅严重破坏了城市景观，影响市容市貌，而且还成为城市最大的卫生死角。城中村杂乱的建筑和生活环境，在很大程度上破坏了城市形象，降低了城市品位，削弱了城市竞争力，成为城市现代化的一大障碍。

3. 对城市用地的影响

城中村的住宅建设缺乏统一规划和管理，以单家独户建设为主，房屋建筑相对于城市来说占地面积大，建筑密度高，容积率低，造成土地利用率和产出率低下。

4. 对城市文化的影响

由于历史和现实的原因，城中村村民的文化素质通常较低，村民求职处于不利地位，但由于他们拥有城市的稀缺资源——土地，通过房屋出租、集体分红等获利比较容易，无须四处奔波便能过上不错的生活。他们几乎不用工作，也习惯了不劳而获、游手好闲，精神文化相对匮乏，与现代都市的快节奏生活格格不入，由此造成吸毒、斗殴、聚赌等现象屡见不鲜。城中村几乎成为现代城市理念的伤疤、城市文化的败笔，严重阻碍了城市文化的健康发展。

浙江义乌市国土资源局徐熙庆总结了四方面的影响，一是城中村严重制约城市化的发展；二是城中村制约着城市的发展空间；三是城中村影响城市规划的实施；四是城中村阻碍城市土地集约利用。从以上城中村存在的问题看，城中村还极大地增加了城市管理的难度。城中村催生了两租经济，依靠两租经济收入的人们就成了租金食利阶层。虽然已有很多经济学家指出两租经济存在的风险，但这只是经济方面的问题。笔者认为租金食利阶层的出现也是一个社会问题。这些依靠目前还相当丰厚的租金收入的收租族，许多人不思进取，又未接受过任何职业培训，一旦受到经济危机或城中村的改造压力就会使他们失去赖以生存的租金保障。

综上所述，城中村改造是城市化发展的迫切需要，城中村完全融入城市是一项系统工程。城市对周边地区有较强的聚集力和辐射力，城市化是衡量一个国家或地区经济发达和文明程度的重要标志。城中村已经严重影响了城市化进程，改造城中村是建设现代化城市，提高城中村村民素质，提升城市竞争力的迫切需要。改造城中村势在必行。

（二）积极作用

黑格尔说："存在即合理。"城中村作为城市化快速发展中存在的现象，在世界各大城市都普遍存在。留美华人学者文贯中先生在文章《"城市化"无法避免"贫民窟"》中指出：正是因为存在贫民窟，才使得城市特别有活力。贫民窟的存在，使得城市扩大的成本特别低，包容性特别强。居住成本低廉的贫民窟，使新移民比较容易找到安身立命之地，生活在贫民窟的大部分新移民一二代后便融入了城市主流社会。这不但发生在美国的纽约和芝加哥，也发生在中国的香港、北京、上海、广州。

1. 城中村的存在为失地农民提供了社会保障的补充

失地农民在征地中获得的补偿与城市发展的成果相比，显得微不足道。当然，改革开放的成果还是让深圳本地人近水楼台先得月，各村集体建起了厂房，办起了"三来一补"企业，一些村民被派到厂里任行政厂长等职，一方面解决了村民的就业，另一方面也为村集体经济带来了收入，每年村民可从中分得可观的红利。同时，大量的外来人口，也给住房市场带来了巨大的需求，村民们也就纷纷建起了私人住宅出售、出租。在国家社会保障制度不健全，难以成为失地农民生活保障主要依赖的情况下，这种未依靠政府而由村民自治组织自己解决社会保障和福利的社区保障机制，却为失地农民的社会保障提供了一条有效的途径。

2. 城中村低廉的居住成本为低收入群体提供了栖身之所

我们总是会犯理想主义的错误，把理想的城市想象成完美的，没有脏乱差，没有城中村、贫民窟，没有低素质的人群。道路上都是奔驰、宝马，没有小排量汽车、大货车、摩托车、自行车，连行人道也越来越少，有些根本就没有。然而，现实是不可能的。试想，一个城市如果没有环卫工人，哪来城市的美丽？只要存在社会分工，就会存在差异，更何况现在我国的城乡差距、贫富差距越来越大，人人都住高品质住宅是不可能的。目前政府也远远无法建设足够的经适房、廉租房解决低收入群体的住房问题。那么，城中村为这些城市建设者们提供了最起码的住所。

3. 城中村为社会的维系提供了微循环的生存空间

大千世界无奇不有，看似无用的东西又有其存在的价值。大自然的食物链作用在人类社会同样存在。城中村中居住的人群是什么行当什么职业都有，并不是每个人天生以来都有办公司的资金和实力，多少实力公司都是从小行当开始的。很多并不是很规范或很合法的边缘行当在城中村里才有生存的空间，从而解决了困难群体的生计问题。从这个意义上来说，对社会稳定也起到了一个疏通的渠道的作用。当年聚居在深圳大芬村未办证照的画工画匠们就是一例。

四、城中村改造的价值和必要性分析

（一）处理好城中村问题是关系到我国城乡统筹发展、形成城乡一体化新格局的重要内容

城中村是城市化的前沿阵地，是城市化各项政策引发矛盾的焦点，处理好城中村问题是关系到我国城乡统筹发展、形成城乡一体化新格局的重要内容。城中村问题的解决是统筹城乡发展的矛盾焦点，是城市化扩张和新农村建设平衡的支点。城中村也是中国户籍制度改革的前沿战场，城中村中的户籍制度改革将为全国户籍制度改革奠定良好的基础。城中村改造，对实现城乡统筹，推进有中国特色的城镇化和城市健康发展，促进社会公平和建设节约型社会都具有重要意义。

城中村是城乡一体化改革各种矛盾的集中体现。城中村在其他国家城市化过程中没有出现过，在中国历史上也没有出现过。城中村的出现和改造，是城乡二元体制理论的新发展，城乡不是非此即彼的关系，城中村是一种城与乡转型的中间状态，也是一种均衡，这种均衡必然走向城市化，如何打破这种均衡，并良性发展，需要外界力量介入的强制性制度变迁。

（二）城中村的存在给城市经济社会发展带来了严重影响，要提高城市化质量，提升城市素质，必须进行城中村改造

1. 实现城市物质形态现代化的需要

从城市规划来讲，城中村严重影响了城市的物质形态空间规划的科学性、阶段性、层次性和整体性，特别是在总体规划完成以后进入分区规划、详细规划和地块的城市设计时尤其明显。另外，这些地区功能定位的模糊、土地使用性质的混乱、建筑物布局的随意性和风格的混杂性，随着时间的推移将对城市物质形态空间规划产生越来越大的负面影响。从市政建设来讲，城中村的市政建设严重滞后，水电设施、排水管网、消防设施及其他公共设施与城市的整体发展严重不配套，影响了城市功能的发挥。因此，要实现城市物质形态的现代化，必须改造杂乱无章的城中村，使城中村物质形态融入城市整体。

2. 实现城市社会结构和社会管理现代化的需要

城中村主要是以初级关系（地缘、血缘和原农村社会关系）为纽带形成的社区，具有强烈的封闭性，这与以次级关系（业缘、契约关系）为基础构成的城市社区形成了明显的对比，二者共同构成了新的城市二元社会结构，给社会管理带来很多矛盾和问题。在城中村里，村民们在经济上和社会认同上都很排外，在社区管理中强调传统伦理，而不强调现代法理，强调习惯而不强调制度，他们更多地认同传统权威，借助传统的办法解决彼此之间的矛盾。而以国家法律为依据建立起来的居民委员会在城中村中没有相应的地位，大多数村民仍然认同城中村原有的经济社会组织。居委会没有权威，城中村社区的经济组织与上级组织又没有隶属关系，因此，上级组织（如区政府和街道）进行社会管理的渠道不是很通畅，有的政策推行起来阻力很大，使得城中村俨然成为一个"独立王国"。只有改造城中村，淡化和瓦解城中村的社会结构，才能实现城中村社会结构和社会管理的现代化。

3. 改善城市环境和社会治安的需要

城中村在环境卫生上存在着先天不足：建筑密度大，绿地少，通风采光差；市政配套差，道路狭窄，标准低，用电线路纵横交错，排水管网不足，污水横流；居住人员庞杂，乱粘贴，乱设摊，乱扔垃圾，管理方式和手段落后，环卫工作不到位，卫生状况差，居住环境恶劣。有人描述城中村是"村外现代化，村内脏乱差"，也有很形象地描述城中村的顺口溜说："住在'城中村'，不知晨与昏；难见窗外一线天，一日三餐要开灯"。居住环境可见一斑。在社会治安方面，城中村房东出租人员把关不严，管理混乱，治安和犯罪事故频繁。一些外来人口聚居的城市，如深圳、广州等，租住在城中村的外来人口发生的刑事案件占城市总案件的半数甚至90%以上，发生在出租屋的案件占总案件的30%左右。如果改造好城中村，使城中村居住形态和管理形态与城市社区一致，将使城市环境卫生和社会治安有一个根本性的改观。

4. 盘活城市资产，提高城市土地利用效率，使城市资产升值的需要

一方面，城中村占用了大量城市土地，有的城中村位居寸土寸金的市中心，但充斥着高低错落、标准不一的私房，土地利用效率低，产出低。另一方面，随着城市的发展，城市用地日趋紧张。因此，按照规划进行城中村改造，既可以改善城市环境，又可以提高城市土地利用效率，实现城市的内涵式发展。城中村的存在，也影响了城市房地产和物业价值。城中村周边房地产的价格普遍比其他区域低，销售也受到影响。如果改造城中村，不但将使城中村周边的房地产升值，而且使整个城市资产随着环境的改善而升值。

总之，改造城中村，有利于改善城市环境，提高城市综合竞争力，促进城市经济社会的发展。同时，从时机的角度讲，早改比晚改好，早改可以尽快地发挥改造的综合效益。否则，随着时间推移，城中村私房为了租赁需要自行翻新将带来一轮新违章建筑的出现，使改造成本持续增加，改造难度进一步增大。

第七章

国内外城中村治理评析

一、我国城中村改造的主要做法

城中村改造模式的选择取决于村落的经济、地理、交通区位，城市总体规划、发展走向、建设时间表，市政基础设施现状，村民的就业、社会福利需求，开发区、工业园区的布局，政府、开发商、村民三方的利益协调机制等要素。城中村问题突显及其改造，都是率先在珠三角、京津地区及后来的省会城市等出现的。概括起来，全国各地的城中村改造主要有以下情形。

（一）珠海模式

珠海市建成区共有26个城中旧村需要改造，全部位于香洲区。总占地面积约300万平方米，需动迁人口近20万。珠海市从2000年6月开始围绕着"改造城中旧村、创建精品社区"的总目标，高起点、高标准改造城中旧村。

1. 珠海的城中村改造模式是由政府引导房地产商改造开发城中村的模式

政府在改造中起着决策引导，制定改造规划，出台改造优惠政策的作用。改造的主体为房地产商，政府通过公开招标引入有实力的开发商，由开发商筹集资金完成改造工作。改造方式为拆掉旧村彻底重建，建设商品房和商品房化的安置房。拆迁补偿方式为实物补偿为主、货币补偿为辅，补偿比例为1∶1（补偿标准以内）和1∶1.2（未达规定面积）。土地权属由集体土地转为国有土地，转让期限为70年。体制变更方面有撤村委会建居委会，村民变市民，村办企业改股份公司，村民变股东等。

据报道，珠海进行大规模、高档次的"城中村"改造，市场运作是一个关键因素。政府不投入资金，而是定原则、定规划、给政策，引入市场竞争机制，吸引房地产开发商投资旧村改建。"没有行政命令与长官意志，珠海城中村改造始终被一双看不见的手推动向前。"[①]

2. 利益"三赢"

城中村改造必定需要经过多方博弈，当政府、开发商与村民三方利益达到平衡时，改造才能顺利进行。对于政府而言，它必须把各方面利益关系处理好，而不能把城中村改造单纯看作是一个项目来理解。对于村集体来说，他们在保证村民原有利益的同时，还要争取更多的经营性利益。对于开发商来说，他们同样要争取利益的最大化。实际上城中村改造有两大关键问题，一是村民让不让拆，二是谁拿钱来建。从目前各地的城中村改造结果来看，珠海城中村改造的经验值得学习。据了解，在解决第一个问题上，珠海市政府尽量照顾被拆迁旧村居民方方面面的利益。旧村居民所有合法房屋按建成年份以1∶1～1∶1.2的面积比例进行补偿。旧村居民的原宅基地证换发房地产权证，成为商品房，直接进入市场进行交易，资产升值；拆迁期间旧村居民的安置费由开发商进行补偿；原村集体在改造范围内的留用地、工业用地允许免交有关费用纳入统一规划、改造，土地升值的收益由村集体、村民和开发商共同享有。在实际操作中，珠海政府还对合法产权按上述比例补偿的同时，对违建部分也采取了力度较大的补偿措施，因此拆迁受到了村民的欢迎。而在第二个问题的处理上，珠海市政府巧用市场之手，以较高的预期利润，吸引了开发商参与，政府不花一分钱就对旧村进行了改造。珠海市对房地产开发商的优惠政策是"拆一免二或免三"，即根据旧村的区位及拆迁量，开发商每拆1平方米的房屋建筑面积，可免交2～3平方米建筑面积的地价，并减免相应的消防费等。开发商的开发总量中，1/3用于村民回迁，另外2/3作商品房经营。对区位较差、拆迁量大的，还允许开发商采取适当提高容积率，增加部分商业性质的建筑面积等办法提高经营收益。

---

① 参见《珠海特区报》2009年9月29日。珠海城中旧村改建的经验得到建设部和省政府的充分肯定，许多前来参观的城市管理者评价说，珠海破解了一道世界性难题。

在目前四个试点村中，外地人口的数量远远超过了本地人口数量。改造城中村使得他们被迫要搬离原来的居住地，这就意味着就业与居住地距离的增加，有部分人可能因此而不得不放弃工作。这部分人该如何安置？如果城市某些地区又吸纳了这部分人群并形成新的居住点，这是否又会形成新的城中村？

对此，城中村在某种意义上为外来人口提供了廉租房，降低了他们定居城市的成本。在城市化进程中，外来人口的作用相当重要，他们为城市的发展提供了较为廉价的劳动力，因此他们的居住问题也不能被忽略。在改造城中村的同时建设一定比例的廉租房。这些廉租房产权归政府所有，政府为低收入的本地人口和外来人口提供低廉租金的房屋。[①]

3. 市场运作为主导、政府给政策的策略

珠海能够进行大规模、高档次的城中村改造，市场运作又是一个关键因素。市场化运作模式激起了投资者的投资兴趣，政府的角色是营造一个公平、公正的市场竞争环境。为培育新的房地产市场，珠海市决定3年内在城区不再新批房地产用地，为城中村改建腾出市场空间。城中村改建产生居民回迁房300多万平方米，另外还将产生近600万平方米商品房，没有市场保证是无法推进的。据有关部门测算，珠海市这一优惠政策，土地收益方面将减少40亿～50亿元，政府虽然没有直接投入，但实质上政府让出巨大利益给改建村民和开发商来推动改造。

珠海市在城中村改造中政府没有直接投入一分钱，而是巧用市场之手，通过定原则、定规划、给政策，引入竞争机制，吸引房地产商投资城中村改造。确保开发商获得25%以上的合理利润。为引入有实力的开发商，珠海市采用公开招标的办法，不分开发商来自哪里，一律对其资金实力、改建规划方案、拆迁安置方案及商业信誉等方面进行量化评估。为提升新村档次，珠海市在招标阶段就引入规划最优概念，规划设计要以优取胜，带动了全市房地产开发档次的提升。通过政策借力改造城中村，是珠海开展城中村改造的重要举措和成功经验，这种探索和实践也为进一步推动公共设施与服务市场化改革提供了借鉴，是经营城市的一种有益探索。

珠海市从一开始就对城中村改造的目标进行高定位，城中村的改造不是市政建设的"填平补齐"，而是实现城市的整体增值。通过城中村的改造，建设现代化文明社区，推动和提高农村城镇化进程和水平，从而提升

---

① 黄煜升：《城中村改造可借鉴珠海经验》，载于《南方日报》2008年7月17日。

城市综合竞争力。

城中村改造的珠海模式是一种典型的经济与产业导向模式,从促进城市经济与产业发展的角度权衡城中村改造。这种模式一直是兄弟省市学习的榜样,但是并不意味其十分完美。在珠海城中村改造过程中,村民仍然相对弱势,迟迟拿不到房屋补偿款、房屋质量有瑕疵,甚至遭遇强制拆迁。除此之外,许多带有历史文化价值的古迹如吴家大祠堂、鲍氏祠堂等也被毁。

笔者认为,珠海模式虽然标榜市场导向,但其背后,仍是强大的行政权力。更重要的是,采取拆除重建手法,固然促进了城市经济的发展,改善了城市景观,但也造成了无秩序的城市空间扩张,浪费了宝贵的城市土地资源。珠海模式的后果,是大量低收入人群被驱逐出城市中心,在市区周边和郊区等更大范围上造起了新的城中村。这种城中村改造虽然制造出了建设奇迹,但也损害了居民在城市中心地段生活的权利。

(二) 广州模式

城中村改造的主体不是政府,更不是开发商,而是村民。站在社会整体的角度,正如有人所指出的,城中村的改造应以社会和谐为目标,以政府支持下的村民自改为主,拒绝地产商过度参与以避免商业操作引发更多的社会问题。城中村的改造面对的是活生生的人,说到底,市场运作只是一种手段,而终极的价值,则是以人为本。[①] 广州的城中村改造模式是由政府引导村民自行开发改造、不允许房地产商进入的模式。

政府在改造中起着制定政策,出台优惠、扶持政策,积极引导的作用。改造的主体为村集体和村民,政府提倡按照"谁出资、谁受益"的原则,村集体和村民个人出资为主,区财政拿出一部分配套资金,由城中村自行改造开发,不允许房地产商介入。改造方式为重建、改建与维护相结合。拆迁补偿方式由各城中村根据具体情况自定。土地权属由集体土地转为国有土地。体制变更方面有撤村(委会)建居(委会),村民变市民,村办企业改股份公司,村民变股东等。

近年来,广州市政府提出:"政府出一点,集体出一点,村民出一点"的改造方案。典型的个案就是猎德村的改造。2008年1月15日,随着第一铲土的培入,猎德村改造工程正式破土动工。2010年广州亚运会前,猎

[①] 彭兴庭:《城中村改造的社会学解释》,载于《南方都市报》2009年09月30日。

德村村民住进了新的住宅楼和社区。

1. 广州猎德村的改造实践

猎德村是广州市第一条全面改造的城中村。① 猎德村位于珠江新城南部，南临珠江。东与誉城苑社区居民委员会为邻，南与临江大道紧靠，西与利雅湾接壤，北与兴民路及花城大道相连，离广州的城市中轴线不足200米。在总面积仅6平方公里的珠江新城，猎德村村址所占的470亩地和经济发展用地350亩，几乎是珠江新城区域内最后的土地资源。猎德村改造的主要经验是坚持政府主导，以村为实施主体，按市场化运作。在猎德村改造中，通过政府规划，精心设计，使村民居住环境和城市景观得到改善，岭南古村落文化得到保护和延续；通过市政配套设施优先落实，使区域内的新光快速干线、两条市政路、猎德涌整治同步完成，学校、卫生服务中心、肉菜市场等公共服务设施按照标准配置，猎德村完全融入珠江新城商务区。通过市场运作，主要解决了改造资金来源。猎德村通过融资地块公开出让引入开发商，所得土地收益全部用于改造，政府财政零投入。以村为实施主体，可以化解改造中的矛盾，实现和谐改造。村民对改不改，怎么改等重要事项有知情权、参与权和决策权，这使得猎德村改造实现了零上访、零投诉和零强拆，和谐改造。猎德村的实践证明"政府主导、村为实施主体、市场化运作"的改造方式是行之有效的，但猎德村的模式也不是每条村改造都可以照搬的，因为各条村地处的环境和面对的主要问题都不完全一样。②

得天独厚的地理位置使猎德村成为广州最有可能也最容易进行彻底改造的城中村。天河区政府对猎德村的改造思路很清晰：政府完全不投资，由猎德村划出一块土地拍卖给开发商，再使用拍地所得资金进行城中村改造。而土地则按照"三三制"原则进行分配：1/3用作商业；1/3用于村民安置；1/3作为集体经济的预留地。而更重要的是，在村民安置方面，基本采取"拆一补一"的补偿方式——村民房屋回迁安置采用阶梯式安置方法，以四层为上限，即按证内基建面积不足二层的可补平二层，以此类推，四层及以上的按证内合法面积安置回迁。按照"政府主导，以村为主，一村一策"的原则，猎德村的改造将实现自身平衡，通过土地拍卖的

---

① 2012年6月，广州市委常委、常务副市长陈如桂就广州耕地保护和"三旧"改造工作接受了记者采访，介绍了广州城中村改造的情况。

② 《广州城中村改造不会照搬猎德模式》，载于《新快报》2012年06月27日。

形式，猎德村得到 38.6 亿元的旧村改造资金，除建设村民安置房外，还将建设一幢临江的五星级酒店，作为村集体经济的重要来源。

猎德村试点的意义在于，一方面在资金筹措上走出了一个新模式——卖地集资，使政府在拆建过程中几乎不需花费一分一厘。另一方面，虽然改造引入了社会资金，并由村集体引进开发商参与，但这与传统的开发商主导改造模式不一样。以村集体为主角与开发商进行谈判，村民的利益诉求能得到很好的体现。最终达成的"拆一补一"安置方式，事实上是使每户村民都能够得到不止一套的回迁住房。猎德村改造成功后，房屋的租金水平肯定马上成倍上升，原村民长期依赖的"租金经济"不但没有被瓦解，而且还得到档次上的提升，很好地平衡了政府、商业力量和村民各方的利益关系。由于猎德村的改造并不具备完全的可复制性，目前广州市城中村改造的基调还是"一村一策"。为此，有专家提出了几种用于城中村改造的方式，除猎德模式外，还有置换模式、公共设施的推进方式以及分期滚动开发方式等。

2. 猎德模式外的其他模式的尝试

对于猎德模式外的其他模式，政府并非没有尝试，比如前几年的新庆村模式和甲子村模式，都是由政府补地置换，再由开发商介入。二者一成功一失败，但无论成败，这两种方式未来都已经很难行得通——政府手头的地块越来越少，138 个城中村，为每条村子补一块地，显然不现实。猎德村采用的，是以土地换物业的模式，要复制这个模式，必须有两个前提。一是需要拿出一块地来拍卖，而这块地的价值必须比较高，才能弥补改造重建经济方面的需求。二是村民对改造的自主意愿[①]。

（三）杭州模式

杭州的城中村改造模式是由政府统筹改造城中村的一种模式。政府在改造中起着组织作用，市政府负责城中村改造政策制定和工作考核，市规划局负责编制城中村改造的规划，区政府统一运作、统筹平衡本区城中村改造。全部集体土地，集体土地转为国有后由政府招标建筑公司建设安置村民的农转居多层公寓，部分地块用于出让以解决建设资金平衡需要，这类地块由各区政府会同市土地储备中心整理成净地后，交市国土资源局公

[①] 《广州城中村浅水深水慢慢行》，载于《南风窗》2009 年 06 月 08 日。

开"招拍挂"出让，土地出让金的35%上交市政府，65%返还各区政府用于全区城中村改造试点的整体改造。

拆迁补偿方式为城中村居民原房屋评估定价，按建安价折抵购买新建多层公寓。城中村改造资金来源统一在区级城中村改造资金专户中安排，由各区政府"区内调控、自求平衡、包干使用"；各区城中村改造资金包干使用后有结余的，用于其他撤村建居村的农转居多层公寓建设和本区内撤村建居范围各项基础设施建设。

体制变更方面有撤村（委会）建居（委会），村民变市民，村办企业改股份公司，村民变股东等。

（四）深圳模式

1. 深圳的城中村改造模式是政府引导、市场主导、多主体开发的模式

目前，深圳市共有村落1000多个，其中特区内200多个，特区内外共有私房约30万栋。伴随着城中村而出现的交通拥挤、环境污染、社会治安状况复杂等现象，严重影响了城市投资环境的改善和城市竞争力的提高。

政府在改造中起着引导作用，主要表现为制定政策，出台扶持和优惠措施。改造的主体为房地产商（政府通过"招拍挂"出让土地给房地产商由其筹资开发），城中村集体（城中村股份合作企业自行组织改造），以及以上二者的结合（城中村股份合作企业联合房地产商合作改造）。城中村改造资金来源为房地产商、城中村集体和村民，政府财政支持。改造方式为重建、改建与维护相结合。拆迁补偿方式为以货币补偿为主、产权置换为辅，具体标准一村一策。土地权属由集体土地转为国有土地。体制变更方面有撤村（委会）建居（委会），村民变市民，村办企业改股份公司，村民变股东等。

2. 深圳的改造实践

深圳市从1997年开始尝试改造城中村，按每镇一村的办法试点，"以政府为主导、规划全面、制度跟上"是深圳市城中村改造的经验与特点。规划中以土地系统控制为核心，以合理引导乡村工业相对集中发展、村民住宅联建统建为基点，逐步摸索出一条"经济、建设、环境协调发展"的农村城市化之路。1999年，深圳市委、市政府又提出"规划全覆盖"要求，着重突出土地集约利用与建设用地分区调控。试点村确定发展方向和策略，划定不准发展区、控制发展区及非建设用地的界限，规定各类用地的使用要求；然后撤点并村，实行村民住宅连建、单元式统建，免费设计统建方案供村民选择；重点解决公用设施、绿化、居住广场空间及环境问题。

具体操作上，深圳市以追求合理的规划为目标，率先成立区级城市规划委员会，实行科学决策，并以法定规则的编制和实施作为法制决策的保障。在此前提下，建立市规划国土局、各区国土分局、管理所，以及特区外区、镇、村的"双三级"规划管理执行体系。另外还强化内外监督检查职能，建立规划管理反馈系统。在探索村镇规划管理有效途径时，引导"农民上楼、工业进园"，开展"规划下乡"活动，实现规划意识全覆盖。

目前，《深圳市城中村改造规定》已完成起草工作。根据该《规定》草案，深圳市将采用四种方式改造城中村：一是由城中村所在的集体企业或农村集体经济组织自行改造；二是由其他具有房地产开发实力的单位单独改造；三是由上述单位共同改造；四是因公共利益需要的，由政府组织改造。

深圳市城中村改造将坚持统一规划、成片改造、综合配套的原则进行。改造范围包括：在城市建成区内，依据有关规定属于农村（含已实行农村城市化的原农村）的集体工商用地和私人宅基地，包括现状安全隐患严重、环境质量低下，市政公共设施急需要配套以及城市景观急需美化的地段。

在城中村改造过程中，如何坚持在不损害国家利益、集体利益的前提下，维护被拆迁居民的合法权益，是稳步推进城中村改造的关键。对此，草案提出，改造单位需依据市规划国土管理部门确定的改造范围与业主签订拆迁补偿安置协议。拆迁补偿安置协议签订后，主管部门方可与改造单位签订土地使用权出让合同，且应在合同书中注明补偿给业主的房地产面积。而拆迁补偿可以实行货币补偿、房地产权调换、货币补偿与房地产权调换相结合的三种方式。其中，属房地产权调换的，补偿给业主的房地产面积每户不得超过480平方米，超出部分实行货币补偿。

改造城中村需要巨额资金，单靠政府一方面的投入是不够的，必须多元化融资，走政府调控与市场调节相结合的路子。为此草案提出，城中村改造工作要在市政府统一指导协调下，由区政府组织实施。各区政府可以根据规定，结合本区实际情况制定实施细则。

在程序方面，拟改造者应向区政府提出改造申请，并针对四种不同方式规定了四种不同程序：由城中村所在的集体企业或集体经济组织自行改造的，该集体企业或农村集体经济组织经审核后可确定为改造单位；由其他具有房地产开发实力的企业单独改造的，应经该项目所在的集体企业或农村集体经济组织同意并经审核后可确定该企业为改造单位；属共同改造的，该项目合作各方经审核后可确定为共同改造单位；由政府组织改造的，该级政府为改造单位。

（五）上海市虹桥镇模式

（1）生产队建制全部撤销。生产队建制全部撤销，完成户口的农转非，集体资产属于集体经济组织全体人员集体所有。

（2）资产处置同完善股份合作制相结合，以股权形式处置集体资产。遵循"公开、公平、公正"的原则，集体资产的评估、处置，完善股份合作制方案，都经股东代表会议讨论通过；特设经济责任风险股，共分为职工股、条线干部股、公司董事股、副董事长、副总经理股、董事长股。职工退休、干部调整职务应按规定档次退还责任风险股；公司新进劳动力（股东）和新上任的干部，应按规定档次投足责任风险股金额。

（3）在坚持股权兑现的原则下，股东的资产处置股权可以出让获得现金，也可以投入现金、受让股权，除了在税后净利润中提留法定的公积金10%和公益金10%，再提留一般不少于10%的任意公积金，用于还贷、发展再投资或以丰补歉，确保股东红利分配的稳定性。

（六）贵阳市的实践

1. 尊重历史，依照法规，撤销行政村建制

对已处于中心城区的村，撤销村建制，建立居委会和社区。村改居后，以提高居民生活质量和文明程度为出发点，实现社区服务、社区管理、社区文化等多方面的突破，引导社区居民广泛参与社区事务，落实社区居民对社区事务的知情权、监督权、决策权，实现社区居民的自我管理、自我服务、自我教育、自我监督，促进社区健康有序发展，最终实现城中村由农村社区向城市社区的根本性转变。

2. 做好村级集体经济的清产核资工作，推行股份制改造

做好村级集体资产的清产核资工作，确保原农村集体经济组织享有对这些资产的所有权，让村民享有一定的自主权。成立股份管理机构，将村级集体收益以及改造升值收益以股权量化核实到村民，村民以股东的身份参与村集体经济组织的监督与管理，享受相应的收益分配权益。

（七）西安市的实践

（1）政府主导，整体改造，科学规划，市场运作，最大限度发挥地缘优势。

（2）制定了与城中村改造相关配套政策法规，包括结合实际制定出的拆迁安置补偿标准和实施方案。整改方案的显著特点是综合考虑了整个地区改造，最大限度发挥地缘优势，项目完全采用市场运作，以吸引投资。广泛宣传投资商机、实施优惠政策以及通过科学规划、估算投资利润等措施，保证投资商利益，从而吸引资金投入城中村改造。

（3）协调利益相关方。彻底解决消防问题、完善基础设施、美化优化环境，提升环境商业价值。政府首先以宣传消除重大安全隐患为切入点，宣传消除重大安全隐患可以强制拆除的有关政策，并做好了强制拆除的司法准备，形成了强大的拆迁舆论氛围。制定出切合实际的拆迁安置补偿标准和实施方案，在安置上充分尊重民意，提供了货币安置和实物安置两种方案供群众选择。还对按时搬迁的人员制定了一系列奖励优惠政策。引导人口有序聚集，优化用地布局，将居住区与商业紧密结合，实现商业价值最大化利用，同时也为居民带来了工作机会。

（八）山西晋城的实践

以土地储备形式开展城中村改造，城中村改造工作由政府主导、政府强力推动。具体做法是：由政府确定总体规划、制定政策、调控土地市场，把整个城中村改造区域的土地纳入土地收购储备轨道，实行拆建分离、净地出让，除回迁房和公益服务设施划拨供地外，经营性用地一律公开出让，出让所得返还用于城中村改造，从而建立土地运营和城市建设的良性循环机制。

近年来，晋城市国土资源部门按"政府主导，市场运作，以土地收购储备为主体实施城中村改造"的思路对城区村庄进行了改造，取得了显著的成绩。其中实施的黄华街西区改造工程，收回城中村土地621亩，搬迁居民1500多户居民、拆迁房屋30万平方米。[①]

---

① 严陇成：《值得借鉴的五种城中村改造模式》，河口建设信息网，http://jsj.huanghekou.gov.cn/。

二、我国地方城中村改造的模式点评

前面所述各个城市的做法在我国城中村改造中具有代表性和典型性，从改造的主体和操作方式来看，大致分为三种类型。

1. 政府主导型

山西晋城的土地储备模式、深圳规划控制模式和杭州的撤村建居模式均属于这种类型。改造工作从村居规划到土地征用、从村民转制到居委会设立，均由政府组织、政府协调、政府推动，一般设立专门的村居改造办公室负责。政府主导型的城中村改造政策前后一致，相对公平公正，加上政府有关部门给予强力推动，村居改造速度快，社会效果明显，遗留问题较少。但改造资金需要政府投入，村民安置压力较大。对位置相对偏僻、市场化程度较低，村集体经济力量较小，村庄环境质量差，群众改造愿望强烈，拆迁对抗性弱的村庄，一般宜采用该方式。

2. 市场主导型

珠海的城中村改造模式即是这种类型的典型代表。政府在改造工作中处于政策制定和监督者的角色，城中村改造的资金筹措、房屋拆迁安置、房屋开发建设均由开发商进行，政府承担的压力不大，改造的社会效果和环境效果也比较理想。缺点是对改造中钉子户的处理缺乏响应的法律支持，城中村相互之间拆迁补偿政策的不一致也容易引发群众攀比，村民与开发商的利益博弈也常常延缓项目周期。该方式适合于区位优势明显、土地升值潜力较大的城中村。

3. 村集体主导型

广州的城中村改造即属于这种类型。由村集体主导进行城中村改造，农民的利益有所保证，由于村民自己决策，自行改造，村民参与热情高，避免了改造中的土地征用、房屋拆迁等诸多矛盾。但从实践来看，"一村一策"的改造模式缺少政府推动，改造工作常停滞不前，土地二元制的矛盾无法彻底解决。村集体一般城市意识差，政府规划在执行中往往走样，城中村改造质量、效果不甚理想，有时造成很大的浪费。另外，资金筹措也是一个难以解决的问题。该方式比较适合村集体经济发达，村班子威信较高的城中村，例如猎德村。

总之，城中村改造是一项难度大、涉及面广、情况复杂、风险性较高的系统工程，涉及户籍制度、土地利用制度、集体资产处理、村民自建住宅政策、投融资体制等多方面问题改革，需要城市管理者认真对待，慎重决策。虽然各个模式政府发挥的作用不同，但是政府作为制度的拟订者、制度创新的推动者，在城中村改造中的统筹或协调作用仍然是极其重要的。

三、国内城中村改造出现的问题
——以珠海市香洲区为例*

珠海市香洲区在城中村改造过程中采取了各种优惠的政策，但由于城中村改造牵涉的村民人数众多，涉及各方面的利益，所以在城中村改造过程中还是出现了一系列的问题。

1. 城中村土地所有权归属混乱导致法律适用错位

根据《中华人民共和国土地管理法》第2条规定："中华人民共和国实行土地的社会主义公有制，即全民所有制和劳动群众集体所有制。"即所谓的"土地的二元所有制结构"。土地所有权状态依据《中华人民共和国宪法》第10条、《中华人民共和国土地管理法》第8条规定，具体划分为"城市市区的土地属于国家所有"，"农村和城市郊区的土地，除由法律规定属于国家所有的以外，属于农民集体所有；宅基地和自留地、自留山，也属于集体所有"。由于城中村在城市化不断推进的过程中，位于城区边缘而被划入城区，成为城市的一部分，既有城市的一些习性，又摆脱不了农村固有的特质，是二者的混合体。而这样就造成了城中村土地既有国家所有又有集体所有，在改造过程当中，应当区别对待，但是，开发商、政府往往忽视城中村土地的归属，或者认识混乱，而采用"一刀切"的做法，把城中村土地都归类为国有土地，导致法律适用的错位。

---

* 李应利、罗欢、李爱新、杜凤娟、周洁枝：《我国城中村改造现状与对策——以珠海市为例》，载于北大法律网，http://article.chinalawinfo.com/Article_Detail.asp?ArticleId=40720，2013年3月31日。

在所有房屋进行拆迁或征收之前,土地所有权的性质都是首先应该弄清楚的问题。而在调查中发现,百姓对土地征收和城市房屋拆迁的概念不清被混为一谈,有的政府官员和开发商也对两者模棱两可,称征地拆迁工作云云。其实二者有本质的区别,不是一个法律概念。

根据《土地管理法》规定,"土地征收是指国家为了公共利益的需要,运用国家强制力,按照法定程序将一定范围农村集体土地的所有权转为国家所有权,并依法对被征收土地的原权利人给予补偿的活动"。由此可知,进行征收的土地的所有权是属于集体所有。

根据《城市房屋拆迁管理条例》①第二、第三、第四条规定可知,城市房屋拆迁是指为了实施城市规划、旧城区改造,运用国家强制力,组织在城市规划区内国有土地上实施房屋拆迁,并对原房屋权利人给予补偿、安置的活动,进行拆迁的房屋是属于国家所有。有的城中村的房屋土地均属于集体所有,因而适用的是《土地管理法》里的"征收",而非《城市房屋拆迁管理条例》里的"拆迁",由此可见,在先前出现的许多关于所谓的"房屋拆迁"都是法律适用的错位,从而成为出现城中村改造的一系列问题的根源。

2. 土地和房屋征收后的补偿问题

保护公民享有的私有财产权以及保护物权人享有的物权,从根本上来说,需要建立和完善相应的法律制度,其中最重要的一项法律制度是补偿制度,而补偿制度的核心是补偿金数额的确定。国家标准《房地产估价规范》对于征地和房屋拆迁补偿估价,仅有六条原则性的规定,没有给出相应的技术路线和方法,更没有从充分保护被拆迁人的私人财产权的角度建立拆迁估价基础理论。自2004年1月1日起施行的建设部颁布的《城市房屋拆迁估价指导意见》,在拆迁估价机构的选择、拆迁评估纠纷的调处、被拆迁房屋性质和面积争议的处理等方面做出了明确的规定,有助于规范城市房屋拆迁估价行为,从而维护拆迁当事人特别是被拆迁人的合法权

---

① 1991年国家出台第一部《城市房屋拆迁管理条例》,2001年修订(朱镕基总理签发),废止前法。2009年12月7日,北京大学五名法学学者向全国人大常委会建言,认为《城市房屋拆迁管理条例》与《宪法》、《物权法》等抵触或冲突,建议对《条例》进行审查。2011年1月19日国务院修订出台了新的条例(温家宝总理签发),并更名为《国有土地上房屋征收与补偿条例》,明确"本条例自公布之日起施行。2001年6月13日国务院公布的《城市房屋拆迁管理条例》同时废止。本条例施行前已依法取得房屋拆迁许可证的项目,继续沿用原有的规定办理,但政府不得责成有关部门强制拆迁。"

益。但是,《城市房屋拆迁估价指导意见》对于拆迁评估价值标准,以及拆迁估价方法、估价时点和技术路线等方面的规定,没有在《房地产估价规范》的基础上有突破和创新。实践中,被征收房屋的村民户得不到合理补偿,法律又没有相应的制度加以规范,无疑是给拆迁补偿带来很大的阻力。

珠海市在进行房屋征收补偿时,开发商均提供两种补偿方式供村民选择。其一,现金补偿。所谓现金补偿,是开发商在与村民签订合同前,由政府方聘请专业的房地产评估机构对征收财产进行评估,提出补偿标准,或者再根据评估的补偿标准由双方协定每平方米价格,而且补偿的范围不限于被征收的房地产的公开市场价值,还应包括被征收人因征收而损失的利益,如搬迁费用、经营损失等。其二,房屋补偿。所谓房屋补偿,是指开发商根据房地产评估机构对征收房屋的实际面积进行测量后,按一定的比例标准赔偿村民一定面积的回迁房。但是这两种补偿方式都出现了问题,主要表现在以下几个方面。

(1) 村民取得房屋现金补偿款滞后蒙受损失。选择现金补偿的村民,与开发商签合同后 3~4 年仍得不到金钱补偿。一方面,合同经双方签字后即生效,开发商凭借生效合同即开始对房屋进行拆除,导致村民失去了一直赖以生活的居住场所;另一方面,补偿款经过开发商几年的拖延支付,目前的房价标准与当时的房价相比已经高出了原有的几倍。我们可以看到,夏村进行第一期征收的房屋是在 2003 年,当时补偿的房价是每平方米 1600 元,房子早就被拆除了,但是,到现在 2007 年了,村民还没拿到补偿款,现在的市场普通房价也已涨到了每平方米 5000~6000 元,如果仍按原有标准进行补偿,则使村民的利益损失重大。于是导致第一期居民的现金补偿出现问题,引发了后面第二期居民不再相信开发商的偿付能力,开发商与村民迟迟不能就合同达成协议,成为房屋征收的一道难题。

(2) 现金补偿款的标准不统一。对征收房屋的补偿,本应按照统一的标准,即每家每户都按评估部门的补偿标准进行补偿,再按各家的装修及房屋新旧程度按适当比例进行补偿,但比例不得超过必要的范围。但是现实中却出现了另外一种情况——后同意征收的村民得到的补偿款比先同意的村民的补偿款要高很多。在对一个区进行征收土地的时候,总会有一部分村民不满意合同里的补偿标准,从而一拖再拖,成为征收工作中所谓的"钉子户",开发商最终解决"钉子户"的办法是进行高额的补偿,往往会比先前已同意征收的村民得到的补偿高至少 1 倍,出现了不公平的现象。

这种做法带来的弊端，无疑是给以后进行征收土地的村民一种"启示"，即拖得越久，得到的补偿就会越多，既影响了整个征收工作的进度，也加大了今后开展征收工作的难度。

（3）回迁房屋与当初签订的合同内容标准不一致。珠海市在进行房屋征收的过程中，开发商与村民达成协议签订合同之后，采取的是先建后拆的政策，即在签订合同之后，开发商按照合同规定的房屋的要求进行建设，然后按期把回迁房交予村民，村民再从自己原有的房屋里搬进回迁房，开发商再对村民原有的房屋进行拆除，双方不得随意变更、中止和解除合同。但是，可以了解到，很大部分开发商并没有按合同内容里规定的房屋要求对村民进行补偿，以山场的房屋征收为例，原村民与开发商所签订的合同里明确规定：回迁房屋设有 7.3 米高的架空层，且架空层属于全体居民共同享有，每栋房屋只建 17 层楼高，且小区外是绿化带；而开发商建设的回迁房却与合同规定大相径庭：原属全体居民享有的架空层只属于开发商所有，每栋房屋多建 2 层，变成 19 层，小区外的绿化带也被建作一条商业街。于是村民以开发商不守合同规定，擅自更改合同内容进行建设为由，拒绝从原有房屋内迁入回迁房，造成征收工作迟迟得不到开展。同时，也造成村民对开发商的信任度急剧下降，影响了后期的征收工作，成为房屋征收的又一道难题。

（4）房屋分配出现了不公平现象。村民搬进回迁房之前，居住的是自家建设的房屋，是各自一栋一栋的，而回迁房是与他人共同居住在同一栋楼里，与原有的居室结构有明显的不同。依照公平原则，楼层的分配是依照抽签的方式进行的，但是，在现实中，却出现了房屋楼层分配的不公平现象。主要体现在：有些比较优质的套房，例如顶层的复式套房，不参与抽签，而是开发商私下交予某些享有特殊身份的村民（如村长或开发商的亲戚）；另外，对于在征收过程中较迟签合同的一些村民，开发商对其抽签资格进行限定（如不予以其抽签的资格、对其抽签的顺序进行限定、借故回迁房已分配完毕，强行单方面把第一期房屋征收的村民安排在第二期的回迁房分配中等）。如此种种不公平的现象同样给房屋征收工作带来了困难。

（5）房屋质量出现瑕疵。在房屋买卖合同中，商品房是使用年限很长的商品，其质量直接关系到买受人的生命和财产安全。保证房屋质量合格交付是出卖人依据法律规定或依据当事人的约定交付标的物的主要义务，该义务不但是约定义务，更是法定义务。根据山场部分回迁居民反映，回迁的房屋质量出现严重问题，楼梯处有大的裂缝，甚至会掉天花板，居住环境十分恶劣。然而，开发商对回迁房屋质量有问题的处理方式是仅仅给予村8000~10000元的修复费，让村民自行修复。开发商的行为严重违反了《关于审理商品房买卖合同纠纷案件适用法律若干问题的解释》的相关内容，以至于给今后的土地征收工作蒙上阴影。

3. 强制拆迁问题

"强制拆迁"是涉及房屋土地征收过程中出现得最频繁的一个词，强制拆迁是指被拆迁人或者房屋承租人不履行生效搬迁安置协议中规定的搬迁义务时，由拆迁人通过仲裁、诉讼或向行政机关申请裁决的方式，使拆迁行为获得法律上的强制效力，迫使被拆迁人履行搬迁义务的活动。

然而，珠海市在房屋征收过程中，却采取了"特别"的"强制拆迁"措施。据山场村民介绍，对于尚未同意房屋征收的村民，生活过程中总是会出现电话线被偷、电线被盗的现象，最终的调查结果却并非为真正的偷盗行为，而是开发商故意剪断电话线或电线，造成村民生活的不便，以达到逼迫村民同意房屋征收的目的。此外，基于补偿问题迟迟得不到解决，部分居民在搬迁期限内拒绝搬迁，开发商进行强拆，出现行政部门的"帮衬"，村民不能理解。

根据珠海市在征收土地过程中所采取的《城市房屋拆迁管理条例》第15条规定，"拆迁补偿安置协议订立以后，被拆迁人或者房屋承租人在搬迁期限内拒绝搬迁的，拆迁人可以依法向仲裁委员会申请仲裁，也可以依法向人民法院起诉。诉讼期间拆迁人可以依法申请人民法院先予执行"。第17条规定，"被拆迁人或者房屋承租人在裁决规定的搬迁期限内未搬迁的，由房屋所在地的市、县人民政府责成有关部门强制拆迁，或者由房屋拆迁管理部门依法申请人民法院强制拆迁"。由此可见，我国目前立法中关于强制拆迁可以有以下三种情形。第一，拆迁人与被拆迁人或者承租人达成仲裁协议，仲裁委员会裁决被拆迁人应当搬迁的，拆迁人可以申请人民法院执行仲裁委员会做出的拆迁裁决。第二，拆迁人向人民法院起诉，由人民法院做出相应的判决并通过司法程序强制执行。第三，拆迁人向行政机关申请裁决，被拆迁人或者房屋出租人在裁决规定的搬迁期限内未搬迁的，拆迁人可以申请行政机关进行强制拆迁。前两种情形中的强制拆迁属于司法强制程序；第三种情形属于行政强制拆迁程序。

由此可知，开发商私自对村民断电和通话设施的行为都是不合法的，严重的还要追究其刑事责任，正确的做法理应是由法院进行强制拆迁工作。而对于第三种关于强拆的立法情形，暴露出我国行政强制拆迁使用过多过滥，在适用范围和程序方面很不规范，极易引起争议和纠纷。行政强制拆迁适用过多是不正常的现象：一方面大量本该通过司法程序解决的问题都以行政方式解决，弱化了司法功能，增加了行政机关的压力；另一方面，行政强制的不合理适用增加了腐败和投机，容易损害被拆迁人的利益，导致对政府信任度的降低。

4. 拆迁过程中缺乏文物保护意识问题

在拆迁过程中，出现了文物建筑当成废旧房屋拆迁的情况，一方面是因为拆迁前政府相关部门没有做好相应的保护工作和前期规划；另一方面是因为开发商为拆迁和建筑方便，对所有房屋不分情况一律拆除，两者都缺乏对于文物保护意识。我国农村有着悠久的历史，其中包含着丰富的历史文物资源，在城中村改造过程中不得不注意保护。珠海市在进行旧城改造中，山场村的文物保护受到百姓的广泛关注，北帝庙、吴家大祠堂、鲍氏祠堂均具有1000多年的历史，是珠海市文化的精华，具有非凡的历史价值，在旧城改造中如何保护相关文物，成了众人关注的焦点。虽然珠海市香洲区对外宣告，采取了区级文物保护单位北帝庙实行原址保护，对具有重要历史人文价值的22处古建筑实行保护性拆迁①的办法。但是，在2006年8月23日，珠海电视台却报道了关于山场村文物被盗的事件，吴家大祠堂、鲍氏祠堂已完全被拆除，只留下一地的黑砖，里面的文物何去何从不得而知，剩下的北帝庙孤零零地立于一堆废墟当中，北帝庙的门口也遭到一定程度的毁坏。当地村民也证实，山场村刚开始拆除村民房屋时，就发现有盗贼盗取文物的现象。后来到拆除吴家大祠堂、鲍氏祠堂时就更加戏剧性，光天化日之下，开发商没有经任何部门审批就开始了拆除工作，现在的北帝庙，是村民手拉手围在北帝庙前才保护下来的。珠海市的千年文化遗产就在轰隆隆的推土机声中化为乌有，政府部门所谓的文物保护也只是一纸空谈，没有实际的履行意义，如此大规模地对文物进行破坏，国有

---

① 《中国文物报：国家文物局新闻发言人接受本报采访时表示所谓"维修性拆除"没有任何法律依据》，最近，一些地方以"维修性拆除""保护性拆除"等名目，拆毁不可移动文物（包括具有重要价值的文物保护单位）。中国文物报社记者就此采访了国家文物局新闻发言人，该发言人表示，所谓"维修性拆除""保护性拆除"等没有任何法律依据，也违背了文物保护的基本原则。他说，凡涉及不可移动文物的各类建设性活动和保护维修项目等，都必须严格遵循文物工作方针，依法报批。对于违法损毁或拆除不可移动文物和文物保护单位的行为，必须依法处理。北京的梁思成故居被野蛮拆除，随后诞生了一个新名词"维修性拆除"（《中国文物报》，2012年2月16日）。余声未了，网友爆料位于重庆的原国民政府军事委员会重庆行营也被拆了，当地文管部门回应称，这是"保护性拆除"，将在原址原貌复建行营。

资产遭到严重流失，之后也没有相关部门对此作出解释和承担相应的责任，旧城改造的文物的保护措施着实令人担忧。

5. 制度规定不合理导致政府角色混乱

在城中村改造过程中，政府过度介入，扮演行政许可、管理、裁决、执行等多重角色。之前，珠海市城中村改造的法律依据都是2011年的《城市房屋拆迁管理条例》，其中第6条规定："拆迁房屋的单位取得房屋拆迁许可证后，方可实施拆迁。"第16条："拆迁人与被拆迁人或者拆迁人、被拆迁人与房屋承租人达不成拆迁补偿安置协议的，经当事人申请，由房屋拆迁管理部门裁决。房屋拆迁管理部门是被拆迁人的，由同级人民政府裁决。裁决应当自收到申请之日起30日内做出。当事人对裁决不服的，可以自裁决书送达之日起3个月内向人民法院起诉。拆迁人依照本条例规定已对被拆迁人给予货币补偿或者提供拆迁安置用房、周转用房的，诉讼期间不停止拆迁的执行。"第17条规定："被拆迁人或者房屋承租人在裁决规定的搬迁期限内未搬迁的，由房屋所在地的市、县人民政府责成有关部门强制拆迁，或者由房屋拆迁管理部门依法申请人民法院强制拆迁。"政府既是否给予房屋拆迁许可的初始界定者，同时也是判定该拆迁是否为合理拆迁的裁判者。这样政府就具备了双重的身份，自我裁断自身行为的合法性，显然是不符合情理的。政府角色出现混乱状态，政府批准拆迁并把拆迁工作交付给取得许可证的开发商，开发商无法拆迁时向政府申请裁决，政府执行强制拆迁，从外界的眼光来看这个处理模式，政府就是开发商的后盾，从而影响政府的公信力。

6. 城中村改造过程中的法律规定缺失和不足

城中村改造涉及的问题比较复杂，要涉及行政区划、户籍、集体财产处置、规划、建设、农民的生活来源和社会保障等诸多内容，城中村改造需要有关的法律和政策依据。但是，当前对于什么时候改造城中村，如何改造城中村，谁来组织改造城中村缺乏明确的法律政策依据。2001年《拆迁条例》规定的法定拆迁事由是"为了加强对城市房屋拆迁的管理，维护拆迁当事人的合法权益，保证建设项目顺利进行"。2004年宪法修正案规定："国家为了公共利益的需要，可以依照法律规定对公民的私有财产实施征收或者征用并给予补偿。"拆迁条例中拆迁的范围明显超出公共利益的范围，同时这种规定是偏向拆迁当事人的。在不平等和超越宪法的规章指导下的城中村改造必然会导致一系列的问题。

在城中村改造中，最受关注的是补偿问题。补偿是否适当及时决定了城中村改造的进程，但是我国目前并没有一套完整的法律规范补偿。而这种缺失留给了开发商极大的空间，为了赚取更大的利润，降低补偿标准，迟迟不交付补偿金等问题接踵而至。

珠海市城中村改造的模式是一种市场化模式，即市场发挥主导作用，让开发商和村民处于平等的合同双方当事人地位。因此在房屋拆迁过程中存在民事法律关系，包括：拆迁人与被拆迁人协商拆迁补偿，签订拆迁补偿协议的合同关系；被拆迁人不同意拆迁方案达不成拆迁协议向法院提起民事诉讼；拆迁人拆迁中侵犯被拆迁人合法权益的侵权法律关系。因此，当开发商与村民集拆迁合同产生纠纷，开发过程中拆迁方侵害村民合法权益时，村民可诉之于法律，从民事诉讼途径解决问题。但在我国司法实践中，根据《最高人民法院关于当事人达不成拆迁补偿安置协议就补偿安置协议提起民事诉讼应否受理问题的批复》规定："拆迁人与被拆迁人或者拆迁人、被拆迁人与房屋承租人达不成补偿安置协议，就补偿争议向人民法院提起民事诉讼的，人民法院不予受理，并告知当事人可以按照《城市房屋拆迁管理条例》第十六条的规定向有关部门申请裁决。"一方面法律赋予了村民诉讼的权利，另一方面司法解释又制止村民的诉讼，法律的这种矛盾剥夺了村民诉讼的权利，剥夺了村民对抗开发商非法行为的法律武器，致使村民处于一种无力自救的地位，进一步助长了开发商与政府在城中村拆迁改造过程中的违规违约行为。

7. 城中村及村民的弱势被动地位引发诸多问题

村民在城中村改造过程中始终处于弱势地位。从一开始，政府决定城中村改造的范围，就不需要征得村民的意见，选择哪个开发商也是由政府说了算，村民处于完全被动的地位。关于补偿问题，村民可以与开发商协商，看似双方地位平等了，其实不然。因为这种谈判基于政府已经将这块土地列入拆迁的范围，无论最终补偿多少，有一个结果是不变的，就是这块土地必须要拆迁。这样"不拆不拆还要拆"，从前提上，两者地位已经不平等，村民颇有一种肉在砧板上的感觉。从经济上来讲，两者的地位的差距就更大了。开发商拥有的资产与村民的资产相比，村民明显处于弱势，姑且不去计较《城市房屋拆迁管理条例》和司法解释对诉讼权利的"封锁"，即使将这种权利赋予村民，村民也没有足够的财力与强大的开发商对抗。村民的这种弱势地位是造成城中村改造种种不合理问题的一个主要原因。

8. 部分村民不理解或者故意抵触城中村改造

部分城中村的村民对城中村改造有着极大的抵触情绪。城中村的村民对于自己生活的村庄有故土难离的依恋之情，同时，城中村改造影响了其生活规律，特别是影响了其经济来源。部分村民可以从事租房和其他低投入的经营方式，获得稳定的生活来源。城中村改造对于村民的生活习惯和经济来源有着很大的冲击，同时改造后回迁的房屋是城市房屋，各种的费用随之而来，部分村民无法接受，因此对城中村改造有很大的抵触情绪。也有的农民在改造过程中人为地设置阻力，以便从城中村的改造中获得比较多的补偿。再者部分居民对于城中村改造不了解，对于政府进行城中村改造的目的存在怀疑，认为政府与开发商一同牟取暴利，因此故意抬高补偿的标准，致使补偿协议无法达成。

9. 对城中村改造定位不全面，缺乏对开发商的合理监督

目前珠海市城中村改造采取的是市场化模式，由市场主导，市场本身存在缺陷，需要政府的调控和监管才能克服其缺陷，但是就目前情况而言，珠海市城中村改造缺乏有力的监管，放任开发商，致使开发商游走在法律政策之外的空间，谋取利润损害村民利益，例如降低补偿标准，房屋质量较低、违法拆迁等情况。城中村改造引入市场，但是其实质终究不是一种纯粹的商业行为，不只是单纯的拆迁和建房，而是切切实实地把村民转变成为城市居民，从居住环境、身份、社会保障等方面，因此政府有理由而且必须对开发商的行为进行监督，只有让开发商的改造行为处于政府的监督之下，才能切实地保障城中村改造的顺利进行，才能保障村民的利益。

10. 强行拆迁标准模糊，政府裁决导致适用泛滥

2001年《城市房屋拆迁管理条例》规定的强行拆迁并没有一个标准，只要经当事人申请，由拆迁管理部门裁决之后，就可以强行拆迁。强行拆迁是一项强制性措施，属于行政强制，它是行政机关排除来自公民、组织阻力的一种工具，是行政机关权力行使的最后手段，对于公民权益有一定的伤害，不到迫不得已不能使用，但是强行拆迁作为一项强制措施，它的执行泛滥，这样一方面损害了村民的意志，另一方面也会造成村民对国家相关部门和法律的不信服和厌恶情绪，各地偶尔爆发的"强拆""血拆""强拆自焚"等事件，虽是个案，经过新媒体的迅速传播，造成了恶劣的社会影响，严重损害了政府形象，恶化了党和政府与人民群众的关系。

114

四、现行改造模式的操作困境

1. 政府主导模式的困境

在大部分地区,政府主导的大规模的拆迁往往因为补偿不足,暴力拆迁、群体性事件,乃至恶性事件发生频率大大提高;而在少部分经济发达地区,村民要价过高,很难谈拢条件,导致城中村改造项目难以推进。以深圳操作的福田区岗厦村为例,改造前的岗厦村约有数百栋各种产权形式的自建楼房,2007年岗厦河园片区启动了改造工程,但由于赔偿标准谈判一直僵持不下,改造方案到2009年底才尘埃落定。结果是政府不得不大幅度提高补偿标准,特别是住房按照一比一补偿,补偿后岗厦原住民中家庭资产过亿元的达到十户,全村每户资产都超过千万元。即使如此,还是有村民不满意,相当长一段时间里仍有5%的村民没有签约。[①]

2. 集体自行改造模式的困境

在第二种集体自行改造模式中,往往是村委会自行筹资开发,完成拆迁安置、回迁建设和商品房建设全部工作。改造完成后,村集体将剩余住房上市销售,形成滚动开发。但这种模式存在开发者在建设过程中无法获取贷款、住宅开发质量不高、基础设施难以到位、开发住宅为"小产权房"无法上市等诸多问题。因此,这种模式只有极少数集体经济实力雄厚的村庄才能推行。

3. 开发商主导改造模式的困境

目前一些地方开始探索开发商与村集体合作改造的模式。比如深圳2009年发布的《深圳市城市更新办法》,鼓励开发商与村集体合作改造,并制定了一套方法和措施。但开发商介入或主导的改造可能带来一些问题:首先,开发商以利润最大化为根本驱动,很可能以不利于社会和谐的运作方式进行改造。其次,开发商的资本结构基本以少量自有资金加大额银行贷款构成,可能导致开发商因信贷政策调整陷入困难,不能按期完成甚至中途退出改造。最后,由于一个城市的城中村数量众多、大

---

① 时娜、彭超:《深圳岗厦村拆迁集体暴富 造就十个亿万富豪》,载于《上海证券报》2009年12月25日。

小不一，小村不但占地少，还有可能被道路切分成零碎地块，对开发商缺乏吸引力。

这三种模式都存在着一些共同问题，城中村改造后虽然基础设施和城市面貌大大改善，但基本上变成了中高档商品房小区和商业开发区，丧失了对流动人口的容纳功能。当前一个非常值得深思的问题是，城中村拆了，那些原来靠房租收入维系的失地农民怎么办？那些居住在城中村的大量流动人口又往何处去？城中村的村落的终结和农民的终结不是完全同一的过程，不是非农化、工业化和户籍改革就能解决的，村落的终结更加艰难，更加漫长，一蹴而就的结果往往会造成社会的断裂；而农民的文化身份的转变更为艰难。

五、辽宁省棚户区改造的实践经验

始于2005年的辽宁棚改，创造了"政府主导，市场运作"的改造模式。"棚户区"①，与城中村除面临的城乡二元体制的制约与城中村不同外，其他方面与城中村一样，同样面临空间形态、社区改造、生活环境的改善，同样属于"旧城改造"范畴。棚户区的改造经验，对于城中村的改造具有重要的借鉴意义。

据报道，2004年，时任辽宁省委书记的李克强，就冒着零下近30摄氏度的严寒，深入抚顺最偏远、最贫困的莫地沟棚户区进行调查研究，棚户区居民的生活窘境令他震惊。李克强眼含热泪，代表省委、省政府对棚户区居民郑重承诺："就是砸锅卖铁，也要让你们搬出棚户区，住上新楼房！"此后，辽宁省打响了棚改攻坚战。② 从2005年开始，辽宁在全国率先开展大规模棚户区改造。辽宁省委省政府把棚改作为改善民生的"一号

---

① 棚户区（squatter settlement）定义：在城市中个人或群体以非常规方法占用空地及空房而造成某一区域的发展。以上内容由全国科学技术名词审定委员会审定公布。

在经济学和社会学研究以及政府工作中的界定，"棚户区"是指城市建成区范围内、平房密度大、使用年限久、房屋质量差、人均建筑面积小、基础设施配套不齐全、交通不便利、治安和消防隐患大、环境卫生脏、乱、差的区域及城中村。所谓城中村，是指城市建成区仍然存在的、在集体土地上建造的、属于棚户区性质的区域。从面积上讲，棚户区一般拆迁面积在3万平方米以上，占地面积一般至少在5万平方米左右。本段内容来自"百度百科"，http：//baike.baidu.com/view/763515.htm。

② 张宇航：《辽宁棚改，让百姓离幸福更进一步》，2012年04月20日，光明网－光明观察。http：//guancha.gmw.cn/2012-04/20/content_4004431.htm；访问时间2013年3月27日。

工程"，用4年左右的时间成功完成了2910万平方米集中连片棚户区改造任务，新建成套住宅面积4400多万平方米，改善了70多万户、211万人的住房问题，几乎相当于联合国对贫民窟改造提出的千年发展目标年均数量的近2倍。

（一）辽宁省的棚户区改造实践的成果

2005年初，辽宁省率先开始探索大规模改造城市及国有工矿棚户区的途径及方式，用4年时间改造改善了70.6万户211万人的住房问题。利用世界银行投资项目成功度评估法评估，辽宁棚户区改造总体上很成功，实现了"四个巨变和一个提升"。

第一，棚改家庭生活得到改善。棚改家庭的住房面积，由棚改前的人均10.6平方米增加到16.6平方米，增幅达56.6%。人均收入增幅达49%，家庭资产增长数倍。91.5%的居民认为就业机会增加，90%的居民认为创业意识和能力提升；97%和92.4%的居民感觉精神素质和社会地位有所提升，棚户区居民住进新房，幸福指数增加到80分的高水平。

第二，棚改社区环境改进。82.7%的居民认为居住区的噪音下降，70%的居民认为饮用水质量提高，78.7%、89.9%、93%、84.3%的居民认为绿地增加、景观改善、住房更舒适、空气质量改善，85.7%居民认为治安案件明显下降。

第三，棚改促进城市经济从举步维艰向生机盎然转变，促进城市面貌从破旧污浊向崭新清幽转变。

第四，辽宁5年间共改造2910万平方米，年均提高1.04个百分点。

第五，棚改提升了政府的形象。84.2%的居民对政府承诺兑现表示认同，90.4%的居民认为政府棚改清廉，76.4%和73.5%的居民对评估和补偿表示满意。棚改后，46.3%的居民对政府的满意度提升了。

（二）辽宁省棚户区改造模式：政府主导、市场运作

辽宁棚改，创造了"政府主导，市场运作"的改造模式。"政府主导"是指政府负责制定和实施相关的战略与规划，利用政府的公共权力、效率优势、公共资源和社会资源向棚户区改造聚集；政府制定和实施相关的制度与政策，利用政府的公共财力和运作能力，对棚改家庭提供程度不同甚至"兜底"的补助与保障；另外，作为市场主体，政府直接或通过代理人

负责具体棚户区改造工程的组织和实施。

"市场运作"是指涉及棚户区改造的人力、资金、技术以及棚改住房的生产、交换、分配和消费，采取与普通商品房相同的运作模式，由相关的开发企业、金融机构、中介组织、棚改家庭主要通过市场来实现。其中，政府在多大程度上聚集资源、提供保障和干预市场的问题，本着最大限度发挥市场优势的精神，采取政府与市场结合的多种具体方式，因条件不同而有所区别。

辽宁棚改采用"政府主导、市场运作"的模式，由辽宁省委、省政府以及各级政府主导，具体的操作和实施层面，又重视市场的力量，创新解决公正公平的新模式，能够同时克服政府失灵和市场失灵的缺陷，实现资源的最优配置和参与主体积极性的最大限度发挥。

(三) 棚户区改造的方法和经验

1. 可持续发展的理念

坚持"以民为本，全面、系统、可持续"的思想与方法，围绕让居民"住得进、住得好、住得稳"，使发展的成果惠及最广大的群众。

2. 适应市场经济体制的制度安排和制度创新

采取"政府主导，市场运作"的体制与机制，政府主导性实施，打破常规、组织落实；企业经营性参与，优化各种资源配置；非政府组织公益性参与，辅助政府扶贫济困；社区服务性参与，构建地缘社会体系；居民自主性参与，激活动力内生发展。实施因地制宜的住房标准制度，坚持公正公平的和谐拆迁制度，实行灵活多元的住房产权制度，实施政企结合的住房开发制度。

3. 系统论的治理模式

采取"顶层设计，统筹兼顾"的战略与规划，把棚改纳入城市经济、社会、环境、空间、土地发展规划，协调与城市发展转型的关系，打破贫困的空间集聚。在住房改造上，坚持制度化规范管理、零距离贴心服务；在土地开发上，坚持规范式动态管理、阳光下民本服务；在资金运作上，坚持机制化标准管理、精细化利民服务；在环境改善上，坚持人文关怀式管理、综合配套式服务，完善基础配套设施，提升社区人居环境；在社会事业上，坚持人本化系统管理、全方位便民服务。

4. 八个方面的制度创新

棚户区改造涉及金融、土地、开发、需求、经济、社会、环境、空间等方面。

（1）在资金的筹措与使用上，采取"多方融资、动态平衡"的政策措施，以市场为主渠道，构建多元化的融资渠道，封闭运行、专款专用，拉动增量、平衡存量。

（2）在土地开发与利用上，采取"无偿划拨、以商补住"的政策措施：对棚户区土地高效整合、统一储备；科学确定土地使用性质，集约合理利用土地资源；居民安置用地优先划拨、无偿使用；腾空用地挂牌出让，以商补住、让利于民。

（3）在住房开发与建设上，采取"分类开发、整拆整建"的政策措施：住房拆迁坚持整体拆迁、梯次推进；安置房建设坚持规模建设、分类开发；居民回迁坚持优惠售房、分批安置；棚改新区后期管理坚持政府兜底、自助管理。

（4）在居民救助帮扶上，采取"适度输血、重点造血"的政策措施：坚持分类对待、普遍保障，实现住有所居；坚持长期帮扶与短期救助相结合，力促居民"住得稳"；重视培训、促进就业，增强居民支付能力的持续性；提供技术与资金支持，扶持居民自主创业。

（5）在城市经济转型与发展上，采取"互促共进、相互推动"的政策措施：重视招商引资，增强城市棚改的经济实力；推动民企发展，扩大回迁居民的就业机会；深化国企改革，提高居民的收入水平；发展社区经济，为回迁居民提供便利灵活的就业机会；改善营商环境，鼓励回迁居民创业。

（6）在社会事业上，采取"再塑居民、重建社区"的政策措施：重建社区组织，培育治理主体；完善服务设施，强化服务能力；增加公共服务，援建生活体系；提高文化素质，实现人格重塑。

（7）在环境治理和建设上，采取"综合整治、配套完善"的政策措施：社区基础设施建设与住房建设统一规划、同步建设；社区基础设施与城市市政设施无缝对接；加强生态环境治理和建设；配套建设商业设施，方便居民生活。

（8）在城市内部空间结构优化上，采取"布局优化、混分平衡"的政策措施：坚持原地安置和异地安置相结合，科学选择居民安置区；坚持整体分散、局部集中、个别混居，努力打破贫困的空间聚集；坚持集约利用土地资源，提升城市空间承载力；协调城市内部空间发展，努力明晰城市空间职能。

总而言之，辽宁棚户区改造的基本原则、主要内容与具体措施，构成了完整的复合矩阵体系。辽宁棚改的探索经验，对完善住房保障体系建设政策措施、城中村等旧城改造有十分重要的借鉴意义。专家认为，许多在老城区改造中方法不当所引起的社会事件时有发生。分析总结辽宁棚改的经验，具有重要的现实意义。同时，辽宁棚改也提出了很多需要理论和实践继续探索的命题。比如，除了解决"怎么建"、"怎么分"，还应关注"怎么管"；没有取得产权的家庭贷款应怎么还，廉租户的房租怎么收，依然是对公共管理的挑战；同时由于时间尚短，成片的棚户新区是否会成为孤立的新棚户区，结果还不清晰；如何提升居民参与棚改的力度与积极性，社区管理机制也待进一步完善。①

六、国外贫民区的改造历史和经验

(一) 巴西的实践

在巴西，相当数量的城市人口居住在非正式的或不合法的居民区中，常常占用公共土地。据统计，贫民区人口约占里约热内卢全部居民人口的25%。这些贫民区是一些外来打工者的家园，但是其卫生条件极差，常常遭受自然灾害和犯罪的侵扰。

(1) 在社会政治以及地理上把贫民区纳入这些城市。20世纪80年代初期，许多城市努力规范或把贫民区纳入城市有机体内，从法律上认可它们。巴西在全国范围实行了新的规划措施，允许把某些居民区指定为"特殊社会利益居住区"，以便于规划和对各个区制定相应的土地使用要求。

(2) 保证投资支持贫民区的改造。政府改变了过去反对贫民区的做法，无偿向居民提供建筑材料和资金。巴西应用经济学会1998年的一项研究表明，至少794个市政当局制定了贫民区或"非正规居民区"的改造计划，其中约506个市政当局的改造计划包括在不同形式上实现土地占有的规范化。

(3) 提高城市贫民的生活质量，创造条件动员社会更多的力量参与改造。

---

① 《〈中国辽宁棚户区改造的经验〉发布》，载于《人民日报》2012年12月24日。

（二）印度的实践

1. 积极筹措资金，改造社区面貌

20世纪80年代末至90年代初，一个由世界银行资助的"贫民窟升级"项目帮助2万个孟买贫民窟家庭获得了土地使用权和基本的生活服务。联合国人居规划署的资料还显示，印度全国贫民窟居民联合会与促进地区资源中心协会一道，从孟买地方政府手中获得了为贫民窟地区建造300套公厕的权利，为1000家住户提供卫生设施，与此同时动员周围地区的贫民窟居民采取一系列改造举措。

2. 努力提高社区基础设施水平

到目前为止，由印度中央政府资助的，旨在为贫民窟居住者提供基本生活服务（如供水、道路、排污、街灯等）的项目在孟买已经实施了近30年。在贫民窟设立商店、普及互联网；支付电费、水费和财产税；帮助申请许可证、执照和登记；发放出生或死亡证和抚养证；对财产进行估价等。今后几年还将认真测试互联网对改善城市贫民获得外部信息状况的作用。印度还在试行由社区领导的"基础设施财务基金"。该基金对由社区发起，目的在于为进一步扩大的住房和基础设施项目的建设提供战略资助。

（三）美国的实践

受到迅猛发展起来的工业化、城市化大潮的冲击，大量农民工涌入城市，使城市住宅日趋紧张。1929年，世界性的经济危机席卷了美国，为了复苏经济，联邦政府开始介入住房问题。

1. 政府根据发展阶段制定一系列政策解决低收入人群的住房问题

美国自20世纪30年代起制定了促进住房建设和解决中低收入阶层住房问题的一系列政策。1937年美国联邦政府建立了首个住房法案计划，以解决低收入阶层住房短缺和居住条件低下的问题。1949年美国国会又通过了《全国可承受住房法》，指出美国住房政策的目标是"向全体美国人提供体面、安全和整洁的居住环境"。1965年，约翰逊政府建立了一个针对低收入阶层的房租援助计划，允许公共住房管理部门出租他们管理的存量住房，并通过补贴使低收入房客能够居住。1974年，尼克松政府制定了新的住房和社会发展法案，其中的第8条款就是低收入者租金帮助计划。20世纪90年代，美国政府又大大扩展了租金优惠券计划的实施。如克林顿政府将传统的住房计划彻底私有化，并且将所有的补贴计划都转为租金优惠券计划，以使低收入者能自由选择住所和房租水平。

20世纪70年代起，美国住房短缺已不再是主要矛盾，取而代之的是低收入阶层所付房租占其收入比重过大。政府将政策重点放到了为低收入住户提供房租的帮助上。

2. 通过市场机制，鼓励开发商参与贫民窟改造

联邦政府城市更新计划授予地方城市更新机构接受联邦基金和收购贫民窟财产的权利。这些经过更新的管理机构通过拆毁贫民窟建筑，将土地整合成可用的地块，以低于市场的价格卖给住房开发商。

为减轻政府的建房负担和保证住房市场的良性发展，美国政府进一步扩展了住房政策，重点在于鼓励私营发展商为低收入阶层建造住房。

20世纪60年代美国政府通过了一项住房法案，主要内容是为公寓发展商提供低于正常市场水平的贷款利率，使其为中低收入者提供低于正常市场租金水平的住房；同时，在联邦住房行政管理局的抵押贷款保险计划下，为符合要求的住房购买者提供低于市场水平的利率。

（四）英国的实践

英国是老牌资本主义国家，在治理贫民窟上已经积累了丰富的经验。首先，曾颁布了改善住房和卫生状况的地方法规，规定了建筑居民院落的最低宽度、两排房屋的最小间距等。其次，政府或引导，或直接参与廉价住房建设，进而达到减少贫民窟的目的。最后，鼓励社会团体投入贫民窟的改造。19世纪50年代以后，伦敦就出现了一些旨在改善住房的团体，如"首都改善勤劳阶级住房协会""改善工业住房公司"等。

工业革命促进了英国城市化的发展，大量人口从农村流向伦敦，伦敦城市的下层社会居民的居住条件日益恶劣、住宅稀缺，并形成了许多贫民窟。"二战"的破坏使伦敦获得城市更新以及根除贫民窟的重大机遇。伦敦郡规划法、大伦敦规划法相继出台。1945年开始大规模拆除贫民窟，1975年基本结束。当时采用的是所谓"消灭贫民窟"的办法，即把贫民窟全盘清除或封闭，并将其居民转移走，然后在清除出来的土地上开发可以形成高税收的房地产项目。

20世纪50~60年代，英国政府实行了统建房建设制度。统建房针对的就是城市贫困人口，一般由很多栋房子连成一片，楼的外形朴实，布局简单，建筑材料一般，住起来比较拥挤。居民多是下层劳动者或少数民族（各个有色人种），居住区环境和治安较差。统建房目前依然是失业者或低收入家庭的住宿保障，也是英国的老人福利之一。住在这样的房子里不需要住宿租金，水电气费也只用缴纳一点点，而且房子住的越久，越有可能属于住户——有一些人后来把房子买了下来。但是，自20世纪50年代后期开始，英国政府用于修建公共房屋的支出逐步下降。

（五）国外城中村改造经验简评

第一，城市贫民区是城市化进程中的一个必然问题，所有国家和城市的政府对这种现象都有一个认识过程，从忽视到重视、从排斥到接受，所以是一个整体上的进步过程。

第二，政府立法扶持保障性房屋建设，提供租金补贴。

第三，大量涌入城市外来人员从租住"廉价房屋"到购买住房，最终成为城市长久居民。

第四，逐步纳入城市规划，引入开发商等市场手段开发改造。

第五，各部门统筹规划，调动社会力量参与改造。

第六，改善居民生活条件，完善社区基础设施，同时积极为贫困人口寻找改善收入状况的出路。

七、经验借鉴
——城中村管理和改造的几个重要启示

1. 探索建立一种超越"零和博弈"的新合作机制

笔者认为，城中村村落的终结，必然伴随着激烈的利益和价值冲突，现在通行的三种模式都存在缺陷，是一种"零和博弈"的制度规则，需要根据新时期城乡发展一体化的要求，走真正的中国城镇化道路，建立一种超越"零和博弈"的新的合作和整合机制，推动城中村的管理和改造，推进中国的城乡发展一体化进程。美国、日本、中国台湾等国家和地区进行的土地增值溢价捕获、区段征收和市地重划的模式可供借鉴。相关经验表明，区段征收、市地重划等政策工具可成功解决政府公共建设的补偿难题，土地权利人亦可获得原地补偿，享有公共设施完善、生活质量提升、土地增值等多重开发利益，公私各得其利。假设某个地块的城中村有100亩土地，有200户原住村民，每家有一片宅基地。政府在城中村改造过程中，可以直接与村集体以及村民进行谈判，要求对方无偿给出部分土地，比如45亩土地交给政府，政府就可以开始区段征收、市地重划的操作。比如，在政府拿走的45亩土地中，可以用30亩土地用作城中村的基础设施建设，剩下的15亩公开拍卖以偿还基础设施的开发费用。如此，政府可以不用另外开支，就实现了城中村的基础设施改造和市容改善。

2. 系统化的研究推进

在新的历史时期，城中村改造时系统工程需要全面予以考察研究。除产权、规划、地价及拆迁补偿安置外，具体到特定的城中村改造项目，还须解决要不要改造、改造主体、改造目标和改造模式等原则性问题。这些原则性问题是解决产权、规划、地价及拆迁补偿安置等的前提和基础，决定了后者的方式和内容。

3. 要站在城市经济社会发展全局做出改造决策

一个城中村要不要改造，不仅取决于其物质环境状况，更要考虑其背后种种复杂的社会经济形势，特别要与所在城市的房地产市场形势、经济结构及人口结构相适应。首先，城中村改造必然带来住宅供应量的增大，如何正确判断当前房地产市场形势并采取适当的调控措施，就显得至关重要。例如，为避免城中村改造冲击房地产市场，珠海市曾决定在改造期间三年内不新供应土地。其次，城中村中居住着大量从事服务业的外来人口，改造将不可避免地提高这部分人口的居住成本。如果一下子改造得过多，将会直接影响到服务业的经营成本，甚至动摇整个城市的经济基础。最后，城中村往往处于城市的黄金地段，外来的低收入租客可以方便地找到工作，政府提供的廉价住房又因一般在城市的边缘而难以找到工作。城中村改造如果处理不好这个问题，就有可能出现有住房无工作或有工作无住房的局面。

4. 城中村改造既是建设问题又是管理问题

在加快城中村改造的同时，地方建设部门、市容市政等部门切实加强城中村的管理工作。以苏州市为例，为进一步遏制市区违法建设，2009

年，市政府出台了《关于加强市区违法建设管理工作的意见》，明确规定市区范围内（包括城中村、无地队中已转为国有土地性质的地块）未经规划部门批准、擅自搭建的违法建设，由城管执法部门依法查处。其中，农村集体土地（宅基地）上的违法建设，按照属地管理原则，由所在区政府牵头并会同相关部门实施行政执法。市市容市政部门根据"重心下移、属地管理、以防为主"的工作思路，就进一步加强城中村（无地队）违法建设的查处工作提出了明确要求，切实做到长效管理：一是要求各区建立健全违法建设查处组织网络；二是明确分工责任。做到责任到人，职责明确；三是进一步完善配套工作机制。同时，对市区城中村（无地队）国有土地性质地块上的违法建设开展专项整治。同时，城中村内流动人口大量聚集，房屋无序出租，安全隐患尤其突出，成为工作的重点和难点，近年来全市各级公安部门从实际情况出发，从管理方式、运作机制、科技手段、软件系统以及工作力量上加强了房屋出租户源头管理力度，强化了"以房管人"基础工作。[①]

5. 选择确定改造主体

一般来说，政府、企业、村民集体都可以成为改造主体。具体到特定项目，这取决于三者的意愿和彼此力量的对比。一般说来，如果涉及市政基础设施等公共利益，由政府为主改造就比较合适；如果是纯粹的经营性项目，则由企业为主可能就比较合适；如果村民集体是一个具有足够开发实力和资质的法人，由村民集体组织改造也是理想选择。当然，各方之间进行合作也是一个改造途径。

6. 以推进城乡发展一体化为改造目标

新时期，要以推进城乡发展一体化为改造目标，把城中村改造纳入城市的城乡发展一体化的总体布局。改造目标既要符合城市规划标准，又要切合实际情况。改造目标很大程度上取决于城中村的现实情况。针对不同类型的城中村，具体的目标会有所侧重，改造的有以提高人居环境质量为目标，有的以提高村民经济收入为目标，有的以保护历史为目标，有的以完善市政配套为目的，有的仅仅以消除安全隐患为目标。

[①] 2010年5月10日苏州市住房和城乡建设局：《对市十四届人大三次会议第0112号建议的答复》，中国苏州网，http://www.eng.suzhou.gov.cn/asp/lh/page-rd.asp?bh=0112，访问时间2013年4月4日。

7. 确定合理的改造模式

针对不同的改造目标和现状情况，有不同的改造模式可供选择。例如，有的改造仅仅是局部建设，有的则是整体推倒重来；有的以拓宽开敞空间、完善公共设施为主，有的以改变私人居住环境为主；有的就地拆迁安置，有的则采取土地置换的方式实行整村搬迁。

8. 改造要考虑城中村大量居住者的利益和保障

在国外，贫民窟是受到批评的，但批评者是站在贫民的立场、而不是官方的立场去批评的，因此批评的焦点是政府为什么没有给贫民盖好一点的房子，而不是为什么没把贫民给赶走。而在中国，由于不少流动人口所在的非正规经济部门有碍观瞻，不符合卫生标准，地方政府经常采取行动清理街头没有执照的摊贩，推平棚户区，或是强行将有关人员移到远离城市中心的地区。在很多国内大中城市，城中村和城郊村作为流动人口大量聚居的地点，在我国城市化过程中发挥了非常积极的作用，不仅在政府住房保障职能缺位的情况下为外来人口提供了其可支付得起的住房，也为城市化扩张过程中的失地农民解决了失地后的收入来源问题，部分弥补了政府低价征地而对其生活造成的困难。但遗憾的是，目前很多城市以改造城中村、提升城市形象为名开始的运动式拆迁，其中暴力拆迁、群体性事件乃至恶性事件发生频率大大提高。一个非常值得深思的问题是，城中村拆了，那些原来靠房租收入维系的失地农民怎么办？那些居住在城中村的大量流动人口又往何处去？城市产业发展需要的外来务工人员的居住问题如何解决？城中村取消后的城市劳动力成本的增加对地方经济社会发展的影响如何？这些都是值得各级政府深思的问题。[①]

[①] 陶然：《城中村在城市化中作用积极》，载于《新京报》2010年9月4日。

第八章

城中村治理与制度创新

　　城中村的管理是城市管理者面临的突出难题，包含建筑、组织和身份转变的城中村的改造是解决问题的长久之计。改造城中村是一项复杂的系统工程，要顺应工业化、城市化规律，稳步实现"居住城市化、村庄社区化、农民市民化、农业产业化"。在新社区建设中，要打破传统的村庄安置观念，把分散居住的村民集中搬迁到符合城市规划要求的新社区。通过"一次规划、一次建设、一次安置"，把城中村改造与城市的规划和建设结合起来，高起点规划、高标准建设、高要求配套、高效能管理，使新社区成为城区的重要组成部分，要防止可能出现的逆城市化。

一、城中村治理的宗旨是城乡发展一体化

（一）城中村改造的关键在于实现城乡一体化

　　城乡二元体制是城中村形成的根本原因，城中村改造的关键在于实现城乡一体化。

1. 实施城中村的户籍和经济社会管理体制的一元化管理

　　当前实施城乡二元隔离的前提基础已不存在，且较大程度上阻碍了城中村改造的顺利进行。通过城市户口拥有的福利功能，城乡二元体制把城乡居民区分成两个发展机会与社会地位不同的阶层。一方面，城中村村民同时享受着城市的基础设施与农村的福利待遇，阻碍了其自发进行身份转换的动机；另一方面，正是由于福利与社会保险机制的不健全，使城中村

村民仍无法摆脱土地作为其赖以生存的基本生产资料的功能,而不得不依附于土地。因此,取消现有以世袭身份为准则的户籍制度,实施城乡统一的户籍,完善现有社会保障制度,建立城中村村民失业、养老社会保障制度,已成为改造城中村的关键措施。

2. 建立城市与城郊土地和房产的统一市场,化解土地二元制问题

实现农村集体建设用地与市地的平等发展权,是有效改造城中村的关键。城市郊区农村集体经济组织可以用土地入股的方式,将建设用地纳入土地市场进行流转,建立城市与城郊土地的统一大市场,以城市边远农村集体用地的上市流转作为城市用地供给的来源,以消除农地征用的低成本与城中村改造补偿之间存在的价差,成为有效改造城中村的途径之一。从而不仅可以减少由于隐性市场的存在产生的土地无序建设与流转,提高城市边缘土地的利用效率,而且以合法途径规范了城市扩张用地的取得方式。

(二) 城中村改造的目标

总结目前城中村改造的做法,要特别注意防止将城中村改造仅仅局限于房屋形态的改造,忽视城中村社会形态的改造。有的地方城中村改造仅仅实现了统建,改变了一户一栋的建筑模式,但社区的封闭性仍然没有改变,依然是过去那个村,依然是过去那些村民,依然是一户村民拥有多套出租屋,租住房屋的依然是原来那些人。其结果是,房屋变漂亮了,基础设施也完善了,但居住结构和社会结构依然未变,社会面貌和社会问题可能依然如故。因此,城中村改造要树立长远眼光。注意在进行房屋改造的同时,尽可能实现社会形态的改造,使城中村更好地融入城市整体中去,以实现城中村彻底地城市化。根据不同的发展阶段,具体而言,城中村改造应实现如下几个方面的变革。

1. 村民市民化

城市化过程即是农村人口转化为城市人口的过程。但村民市民化并不是简单地转变户籍就能完成,还有一个生活方式、社会意识及社会行为的转变过程。在初始城市化的地区,城中村改造的第一步可能是将村民的户籍从农村户口转变为城市户口。但接着还有一个转变村民观念的问题,即使他们在生活方式、社会意识和社会行为方面真正成为一个市民,同时,还要打破村民对土地的依赖,如促进就业和实行城市社会保障等,这才能使村民完全地市民化。

2. 组织社区化

主要是将村民委员会改成居民委员会。实行城市社区的管理方式，在政治领域实现农村向城市的转型。

3. 经济公司化

对原城中村的集体资产在清产核资的基础上进行股份制改造，成立股份公司。科学合理界定股权，合理分配股份。目前城中村在公司化过程中还存在不少问题，如产权模糊，管理不规范；有的股份制公司股权封闭，不利于向社会募集资本扩大规模；公司经济结构和收入结构单一，人才缺乏，发展后劲不足等。因此，如何更好地促进城中村股份公司发展是值得深入研究的问题。

4. 房屋建筑特色城市化

通俗地讲就是"农民上楼"，首先将城中村土地国有化，然后按城市规划和市政建设要求对房屋建筑进行改造，使城中村建筑建蔽率、绿化率、容积率和公共设施符合城市标准，完成城中村物质形态的城市化。同时，在这个过程中要避免"千村一面"的建筑形态，建筑应与村在历史、周边自然人文环境相协调。

5. 社会结构和管理现代化

通过城中村改造，如通过商品房开发引入新的业主，或通过妥善安置，使城中村与其他城市生活小区相融合，改变城中村的人员结构，使地缘血缘结构得以淡化和瓦解，使城中村成为以契约型（法律、制度）关系为基础而不是以初级关系为基础的社区。同时，在城中村社区引入规范化、市场化、统一化的物业和社会管理方式，使城中村社会结构和管理实现现代化。

二、推进城中村改造的模式与方案建议

在城中村改造过程中，政府面临的问题是，改造资金从哪里来？能否得到合理的回报？拆迁过程中的利益冲突，会不会成为社会不稳定的因

素？城中村村民所担忧的是他们现有的既得利益，尤其是房地产租金的收益会不会受到影响？因为在城中村，村民的既得利益不仅高于农民工，也高于一般市民。在农村城市化问题上，人们往往把目光集中在户籍制度改革上，以为只要彻底改革户籍制度，农村城市化进程就会一路凯歌。然而，人们在城中村所看到的，户籍制度的作用已是微不足道，村落城市化并没有因淡化户籍制度而完成，村籍制度更被农民所看重，这又成为村落城市化的拦路虎。更不必说，城中村改造还要经历一个艰难而复杂的产权重新界定和置换的过程，以及社会关系网络的重组过程。城中村改造能否顺利推进，在很大程度上取决于城中村村民改造前后的利益补偿，即不会减少他们的既得利益。

（一）城中村的改造模式选择

城中村改造有多种改造和时刻选择，有政府主导性、村民主导性、开发商主导型，更多的是政府、村民、开发商共同改造型。不同的地区，不同的村庄条件以及不同的事件，都可能影响到改造模式的选择。许多地区改造城中村过程中摸索出来的"一村一策"的改造经验，就说明不同村庄改造模式往往不同。无论选择哪种模式，都要因地制宜根据本地本村的实际情况，采取最佳改造模式。而且无论哪种模式，政府相关部门的作用都是相当重要。

笔者认为，普遍意义上城中村改造的原则：不应进行大规模彻底消除性质的改造；改造应是一个综合性质的改造；同所处的工业化、城市化阶段以及整个城市的发展相互协调的改造；实施"自下而上"与"自上而下"相结合的改造；实施中小规模的、逐步的改造。城中村的改造应根据各地具体的情况，制定适宜的改造目标，选取恰当的改造模式。城中村改造涉及社会组织和社会管理、规划、拆迁（补偿）、融资、集体经济、就业和社会保障等一系列问题，政府应研究制定好各方面的政策措施。

（二）城中村改造的主要操作方式

1. 加强城中村管理与整治

解决安全隐患和市政基础设施不足问题是城中村整治的首要工作。除少量市政公用设施外，基本不用涉及建筑的新建，应通过多种手段改善城中村的居住环境，包括历史文化遗存保护、建筑外观改善、公共空间改善、市政公用设施改善、公共配套设施改善和道路交通设施改善。

"控制"先于"大规模改造"是治理城中村的关键。政府宏观治理角色的转变与区域空间干预，涉及国家战略层面的考量，需要较长时期的准备、论证与审议，也需较长时段的制度演化与空间推进。为此，在宏观制度供给约束的前提下，城市城中村的治理改造不宜进行大规模的推进，"控制"先于"大规模的改造"是城中村由较小的空间成本最终实现都市化的关键，即只有先行有效的控制，防止新城中村的形成与城中村违法建设的膨胀，才是行之有效的制度安排，否则，人们有理由推断，老的城中村即使能改造完毕，又有新的城中村会涌现出来。

因此，首先，应进行城中村违章建设的查处与数据库的建立，包括城中村合法与非法建筑、外来人口构成、村民人口结构等的普查，完善投诉举报信访制度，严格巡查制度等举措，并在此基础上，研究建立遏制城中村违章建设的长效机制；其次，对条件成熟的局部城中村进行试点改造，为今后积累改造经验；最后，视政府具体财政能力，进行部分廉租房建设，可根据居住年限等条件以满足低收入群体的部分居住需求。通过这一系列措施，在国家宏观治理结构与制度供给约束去除后，就可以为大规模"数目化"治理改造城中村创造条件与机会。

2. 城中村改造

通过建筑物的拆除和新建等手段彻底改造城中村的建筑形态和居住环境，原则上改造必须满足城市规划和建设标准，改造后按照相关规定可以取得完全产权，且城中村空间形态基本上和城市一般社区相同。城中村改造通过改变物质空间形态的方式促进城中村社会组织形态等各方面的彻底改变，达到城中村与城市全面融合的目标。

(三) 城中村改造的规划政策建议

1. 充实城市总体规划，将城中村改造作为重要专题和内容

城市总体规划应对建成区和城中村地区的建设做到统一规划管理，统筹安排城乡市政基础设施和教育、文化等公共设施，解决外来人口的生活和居住空间需求。

2. 妥善安排城中村改造项目的时序和规模

近期建设规划要综合考虑城市规划区范围内城中村的现状、农用地和集体建设用地的土地产权属性和范围、整治或改造需求及可行性，统筹安排城中村地区未来的用地结构和空间布局。统筹安排城中整治或改造项目布局、规模和时序，防止项目安排的任意性。在空间上合理安排待改造城中村的安置场所和回迁住房建设，解决村民的后顾之忧。

3. 注重城中村改造调查及规划制定中的利益协调

在城中村改造的规划拟定过程中，应注重对各方利益主体进行问卷调查，调查内容主要包括：城中村现状、问题及成因、村民改造的意愿、改造方式、资金筹集、运作模式、拆迁补偿安置要求和配套政策建议等。制定城中村改造规划及计划的编制技术规范，应包括城中村现状、问题、改造的目标与功能定位、地块划分和规划控制指标、建筑功能和空间结构、实施时序安排、运作模式、拆迁补偿和配套政策等。

4. 实施城中村地区的动态监测

将城中村地区纳入动态监测，及时了解城中村空间资源的开发利用及其变化趋势，掌握城中村空间发展变化的状态，及时发现并纠正违法建设行为，避免新的违法建设活动进一步恶化城中村问题。

5. 城中村改造规划需坚持依法对历史文物保护的原则

历史文物且具有保护价值的建筑一般位于老城区，经济社会的发展，一些老旧建筑因为利用率低，将面临被改造的问题，但其中一些蕴藏历史文化传承价值的建筑承载着特殊的历史使命，在城中村改造中需坚持依法对历史文物保护的原则。国外一些发达国家的文物管理体系发展相对较成熟，在法律建设和制度安排方面值得我们加以借鉴。如日本规定对传统建筑群保存地区的补助费用，国家及地方各承担50%，对古都保存法所确定的保存地区，国家出资80%，地方政府负担20%，而由城市景观条例所确定的保存地区一般由地方政府自行解决。[①] 就我国而言，针对历史文物保护的法律法规有《城乡规划法》第4条第一款规定，制定和实施城乡规划，应当遵循城乡统筹、合理布局、节约土地、集约发展和先规划后建设的原则，改善生态环境，促进资源、能源节约和综合利用，保护耕地等自然资源和历史文化遗产，保持地方特色、民族特色和传统风貌，防止污染和其他公害，并符合区域人口发展、国防建设、防灾减灾和公共卫生、公

---

① 王林：《中外历史文化遗产保护制度比较》，载于《城市规划》2002年第8期。

共安全的需要。该法第 17 条第二款规定，规划区范围、规划区内建设用地规模、基础设施和公共服务设施用地、水源地和水系、基本农田和绿化用地、环境保护、自然与历史文化遗产保护以及防灾减灾等内容，应当作为城市总体规划、镇总体规划的强制性内容。该法第 31 条规定，旧城区的改建，应当保护历史文化遗产和传统风貌，合理确定拆迁和建设规模，有计划地对危房集中、基础设施落后等地段进行改建。历史文化名城、名镇、名村的保护以及受保护建筑物的维护和使用，应当遵守有关法律、行政法规和国务院的规定。这是国家级法律法规对历史文物保护的直接的原则性规定。相关法规有国务院的《城市房屋拆迁管理条例》，《条例》第 3 条规定，城市房屋拆迁必须符合城市规划，有利于城市旧区改造和生态环境改善，保护文物古迹。《条例》第 18 条规定，拆迁中涉及军事设施、教堂、寺庙、文物古迹以及外国驻华使（领）馆房屋的，依照有关法律、法规的规定办理。而对历史文物保护的法律规定即为《文物保护法》。虽然有诸多法律法规，但在实际城中村改造过程中，却屡屡发生历史文物建筑遭拆除的违法现象，法律法规形同虚设。因此，这需要以硬性规定，健全法律法规规定，明确监管部门和职责，坚持优先保护历史文物为原则。

三、创新改造方案：公私合作（PPP）新模式
——户籍、土地、财税联动改革[①]

楼继伟（2013）[②] 认为在当前私营部门修复资产负债表，公共部门财政困难的情况下，应通过 PPP 等方式积极调动私人资本参与基础设施发展。我国在基础设施的 PPP 模式也正在进一步实施推进之中，并越来越受到重视。谢旭人（2011）表示根据亚行的 2020 战略和中国国别伙伴战略，我们将继续鼓励亚行拓展在华私人部门的业务和非主权业务，积极推动地方私营与公共部门合作（PPP）业务的开展，引导非主权业务项目带动和促进私营资本进入基础产业、基础设施、市政公用事业、社会事业和金融

[①] 公私合作伙伴关系，英文缩写 PPP（Public – Private – Partnership），是指政府和企业以及志愿者为了提供或改善公共设施或公共服务，通过确立明确的合同或契约而达成的合作伙伴关系。PPP 本身是一个内在结构相对灵活的模式，没有固定的结构，属于一个不断发展的概念，可通过各种不同的结构安排加以实施。参见张文亮、陈元欣、王健：《公私合作伙伴关系模式在我国大型体育场馆市场化中的应用》，载于《体育学刊》2009 年 2 月，第 16 卷第 2 期。

[②] 摘自 2013 年 9 月 19 日至 20 日楼继伟"第 20 届亚太经合组织财长会议"发言。

服务等领域，以帮助国内调整优化投资结构[①]。楼继伟（2014）表示亚洲基础设施投资银行正在积极筹备中，筹备组和相关机制都已建立[②]。在该机制下，今后还将推动建立一个信托基金，通过推进一些PPP项目，实现私人部门的参与，通过改革让社会资本进入公共服务基础设施建设和运营。作为城市基础设施建设之一城中村村落的改造，必然伴随着激烈的利益和价值冲突，现在通行的三种模式都存在严重的缺陷，是一种"零和博弈"的制度规则，需要根据新时期城乡发展一体化的要求，走真正的中国城镇化道路，建立一种超越"零和博弈"的新的合作和整合机制，即公私合作（PPP）模式，推动城中村的管理和改造，推进中国的城乡发展一体化进程。这种模式可以在有效改造基础设施、城市面貌，并全面提升城中村地段公共服务水平的基础上，继续发挥城中村地段为城市低收入阶层和外来流动人口提供廉价优质住房的作用，最终建立政府、原土地权利人、外来人口乃至地产开发商多方的利益均衡。

（一）公私合作（PPP）模式的实践

美国、日本、中国台湾等针对旧城改造的土地增值溢价捕获、区段征收和市地重划等的成功经验，就是一种公私合作伙伴（PPP）模式，为我国城中村改造提供新的政策工具。

所谓区段征收，是指政府征收一定区域内的土地并重新加以规划整理后，除政府留下一部分土地用作基础设施建设，另一部分公开拍卖以偿还开发费用外，其余建设用地的使用权和开发权返还给原土地权利人。而市地重划，是根据城市发展趋势将部分城市规划区域内，或城乡接合部及边缘地区杂乱不规则的地块和畸零细碎、不合经济使用的地块依据法令加以重新整理，交换分合，并配合公共设施，改善道路、公园、广场、河川等，使各幅土地成为大小适宜，形式整齐方正、具备一定规格的地块，然后再分配予原土地权利人。上述手段，可以促使城市土地得到更经济合理的利用，进而形成井然有序的都市。中国台湾的经验表明，这些措施可以成功地解决政府公共建设的补偿难题，土地权利人亦可获得原地补偿，享有公共设施完善、生活质量提升、土地增值等多重开发利益，公私各得

---

① 《夯实合作谋发展　和谐互利促共赢——财政部谢旭人就中国与亚洲开发银行合作25周年答记者问》，载于《中国财经报》2011年3月22日。

② 摘自2014年4月10日楼继伟"博鳌亚洲论坛2014年年会"的"APEC：因应亚洲的新未来"分论坛发言。

其利。

在本书第七章第 123 页的案例中，村集体和村民之所以愿意无偿交给政府 45 亩土地，是因为剩下的 55 亩土地虽然在这个过程中也被转为国有土地，但政府把这 55 亩土地的开发权交给了村集体和村民，并以后者为主导，配合开发商、银行等机构进行再开发。而村集体及村民所获得的这 55 亩土地的价值，由于两个原因，会超过原来未改造前 100 亩土地的价值。首先，正是因为政府进行了前述的基础设施改造，大大提高了这 55 亩土地的价值；其次，在城中村改造的过程中，政府可以通过城市规划手段，适当提高这个地段的容积率，比如这 55 亩土地的开发中，可以建设高层住宅，而不是原来城中村的低层住宅，这必然进一步提升这 55 亩地段的价值。与此同时，政府要求这些城中村居民在重新开发他们所获得的 55 亩地时，不能建设商品房，而只能建设面向广大低收入群体的出租房。这样，就可以在城市规划限制的基础上，通过市场机制，而不是政府提供的方式，有效解决城市低收入人口和外来流动人口的居住问题。

（二）公私合作（PPP）模式的利弊分析

我国完全可以借鉴上述成功的政策工具，结合中国国情，以确权为前提推进土地制度创新，在有效改造基础设施并全面提升城中村地段公共服务水平的基础上，继续让城中村地段为城市低收入阶层和外来流动人口提供廉价优质的住房，最终建立政府、原土地权利人、外来人口，乃至地产开发商多方的利益均衡，并实现城市户籍—土地—财政体制联动改革。以产权创新与社会协作为特征的这套机制，超越了传统意义上政府主导、市场主导的二分法，以公私协作创新解决城中村改造中的种种问题和社会矛盾。

1. 共赢模式，化解矛盾，形成一个经济学上的帕累托改进

通过公私合作模式进行城中村基础设施改造，可以大大提高被改造地段的土地价值，而这个新增的附加值部分就可以在地方政府、城中村原有权利所有人之间合理分配，从而形成一个经济学上的帕累托改进，特别是城中村原有土地权利人即使放弃了其部分土地用于基础设施改进和政府拍卖，其剩余土地的价值还是高于未改造前的全部土地价值。比如，在上述案例中村民获得的 55 亩土地上盖好出租屋后可以在原有 200 户农民之间进行平均分配，每户就可能获得多套出租屋，农民获得了可以形成未来稳定收入的资产。城中村村民将会非常欢迎这种改造模式，不仅不会阻碍政府拆迁，而且会大力配合，这样就使得城中村的改造速度大大加快，不仅可以大大提升本地经济增长速度，而且可以大大减少社会矛盾。一旦这种改造模式获得政府认可，在城中村推广，城市出租房的供给就会增加，房租租金也完全可以下降到政府直接供应廉租房的房租水平。地方政府也就不需再大规模地进行廉租房或者公租房建设了。

2. 同步解决村民生活保障和原租户住房权益问题，缓解政府建设保障房压力

从边远农村来到城市谋生的农民工，其数量往往是城中村本地人口的几倍，由于他们收入微薄，只能聚居在条件较差的城中村。这部分人口数量最多，但在城中村改造中既无知情权，又无发言权，其居住权益往往没有得到应有的保障。如果不能为这部分流动人口（即农民工）提供适合的廉价住房，城中村的改造意味着对这部分外来人口的驱赶。如果说政府未能为大量外来农民工提供足够的廉租屋，是刺激城中村违法滥建的重要原因，那么，当政府着手对城中村进行彻底改造时，就必须千方百计为大量外来农民工提供所必需的廉租房。这是政府在规划城中村改造时必须考虑的问题。

城中村改造中政府可限定房屋开发只能用于出租房建设，并通过提高容积率增加了出租房屋供给，这就在很大程度上保障甚至改善了城市低收入人群和外来流动人口的居住情况。特别通过上述市场机制为外来人口提供较为便宜的住房，也为未来的户籍制度改革突破创造了条件。比如，政府可以考虑在这些小区附近增设一些公立学校，吸收外来流动人口子女入学。如果通过这种城中村改造模式，通过市场机制提供大量廉价住房，政府就没必要大规模搞保障性住房。

3. 推动地方政府转变"土地财政"发展模式，推动地方税体系建设

在该模式下，政府一方面不用直接投入城中村基础设施改造，而且可以在城中村改造过程中获取一些与土地开发，房地产建设相关的税费，当这些改造完成，全部土地都变成国有土地后，农民在那 55 亩留用土地上开发的住宅也就变成大产权，地方政府完全可以通过征收出租屋管理费或所得税，或者在未来征收房产税或物业税，而拥有多套出租屋的城中村的村民由于获得了多套房屋大产权，缴税并不是什么困难的事情。另一方面，政府就可以逐渐从依靠土地出让金的城市发展模式转向依靠物业税的城市发展模式。从中央政策来看，以房产税或物业税作为城市建设开发主体税收的模式，是我国未来地方财政改革的发展方向，但在此之前，产权问题须得到法律的明确。从城中村改造开始推行物业税征收，也许就是实现这种上述改革目标的一个关键突破口。

同时，公私合作（PPP）新模式也存在一些问题，一是系统化较强，较为复杂，对作为协调者的政府的执政能力和市场经济意识要求较高；二是在区位优势明显的城中村较为容易实施，而对于较为偏远的城中村实施难度较大；三是对于村集体、村民的整体意识、协作能力要求较高，与村民的自我改造意愿关系密切，而由于村集体和村民大多习惯了政府大包大揽、坐等拆迁补偿安置的方式。但是，综合来看，公私合作（PPP）新模式不失为更为合理、更有效率、更体现市场化的改造模式，当前可以在大多城市的城中村予以推广实践。

（三）公私合作（PPP）新模式——城市户籍、土地、财税体制联动改革的具体操作思路

1. 将城中村土地进行国有化

根据我国《宪法》第10条规定，城中村土地既然已经纳入城市范围，将这些土地国有化并没有法律上的障碍。按照我国现行土地制度，城中村土地国有化有利于产权明晰化，并可在现行政策法规框架下进行基础设施和房地产开发，避免小产权房问题。

2. 政府实行部分征收，用于改善城中村基础设施建设

根据统一规划，政府无偿征收一定比例的城中村土地。其中，部分土地作为城中村基础设施建设用地，另外，部分土地通过拍卖获取出让金，作为基础设施建设预算来源。征收比例视城中村实际情况，在40%~50%为宜，应将较多部分留给村集体或村民。

3. 政府负责城中村基础设施投资

由地方政府统一按照规划进行基础设施建设改造，灵活运用城市规划手段适当提高建设地段的容积率，确保村民剩余地块的有效增值，从而使村民与村集体愿意无偿让渡部分土地给政府。土地增值后，地方政府可将节余土地公开拍卖，以补贴部分甚至全部基础设施投资。以上两点为典型的区段征收与增值溢价捕获的做法。政府可考在改造完成后的城中村建立

一些城市公立中学、小学、幼儿园等学校,接受外来人口子女入学,解决外来人口住房问题和子女教育问题。

4. 农民保留经区段征收和基础设施改造后大幅增值的剩余土地,村民变"房东","村民"变"股东",同步解决农民后续保障问题

对原住村民保有的这部分土地,发放国有土地使用权证,村集体和村民就可自行组织获得银行贷款或联合其他投资主体进行合作开发,建设住宅与商业地产。这就解决了目前村集体建设用地开发难以获得银行贷款支持的问题。政府可以规定城中村剩余地块开发建设的类型,只能建设面向广大低收入群体的出租房,或者建设的住房在一定时期内不能出售,只能出租。这样就可以在城市规划限制的基础上,通过市场机制,有效地解决城市低收入人口和外来流动人口的居住问题,也解决了农民的长期生活和收入来源问题。在政府保障性住房建设中,也可以考虑配比合理或商业地产面积,实行以商养房,不但可以使社区生活便利、解决村民或低收入群体的就业,还可用商业面积租金收益覆盖部分物业管理费用。

对城中村改造后拥有的集体经济组织和其下的集体资产进行股份制改造,使村民变股东,发起设立股份制公司。国内外经济发展的历史证明,市场经济条件下,股份制经济极具生命力。在城中村改造中,通过清产核资、资产评估、股东确认、股份量化,由村民自愿地发起设立股份制公司,这样一来使这一块资产焕发了其内在的生机,二来它有效地解决了村民变市民后与原村组集体资产的权属关系问题,即由原来的村民与村组的关系,变为股东与股份制公司的关系,而且产权确切地明晰到人。①

城中村集体土地转为国有后,必须对原村民建立社会保障制度,以解决他们的后顾之忧。在实施村民变股东之后,将原集体经济组织转制为股份制公司,负责原集体资产和村集体企业的管理和运行,使原村民变成为股民,依法取得经济权益。同步,要实施两项措施,一是建立最低收入保障、劳动就业保障、社会养老保险等保障制度,从征用土地补偿费和村集体经济组织的公积金及其他收益中提取社会养老保障费,多渠道实施养老保险;二是彻底改革户籍制度,"农转非"村民享受与其他城镇居民同等

---

① 白德泉、崔晓波、胡宝林:《制度创新能否为城中村改造趟出新路?》,2010 年 1 月 23 日,宝鸡网,http://www.cn0917.com/2010/0123/36_2.html,访问时间 2013 年 3 月 30 日。

的一切待遇。

5. 开征出租屋管理费，逐步过渡到开征房产税或物业税

完成以上措施后，政府开征出租屋管理费，或者按照国家的统一规定，征收房产税或物业税。政府一方面不用直接投入城中村基础设施改造，而且可以在城中村改造过程中抽取一些与土地开发、房地产建设相关的税费。另一方面，当这些改造完成，全部土地都变成国有土地后，农民开发的住宅就不再是小产权房，地方政府完全可以通过出租屋管理费、个人所得税，以及今后将要征收的房产税或物业税来获得长期、稳定的税收来源。

（四）公私合作（PPP）新模式——城市户籍、土地、财税体制联动改革的积极意义

通过前述城中村乃至旧城改造过程中的有效制度创新，不仅仅有助于加快城市更新和社会和谐，还有助于中国在经济、社会体制改革方面实现有效的突破。

1. 推动城中村改造模式创新有助于深化土地制度改革

推动城中村集体建设用地入市，改变目前城市政府作为城市商住用地单一供地主体而带来的垄断供地、房价飙升等问题；有助于实现中央提出的"集体建设用地同地同价"的土地管理制度改革目标。

2. 有助于实现户籍制度改革的突破

在中央强调户籍制度改革、农民工市民化的大背景下，目前我国城市还面临着大量流动人口因住房、子女教育难以解决而无法实现永久性定居的问题，而城中村改造模式的创新，有助于通过市场机制为城市外来流动人口提供可支付的体面住房。如果能配合政府进行的保障性住房建设和城市公立学校服务提供，将有助于实现户籍制度改革的突破。

3. 推动城中村改造模式创新有助于实现地方财税体制改革的突破

有效的城中村改造模式，将有助于减少因各种非法房屋建设蔓延导致的政府无从抽税现象，与未来的房产税或物业税改革结合，将有助于政府从当前的扭曲性"土地财政"模式中摆脱出来，逐渐转向以房产税或物业

税为主体的地方收入增长模式，实现地方财税体制改革。

4. 探索有效的金融创新手段

在城中村改造过程中，由于村民不仅可以原地回迁，而且可以获得较大面积的出租性房产，有了稳定的资产收入流。除了向银行贷款开发，还可以此为基础，成立相应的投融资公司，发放各类信托投资产品，为城中村改造过程中村民建房开发提供充分的来源。此基础上，还可以通过建立房地产信托投资基金，确保保障性住房建设融资顺畅。

5. 扩大房地产市场供给，促进房地产行业健康发展

土地制度改革结合金融创新，可以把目前大量的炒房资本从增加住房需求转向提升住房供给，这对于抑制乃至逐渐消除房地产泡沫、解决广大百姓的住房问题，具有不可低估的意义。

四、城中村治理和改造中的土地制度创新

城中村的形成是城乡二元结构的重要表现，土地和户籍制度是二元结构的重要制度内容。当前，户籍制度改革已经逐步推行。2012 年 2 月 23 日《国务院办公厅关于积极稳妥推进户籍管理制度改革的通知》提出，要继续探索建立城乡统一的户口登记制度，逐步实行暂住人口居住证制度。

我国实行的是城乡分割的二元管理模式，城中村中有宅基地、自留地以及工业用地，有住房、新房及出租房，有合法产权以及违章、违法建筑，形成了复杂纷繁的土地、房屋关系。因此，城中村的改造涉及面广、政策性强，涉及了方方面面的权利和利益，是一项复杂的系统工程。我国城中村土地使用中的问题及制度障碍，其中集体土地流转受限，集体土地所有权不完整、主体缺位是城中村土地使用中存在的主要制度障碍。所以要想完善我国城中村的土地使用权制度，应该从明晰集体土地所有权主体、城中村集体土地所有制的创新入手，使我国城中村的土地得到有效的利用。

深入分析城中村现象发现，城中村的形成、显现、发展和改造都与城中村土地使用制度有着密切的联系。要彻底解决城中村问题，实现人与土地资源的可持续发展，就必须对现有的城中村土地使用权制度与所有权制度进行更新。明晰城中村集体土地所有权主体以及城中村集体土地国有化是其必经之路。

(一) 在土地法律约束下的制度创新

我国《土地管理法》第2条规定,"中华人民共和国实行土地的社会主义公有制,即全民所有制和劳动群众集体所有制";第8条规定,"城市市区的土地属于国家所有。农村和城市郊区的土地,除由法律规定属于国家所有的以外,属于农民集体所有;宅基地和自留地、自留山,属于农民集体所有"。也就是说,农村土地是集体所有性质。

但是,《土地管理法》第2条又规定,"任何单位和个人不得侵占、买卖或者以其他形式非法转让土地。土地使用权可以依法转让"。这句话的意义在于国有和集体的土地(所有权)不得买卖和转让。但国有土地实行使用权与所有权分离以后,使用权进入市场自由流转,而集体土地使用权的转让还有种种限制。

农村集体土地的法律关系性质在《土地管理法》第63条规定,"农民集体所有的土地的使用权不得出让、转让或者出租用于非农业建设"。同时国家保护耕地的基本政策也是限制集体土地的使用权流转的政策依据。这样的集体土地产权从市场经济体制的角度来看就是不完整,产权是一系列权利的集合,不能交易或交易受限的产权不是完全的产权,很难转化为资本。

《土地管理法》第43条规定:"任何单位和个人进行建设,需要使用土地的,必须依法申请使用国有土地","国有土地包括国家所有的土地和国家征用的原属于农民集体所有的土地"。这里所表达的含义是农村集体土地不能直接进入市场,但可先收归国有,然后可以进入市场进行出让。

(二) 城中村改造中土地确权的制度创新

城中村改造中的土地确权,关乎城中村的集体经济组织和成员个人的切身利益,是我国城市化进程中的突出问题。加快解决城中村改造中土地确权问题,这是明晰城中村土地产权,保障被拆迁人的合法权益,促进社会和谐稳定的迫切需要。

1. 土地确权的对象

在城中村改造过程中,被拆迁人的拆迁补偿是一项很重要的关键环节和相当棘手的工作,被拆迁人的对象主要包括农村集体经济组织和成员个人及其他对象，其中涉及大量的拆迁补偿主要是集体土地、村民土地和未征收土地，这也是土地确权的主要对象。这三部分土地基本上都由农村集体经济组织或成员个人持有和管理，它是集体经济或成员个人长期以来赖以生存和发展的主要资源和收入来源。由于我国城市化发展和农村土地制度变迁的原因，这三部分土地中大量存在未确权，界限不清，产权混杂或产权手续不齐等问题。

2. 土地确权制度创新的理论观点

总结借鉴我国部分试点城市和西方国家或发达地区的经验做法，土地确权问题可以运用如下几种主要理论来指导解决。

（1）集体土地产权制度理论。由于我国城市化发展和农村土地制度变迁的原因，城中村的大量土地仍然由原农村集体经济组织或成员个人持有和管理，城中村改造中土地确权的实质就是对城中村集体土地的所有权或使用权的制度创新问题，针对城中村土地的权属、数量、界限、用途等相关问题运用土地产权制度理论来指导解决。

（2）利益相关理论。城中村治理改造的实质是相关者利益再调整和均衡问题。由于城乡二元管理体制及其造成的利益代表的偏好，加上土地产权市场的封闭交易使城中村改造过程中的多方利益非常难以协调，村民宁可是"村民"而不愿是"市民"。有学者运用动态博弈理论分析了政府、村民和开发商三者的利益冲突与协调关系，求得的均衡结果表明：城中村改造有政府主导型；村民自治型；政府、村民、开发商共同改造型三种模式可选择。城中村改造的基本逻辑是构建政府、村民、开发商的多维利益协调机制。

3. 国内外土地确权的经验启示

在我国，土地确权问题是城市发展中的一个重要问题，为解决这个问题我国部分城市已经启动了制度创新改革并出台各种试验性政策。以成都市为例，成都在解决农村土地权属问题方面，探索出一套较为有效完整的经验做法。2007年6月国务院批准成都市为全国统筹城乡综合配套改革试验区。多年来，成都以城乡统筹为战略导向，全面推进各个领域的体制改革，其中在农村产权制度改革方面进行了积极探索，并取得了显著成效，有较强的示范效应和典型价值。为推动农村产权制度改革，成都市先后出台了多个文件政策，2008年1月1日出台了《关于加强耕地保护进一步改革完善农村土地和房屋产权制度的意见（试行）》，接着在2008年2月29

日出台了《关于加强耕地保护改革农村土地和房屋产权制度工作的指导意见》。农村集体土地和房屋确权登记，包括明确农村集体土地所有权、明确农村集体土地使用权和明确农村房屋产权是改革的重点之一。

成都市在全国率先启动了农村产权制度改革，推动建立"归属清晰、权责明确、保护严格、流转顺畅"的现代农村产权制度，对农村土地和房屋实施确权、登记和颁证，将对农村土地和房屋的财产权落到实处。[1] 一是确认集体土地的所有权。将集体土地所有权分别确权给集体经济组织的农民集体，并颁发土地所有权证书。二是确认集体建设用地的使用权。通过依法确权和登记，为农村集体经济组织依法取得集体建设用地的业主及宅基地使用者颁发土地使用权证书。三是确认房屋的所有权。通过依法确权和登记，为房屋所有人颁发房屋所有权证书。各项确权工作依法依规办理，具有明确的确权基本程序：清理、勘界、确认、登记、发证。据有关报道，成都市于2010年在全省率先完成了全部255个乡镇（街办）、2622个村（社区）、3万多个村民小组、170余万村民的确权登记发证。[2]

西方国家对土地管理方面的研究起步较早，有关土地产权管理的制度比较健全。在美国，实行集中垂直的土地管理体制，强调土地的社会职能和利益高于一切，实现土地资产的可持续利用是美国土地管理的根本宗旨和主要目标。美国实行公私兼有的多元化土地所有制，土地的所有权、使用权和受益权各自独立，土地界线清晰，不存在任意占用或平调，土地可以通过自由买卖、租赁等有偿方式取得确权。对土地管理的地位和职责，通过制定各种土地法令，例如，1785年颁布的《土地法令》、1862年颁布的《宅地法》、1997年颁布的《联邦土地政策和管理法》，等等。以法律的形式给予进一步的明确和界定，若土地权属出现纠纷就由法院解决，政府不担任调解仲裁角色。在俄罗斯，土地实行私有化制度，农村掌握了土地的所有权，实行农用土地自由流通制度。2001年10月出台实施了《俄联邦土地法典》，2003年1月出台实施了《农用土地流通法》，这两法明确了包括农用土地在内的土地私有化原则和土地买卖的程序，确立了俄罗斯土地的私有权，认为界定产权是为了市场交易，只有通过市场交易，产权才能够真正得到清晰和明确的界定。在新加坡，实行混合型的土地制度，在625平方公里的国土总面积中，国有土地面积约占53%，公有土地面积

---

[1] 《西部大开发十年摸索　成都成西部城市化引领者》，中国新闻网，2010年1月19日，http://www.chinanews.com/gn/news/2010/01-19/2079841.shtml，访问时间2013年4月4日。

[2] 《农村集体土地确权颁证——成都试点成典型》，www.chengdu.gov.cn，访问时间2013年4月4日。

约占27%，私人拥有的土地面积约占20%。国有和公有土地约占国土总面积的80%，其中相当大部分是通过土地收用制度而逐渐转变为国有和公有土地。新加坡的土地可以通过土地市场来完成确权，土地市场有三种基本类型。第一种是以土地私有制为基础的土地市场。通过土地交易买卖，土地的所有权由一个私有者转移到另一个土地私有者，在完成交易一个月内到政府有关部门登记，办理产权移交手续，缴纳印花税，并在不动产协会所办的周刊上发表，将交易公开，便于指导实际交易和社会监督。第二种是以土地国有和公有为基础的土地市场。政府的法定机构（如建屋发展局、港湾局、公共工程局等）向国土局购买土地的市场。通过土地交易，并不发生所有权的变更，而仅是土地使用权的变化。实质上，这是土地使用权的交易市场。第三种是以私有土地转变为国有和公有为基础的土地市场，这种市场又可称为土地收用市场。运用市场买卖机制，通过土地收用制度将私有土地逐渐转变为国有和公有土地。

4. 城中村改造中土地确权制度创新的主要建议

针对城中村土地确权的对象，包括集体土地、村民土地和未征收土地给予明确的合法身份，对集体土地给予土地使用权证，村民土地房屋所有权证，未征收土地给予调查登记，明确土地产权。城中村的土地确权主要涉及城中村原村集体经济组织和村民个人的资产、利益以及村民的就业、福利等切身问题，若处理不当，容易与集体或村民产生矛盾，这是解决城中村土地确权问题的关键点和突破口。

（1）深化行政改革，建立城中村土地确权制度。城中村改造是一项涉及大量土地和房屋产权的巨大动迁工程，土地确权是关键。在城中村存在土地权利界定不清，权属关系混杂，违法违章建筑数量庞大等现实问题，在全国大部分城市都存在这些问题，这是当前各城市政府面临的重要难题。政府行政体制和制度的缺位和滞后是根本，因此要大胆深化行政体制改革，建立和完善各项相关制度。一是政府要加快深化行政体制改革，大胆推进建立城中村土地确权的相关制度。二是政府加快推进对未确权的土地和房屋，进行彻底的调查登记。针对城中村中已建、在建、待建和停建的违法违章建筑尽快出台相关处理政策，大力整顿城中村的建设秩序和规范建设审批程序，对违法违章建筑采取先登记后处理的做法，并制定土地确权的相关制度。三是建立城中村土地和房屋的流转制度，规范城中村的土地和房屋交易行为，防止集体土地进入黑市交易，通过合法的市场交易来完成土地确权。

（2）大胆改革集体股份合作制，建立创新的集体土地产权制度。在城中村，集体经济组织是城中村土地的主要产权主体和管理主体，城中村的土地大部分都在集体经济组织和成员个人持有和管理。因此，大力推进集体经济组织的管理体制转换，大胆尝试以地入股的新型集体股份合作制，村民以地入股集体经济组织成为股东，有效集中和管理土地资源，由村民来经营管理集体土地使其实现保值增值，有效杜绝集体土地出现违法违章建筑的现象，有效减轻城中村改造的土地征收拆迁难度，创新城中村土地确权的新思路和新做法。

（3）建立健全的社会保障制度，加快完成城中村的土地确权。城中村的改造和土地的确权涉及城中村的集体经济组织和成员个人的切身利益和社会保障问题。长期以来，城中村的土地都是原有集体经济组织和村民赖以生存和发展的生产资料，它是创造收入、福利和就业的根源和社会保障功能。因此，针对集体经济组织和成员个人建立健全的就业和社保机制是关键，通过城中村改造和土地确权的机遇，增加集体经济组织和成员个人的经济收入、社会福利和就业机会，让他们享受到所带来的经济效益和社会效益，促使他们支持和加快完成城中村的土地确权工作。

（三）明晰城中村集体土地所有权主体和所有权权能实化

土地使用制度的改革与建设将是围绕土地资源配置的市场化而进行的多方面的制度创新过程，其总目标是建立适合社会主义市场经济发展要求的新的社会主义土地使用制度，这也是我国城中村土地使用权制度改革和完善的方向：一是土地所有权的明晰，所有权明晰是进行交易的前提条件，是整个经济活动得以正常运行的制度基础，所有权明晰将更加有利于土地权利的保护，特别是农民的土地财产权利将得到更为有效保护。二是所有权权能的细化，将更加有利于提高土地作为空间资源的利用效率。三是适应物权价值化趋势。我国土地制度现在以保护土地所有权为主，随着市场经济的发展，土地的使用价值，常以使用权形态归属于用益权人，土地的交换价值，则以担保形态，归属于担保权人，所有权人以此获得融资。

1. 明确集体土地所有权主体

按照《土地管理法》抓好农村集体土地所有权主体的明确工作。不管采取哪种形式，都必须明确集体土地所有权主体，使农村集体土地产权真正做到产权明晰、权属合法、权责明确、责权统一，使农村集体土地的所有权人和使用权人的合法权益得到有效保障。通过明确农村集体土地的所有权主体来进一步强化农民对土地所有者的权属意识和集体意识。与此同时，还要逐步做到所有权、承包权（使用权）、经营权分离，使国家、集体、个人三者利益都得到依法保护。

物权法上要求物权必须有明确的主体和特定的客体。农民集体土地所有权的主体不是单个的农民集体成员，而是通过一定的组织形式的全体农民集体成员。物权立法应当规定村民集体所有权的主体权利实现机构和主体自决权，以落实村民的所有权，村民集体成员大会或代表会议就是形成村民集体成员共同意志的最好形式。同时，将现行的村民委员会和村小组设置与村民集体成员大会衔接起来，达到公司法上法人机关的要求，以真正实现村民对土地管理的自治自决。

2. 农民集体土地所有权权能实化

《民法通则》第71条规定："财产所有权是指所有人依法对自己的财产享有占有、使用、收益、处分的权利"，即所有权包括占有、使用、收益、处分四项基本权能，缺少任何一项，都不能说是完整的所有权。

具体落实到农民集体所有权权能，包括农民集体全体成员以集体名义持有并实际控制土地的权能，依照土地性能和合同在农民集体和土地使用权人之间进行分配的权能，农民集体对所有权转移和转换的处分权能；保护土地所有权免受不法侵害的权能。通过具体行使这些权能，使土地不断增值，以实现村民集体成员的整体利益和个人利益。通过对所有权权能的实化，可以将其纳入市场轨道，可以进行市场运作和配置，从而为集体土地国有化改制创造条件。

3. 明确村民股权，政企分开与股权入股

集体组织身兼基层行政和管理经济的双重职能，这使得集体组织结构难以实现城市化管理，使不完全城市化成为必然。因此需要对集体组织的管理职能加以重新界定，分别建立新的经济实体与城市化的行政管理体系。城中村改造中出现村（居）委会身兼两职现象容易导致政企不分，同时影响居民的经济收益。因此，应该尽快将集体资产的经济管理职能从村（居）委会管理职能中分离出来。一方面应按照规范的城市管理模式组建社区居委会，明确管理和服务范围。另一方面将原来由村委会管理的集体经济实体转制为由集体法人股东和个人股东持股的股份公司，股份量化到个人，公司作为代理人管理原城中村集体经济。鼓励实行土地股份制经营，农民变股民。这有利于农民土地所有权和收益权的分离，促进了农民非农化和向第二、第三产业的转移，同时保障了农民的土地收益权。

（四）城中村改造的土地所有制一元化的创新

城中村土地所有制创新的目的是要实现城中村的城市化改造，推动城市化进程。具体而言，其基本思路是要在现有的制度框架下寻求一条出路，以彻底摆脱土地二元所有制结构对城中村城市化发展造成的制度障碍。实际做法就是实行集体土地国有化转制。

1. 集体土地国有化转制

集体土地国有化转制，是在现有制度体制下顺应城市化发展而出现的一种社会现象，也是一种法律现象。它是指在集体经济比较发达、整体建设水平较高的城市周边地区或城市内部的城镇在城市化过程中，以农村集体经济组织成员全部由农民转为城市居民，并实现了村镇建制向城建制的过渡为前提，通过行政命令的方式，将原属农村集体所有的土地整体性、一次性地转为国有，并基本不改变原有土地用途和使用权归属。

2. 集体土地国有化转制的实践

（1）广州市的实践。2002年5月，广州市出台了《中共广州市委办公厅、广州市人民政府办公厅关于城中村改制工作的若干意见》，其中规定，列入改制范围的城中村要在户籍管理、土地管理、行政管理、集体资产管理等十个方面实现由二元向一元体制的转变，而其中的户籍、行政、集体资产管理体制的转变成为土地管理体制转变的前提。从2002年10月开始，广州市在条件比较成熟的城中村开始进行城中村土地、房产转制的试点工作。各个试点村按照"一个改变、三个不改变"的原则，进行土地、房产转制。"一个改变"是指土地所有权的改变，即实施改制的城中村，在农民成建制转为城市居民后，原村行政管辖范围内的剩余集体土地，一次性转为国有土地；"三个不改变"是指其合法土地使用权人和土地用途不改变，原农用地承包人继续拥有国有农用地土地承包经营权，对转制后的土地使用权人核发国有土地使用权证。如该土地、房产进入市场或改变用途，发生扩建、改建，则按规定补缴国有土地使用权出让金及有关税费。

（2）深圳市的实践。2004年6月26日，深圳市政府印发了推进城镇化进程的《深圳市宝安、龙岗两区城市化土地管理办法》。其核心内容，就是土地权属的改变。文件规定："根据《中华人民共和国土地管理法实施条例》的相关规定，两区农村集体经济组织全部成员转为城镇居民后，原属于其成员集体所有的土地属于国家所有。"

3. 集体土地国有化转制的具体内容

根据广州市以及深圳市的集体土地国有化转制的实践经验，可以看出城中村集体土地国有化转制应该包含以下内容：第一，在户籍管理方面，农村村民的村民户口转变为城市居民的居民户口，实现居民户籍制度的改革，随之而行的是计划生育和社会福利的转变。第二，农村集体所有的土地转变为国家所有，实现土地使用制度的改革，由政府统一建设规划。第三，农民的私房通过房屋管理制度改革变为城市居民房地产，并可以进入流通市场进行交易。第四，撤销农村的村民委员会，设立居民委员会，将原来村民委员会行使的基层行政管理职能交由居民委员会行使。第五，在经济体制管理方面，将原来由村委会管理的农村集体经济组织转制成为由集体法人股东或个人股东持股的股份制企业（公司），股份具体量化到个人，公司作为代理人通管原城中村集体经济，改变原村集体经济组织政企不分的状态。

4. 集体土地国有化转制的评析

现行的法律制度下，要使城中村的土地能够合法地在市场上自由流通，把固化的土地资产变为流动的货币，就必须赋予土地抵押、转让等权利，从而真正实现城中村城市化，而深受我国二元土地制度限制的集体土地却并不具有这些权利。在现有法律框架下，要使城中村的土地能够合法地在市场上自由流通的唯一办法就是改变土地的所有权性质，使其由集体所有转变为国家所有。如果通过土地征用来实现集体所有转变为国有将使政府面临无法负荷的财政压力。至此，各地另辟蹊径，采用集体土地国有化改造的方式，既可以实现土地国有，又可以彻底解决城乡二元结构的矛盾，实现城乡管理的一体化。

需要注意的是，集体土地国有转制在我国尚处于探索和起步阶段，因此，转制前必须深入农村基层组织调查研究，制定配套的法规规章和操作方案，确保利益的平衡和社会的稳定。集体土地国有化转制是一个系统工程，必须有符合转制的基本条件，在城市化发展到一定阶段的基础上才能依法推进转制，不能操之过急。尤其应当注意的是，在目前我国的城中村中，不是每一个城中村可以采用集体土地国有转制的方式进行城中村土地制度改革，只有在集体经济比较发达、整体建设水平较高的城市周边地区或城市内部的城中村才可以考虑实行集体土地国有转制这种方式进行城中村改造。

五、研究结论

城中村是中国城市化过程中的一种独特现象，是我国城乡二元体制的产物。城中村在建设用地上被城市用地包围或与城市用地相互交错，在经济、社会、文化、景观等各个方面引致一系列问题。城中村的改造是推动城市化建设，促进发展城乡一体化、构建和谐社会的重要一环。改造城中村势在必行。作为我国城市化发展中的特有现象，城中村的形成原因和现存问题都是多方面的。城中村要真正融入城市，实现城乡发展一体化，仅仅从物质形态上改变还远远不够，必须触及深层次的制度层面。

城中村是在城市扩张过程中逐渐形成的，因此城中村改造本质上是一种都市更新。通过在黑龙江省牡丹江市城中村的大量问卷调查，我们摸清了城中村情况、掌握了村干部、村民、政府、租户等利益主体在城中村管理和改造过程中的利益诉求。我国从南到北、从东到西的城中村管理改造实践，探索了政府主导、村民主导、开发商主导等模式，但是这些模式不同程度面临制度困境，引发新的社会矛盾。结合我国各地城中村以及棚户区改造经验，借鉴发达国家和地区在城市化过程中的经验，公私合作（PPP）模式，体现了区段征收、市地重划政策工具，可成功解决城中村改造的"零和博弈"难题，政府、村民、开发商、租户等公私都各得其利，实现城中村改造共赢的帕累托改进。现有土地使用权制度与所有权制度"城乡一元化"的创新，可以在城中村改造中得到突破，明晰城中村集体土地所有权主体以及城中村集体土地国有化是土地制度改革的方向。

附 录

牡丹江市城中村问卷调查表（一）

（行政村负责人）

2012 年 8 月

调查人员：_____
调查日期：2012 年_____月_____日
调查地点：_____县（市、区、旗）_____乡（镇）_____村
受访的村负责人姓名及职务：_____
联系电话_____

一、村基本情况

（一）本村人口情况

1. 2011 年全村总户数_____户，村民小组数_____个，总人口数_____人，其中，农业户口_____人，非农业户口_____人，农业劳动力数_____人；2011 年外出打工（就业）劳动力数_____人，2012 年春节后外出打工（就业）劳动力数_____人；村内 60 岁以上老人_____人，14 岁以下未成年人_____人。

2. 当前在村居住的总人口共有_____人，其中外来在本村租住的人口有_____人。

3. 本村里的"空挂户"（户籍从村外迁入本村，一般不在本村生活或虽在本村生活，但不是集体经济组织成员、不是本村原住居民后代，也与本村人没有法律亲属关系），有_____人。

4. 村民文化程度情况：本村的户籍人口中，小学文化程度_____人，初中_____人，高中_____人，大专及以上_____人，文盲及半文盲_____人。

（二）村集体土地情况

5. 截至 2012 年 6 月，全村已经被征用土地_____亩，当前实际拥

有土地总面积_____亩，其中，耕地面积_____亩，与五年前相比耕地面积变化（增/减）约_____亩；2011年粮食种植面积_____亩，经济作物面积_____亩；村组预留机动地耕地面积_____亩，预留地的使用情况为_____。

  6. 本村宅基地的总面积为：_____亩，平均每户_____亩；本村民房建筑面积共有_____平方米。

  7. 本村目前实际拥有的森林_____亩、草原_____亩、滩涂_____亩、岛屿_____亩、湖泊_____亩。

（三）村集体经济发展情况

  8. 全村农民专业合作社数_____个，村集体创办的企业数_____个，农民自主创业兴办的企业数_____个；全村以经营第二、第三产业为主的户有_____户。

  9. 2011年人均纯收入_____元；2011年全村经营总收入_____元。其中：种植业收入_____元；畜牧业收入_____元；农机化经营收入_____元；外出务工收入_____元。

  10. 2011年全村经营总收入中属于村集体的经营收入_____元。

  11. 2011年全村的GDP为_____万元，其中，第一产业（种植养殖）为_____万元，第二产业（采掘业、建筑业和制造业）为_____万元，第三产业（出租、商贸、服务等）为_____万元。

  12. 截至2011年12月31日，村集体拥有的固定资产为_____万元。

（四）家庭经济状况

  13. 本村户籍家庭月收入情况：月平均可支配收入为_____元。在所有的家庭中，月收入不足500元的，为_____户；月收入500~1000元的，为_____户；1000~1500元的，为_____户；1500~2500元的，为_____户；2500~4000元的，为_____户；4000~6000元的，为_____户；6000~10000元以上的，为_____户；10000元以上的，为_____户。

二、农村基本经营制度

（此部分调查，主要了解该村农村土地承包经营制度贯彻执行情况）

  1. 本村第一轮、第二轮土地承包时间分别是_____年、_____年。

  2. 本村是否完成土地承包经营权确权登记颁证工作？

3. 在全村耕地经营中：承包农户_____户，农户家庭承包经营耕地_____亩。

4. 当前全村有土地规模经营者（30亩以上）_____个、总计约_____亩，其中：属于大户经营的大约_____个、约_____亩，属于企业经营的_____个、约_____亩，属于合作社经营的大约_____个、约_____亩，属于城市居民经营者的约_____个、约_____亩。

在上述规模经营农户中，按经营面积计算，以粮食为主的_____户，以蔬菜为主的_____户，以经济作物为主的_____户，以果树为主的_____户。

5. 种植大户、合作社和农业企业等规模经营者的种植效益如何？

6. 农户进行土地流转中是否经村集体同意或备案？

7. 您认为，将来的第三轮土地承包（2028年左右）主要面临什么问题：（1）耕地减少；（2）已被征用土地的村民要求参与；（3）村庄归并，身份认定复杂；（4）国家承包政策变化；（5）耕地转换用途后，村民要求经济利益；（6）人口增多；（7）其他_____。

8. 促进农民持续增收，您认为当前最重要工作是什么？（限选4项）
（1）调整种植养殖的农业结构；（2）适度提高农产品价格；（3）发展农村非农产业；（4）推广先进生产技术，发展现代农业；（5）耕地和宅基地确权后流转；（6）加大对农民培训；（7）加大农民的医疗、养老保险投入；（8）提高对农业的补贴；（9）对农村进行城市化改造；（10）其他（请注明：_____）。

三、强农惠农政策落实

（此部分调查，主要了解粮食直补等强农惠农政策的落实情况）

1. 以下农业补贴项目中，最受农民欢迎的是什么？（限选1项）
（1）粮食直补　　　（2）良种补贴　　　（3）农机购置补贴
（4）农业生产资料综合补贴　　　（5）农业保险保费补贴

2. 本村发放种粮农民直接补贴的计算依据是什么？
（1）按实际种植面积　　　（2）按税费改革时核定的计税面积
（3）按实有人口　（4）按承包人口（耕地）　（5）按办法（请注明：___）

3. 下列强农惠农政策中，哪项最受农民欢迎？（可选两项）
（1）农业补贴政策（提示：种粮补贴、良种补贴、农机补贴、农资综合补贴等）

（2）重点粮食品种最低收购价政策
（3）义务教育阶段"两免一补"政策（提示：免学杂费、免课本费、补助寄宿生生活费）
（4）农村新型合作医疗制度试点
（5）鲜活农产品运输绿色通道政策
（6）家电、建材下乡补贴政策

4. 您认为当前和今后最需要国家加大哪方面的投入力度？
（1）惠农补贴　　（2）耕地质量建设　　（3）农村金融保险
（4）水电路气　　（5）其他（请注明：_____）

5. 从总体上说，本村农民主要是通过以下哪种渠道满足资金需求？（可选4项）
（1）银行　　（2）农村信用社　　（3）亲朋好友　　（4）高利私人借贷
（5）农民自己的资金互助组织　　（6）其他（请注明：_____）

四、本村基础设施和集体福利方面

（此部分调查，主要了解基础设施建设和集体福利方面的情况）

1. 村里农户主要供水方式是什么？
（1）自来水　　（2）手压井　　（3）山泉水　　（4）河流及塘坝挑水
（5）自建水窖及水池　　（6）其他（请注明：_____）

2. 村中农户家中的冲水厕所情况是什么？
（1）全面普及　　　　（2）一半家庭拥有
（3）个别家庭拥有　　（4）基本没有

3. 村中的生活废水排放到哪里？
（1）化粪池　　　　（2）院外排水沟
（3）随意排放　　　（4）城市排水系统

4. 本村给村民的福利主要包括下列哪些项目？（如果有，请补充数额）
（1）发放养老金（_____元/月）　　（2）医疗费报销
（3）大学生上学补助　　　　　　　　（4）其他（请注明：_____）

五、对于村庄改造和城市化的意愿

1. 作为村干部，您对城中村改造建设、撤村改居、居住社区化的态度是什么？

153

（1）愿意　（2）不愿意　（3）说不好　（4）其他（请注明：_____）

2. 作为村干部，您对目前城中村的看法是什么？（可多选）

(1) 城中村是城市之"瘤"，基础设施和规划管理落后，影响城市形象

(2) 城中村是违章建筑、社会治安、黑作坊等社会问题的高发地带

(3) 城中村的集体资产管理问题多，成为上访、告状、流血冲突等社会矛盾的多发地

(4) 城中村为低收入城市人群提供了廉价住房和生存空间

(5) 城中村的存在降低了城市生活成本和经营成本，留住了城市发展所需的劳动力

(6) 城中村在城市中保留了特色文化

(7) 城中村是农民进城的缓冲地带，有助于化解城乡割裂

(8) 城中村为村民提供了就业、养老和其他集体福利

(9) 城中村是村民的纽带，为村民提供文化、传统和心理支撑

(10) 其他（请注明：_____）

3. 您对城中村改造后"上楼"（居住社区化）的担心主要是_____。

(1) 补偿不到位　　（2）社区生活不习惯　　（3）没有养老保障

(4) 没有土地　　（5）就业难、没有工作

(6) 邻里交往缺乏、没有信任感

(7) 农民变市民，自我的身份认同困难

(8) 其他（请注明：_____）

4. 本村里的"空挂户"，您认为在城市化改造中应该享受什么样的政策？

(1) 全部和本村原籍村民一样待遇

(2) 拥有承包地的"空挂户"和本村原籍村民一样待遇

(3) 对集体耕地和承包地不能享受补偿政策

(4) 如果参与了集体企业的创建和经营，可以享受集体收益

(5) 不能享受任何的村集体经济利益

(6) 无论什么样的待遇，由本村村民大会集体讨论决定

(7) 其他（请注明：_____）

5. 如果城中村改造后，您希望享受什么样的户籍政策？

(1) 继续保留农业户口，享有农业户口的各种政策

(2) 转为城镇市民户口，并享受市民户口的养老、医保等政策，不再享有农业户口的各种政策

(3) 继续保留农业户口，并享受市民户口的养老、医保等政策以及农业户口的各种政策

(4) 对于何种户口，不是很在意

6. 您认为城中村进行城市化改造，最需要解决的问题是什么？（可多选）

(1) 农民持续的收入来源问题

(2) 农民转为市民后，能否再享受农村集体经济利益的问题

(3) 补偿标准较低的问题

(4) 农村后续第二、第三产业的发展问题

(5) 担心形成"没有工作、没有土地、没有保障"的"三无"农民

(6) 从村委会到社区，村民和农村的社会管理脱节问题

(7) 村集体经济股份化、村民变"股民"的法律、税务等问题

(8) 村民对村集体经济股份化后分红、经营绩效、资金安全等的担心

(9) 村民转为市民后生活方式不习惯的心理失落问题

(10) 村民已有的违章建筑的定性和处理问题

(11) 其他（请注明：＿＿＿＿＿＿）

7. 城中村改造后，拆迁安置在市区的房屋，您可接受的人均住房建筑面积，最低为＿＿＿＿＿＿。

(1) 20平方米及以下

(2) 30平方米

(3) 35～40平方米

(4) 50平方米

(5) 60平方米

8. 城中村改造后，您是否愿意离开原社区生活？

(1) 愿意离开　　　　(2) 不愿意离开　　　　(3) 无所谓

9. 城中村改造过程中，拆迁过渡期内的居住，您倾向于什么样的安排？

(1) 另外租房

(2) 投亲靠友

(3) 政府安排临时房

(4) 政府发补贴，自己想办法

(5) 其他（请注明：＿＿＿＿＿＿）

10. 您认为，城中村改造后，村集体的资产怎么办最好？

(1) 全部变现分到个人

（2）成立股份公司、村民变股民

（3）维持现状

（4）无所谓

（5）其他（请注明：_____）

11. 对于城中村改造后，村集体资产成立的股份公司前景，您是否看好？

（1）看好　　（2）不看好　　（3）说不好

如果不看好，您认为主要的原因是什么？（可多选）

（1）市场竞争激烈，集体经济干不过国营经济、私营经济

（2）集体资产成立股份，法律上有障碍

（3）成立公司后增加税收负担

（4）村干部转为公司领导，经营能力有限

（5）担心集体资产流失、被贪污侵占

（6）其他（请注明：_____）

12. 您倾向于什么样的城中村改造建设模式？

（1）政府主导

（2）村集体主导

（3）引进产业项目

（4）与房地产开发企业合作

（5）其他（请注明：_____）

13. 您认为城市化改造、撤村改居后的农民的医保、养老等社保应该主要依靠谁来提供？

（1）政府（2）农民个人（3）村集体（4）政府、农民个人、村集体三方（5）其他（请注明：_____）

14. 如果对本村进行城市化改造，搞商业地产开发，在村里的租户生活受到影响，您是否应该考虑予以补偿？

（1）应该（2）不应该（3）没有想过（4）其他（请注明：_____）

15. 您认为"城中村"目前经济社会方面存在的主要问题是（可多选）_____。

（1）基础设施薄弱，道路、供水、供电、排水、垃圾处理基本没有纳入城市管理，脏、乱、差、挤、旧等现象十分突出

（2）缺乏公共绿地与文化、体育等基础设施，影响村民生活水平的提高

（3）消防安全、建筑安全、公共卫生安全等安全隐患较多

（4）社会综合治理压力很大，治安计生形势严峻

（5）村民就业问题和增收问题突出

（6）其他（请注明：_____）

16. 您认为"城中村"改造有什么价值？（可多选）

（1）改善基础设施、改变城市面貌、提升城市形象

（2）改善居民生活环境、提高村民生活水平、提高居民素质

（3）减少消防安全、建筑安全、公共卫生安全等安全隐患

（4）改善社会治安形势

（5）改善就业问题、促进农民增收

（6）提高城区土地利用效率、优化资源配置、拓展城市发展空间

（7）增加城市可利用土地面积、增加土地出让收入

（8）促进商业地产开发、增加财政收入、推动经济发展、促进就业

（9）作为城乡统筹发展、城乡一体化发展的突破口，加快城市化进程

（10）其他（请注明：_____）

17. 您认为，目前本村的城中村改造是否有必要？

（1）有必要，势在必行、迫在眉睫

（2）没有必要，顺其自然

（3）说不清楚

六、村基层组织建设

（此部分调查，主要了解农村基层组织建设、村民自治等情况）

1. 村干部构成及其任职情况

姓　名	年　龄	性　别	是否中共党员	学　历	担任职务	工资标准（元／人·年）

2. 本村集体收入的主要来源是_____。

3. 村集体的资产、资金和资源是如何使用的？

4. 村集体有负债吗？
(1) 有不少　　　(2) 有，但不多　　　(3) 没有
如果有，债务的主要来源是什么？
(1) 垫付税费　　(2) 公益事业　　　(3) 兴办企业等生产性支出
(4) 利息增债　　(5) 解决干部报酬　(6) 其他（请注明：_____）

5. 村里涉及村民重大利益的事项由谁来决定？
(1) 村委会决定　(2) 党支部决定　　(3) 党支部和村委会共同决定
(4) 村民会议决定

6. 是否召开村民会议？一年开几次？主要讨论哪些问题？
_____

7. 村委会是否向村民会议报告工作？主要报告哪些情况？
_____

8. 本村实行村务公开制度吗？工作具体是如何开展的？
_____

9. 您认为村干部影响力主要取决于哪方面？
(1) 人格魅力　(2) 干部权力　(3) 宗族威望　(4) 为群众办实事
(5) 工作能力　(6) 致富能力　(7) 其他（请注明：_____）

10. 作为村干部，您感觉当前农村基层组织建设方面，最需要做的事情是什么？最难的事是什么？
_____

七、农村社会文化

（此部分调查，主要了解由于人口流动所带来收入消费结构变化、养老育幼及农村文化生活等情况）

1. 本村外出打工的多吗？出去后回来的多还是在外安家的多？
_____

2. 村里农户有钱的话，主要花销在什么地方？
_____

3. 村里的留守老人和儿童生活状况怎么样？他们大多遇到什么样的困难？最盼望的事情是什么？
_____

4. 村里的文化场所有哪些，主要组织什么文化娱乐活动？对哪类活动

参与热情比较高？村民赌博的现象是否普遍？
_____

  5. 村里信仰宗教的群众多吗？主要是信仰哪些宗教？
_____

  6. 村里是否存在儿童入学难、入学远的问题？主要是小学还是中学？
_____

  7. 农村环境卫生怎么样？污染源主要有哪些？要重点解决哪些环境问题？
_____

  8. 您认为当前农村社会生活方面最突出的问题是什么？（可选5项）
  （1）土地流转问题（2）社会治安问题（3）医疗社保问题（4）环境卫生问题（5）婚姻家庭问题（6）信仰问题（7）留守儿童和学校生源减少问题（8）农民增收问题（9）计生问题（10）青壮年劳动力流失问题（11）其他（请注明：_____）

        感谢您的大力支持！

牡丹江市城中村问卷调查（二）

（农　户）

2012 年 8 月

调查人员：_____
调查日期：2012 年_____月_____日
调查地点：_____区（县、市、旗）_____乡（镇）_____村
受访的农户姓名：_____性别：_____年龄：_____

一、基本情况

（此部分调查，了解农户的人口与就业状况）

1. 全家总人口数_____人
其中，60 岁及以上_____人，6 岁以下_____人，在校读书_____人。
2. 全家有劳动力_____人，其中：从事农业的劳动力_____人（女性_____人，40 岁以上_____人，初中及以上_____人）；从事非农业的劳动力_____人，比上年同期增/减_____人；其中，外出从事非农业三个月以上_____人；高中文凭及以上_____人，文盲半文盲_____人。

二、家庭农业经营

（此部分调查，了解土地承包政策、国家惠农政策的落实与农业生产经营状况）

1. 您家有承包耕地_____亩，其中，水田_____亩，旱田_____亩，有灌溉条件_____亩。
有没有土地承包证？（1）是　　（2）否
承包证是哪一级政府发的_____。
有承包林地____亩，承包年份____，是否有承包证？（1）是　　（2）否
2. 是否租包转入别人的耕地？（1）是，租金：____元/亩年　（2）否
　　是否租包转出耕地给别人？（1）是，租金：____元/亩年　（2）否
　　如租包转出耕地，对象是谁？（1）农户　　（2）企业
　　　　　　　　　　　　　　　（3）其他（请注明：_____）
　　是否自愿？（1）是　　（2）否

3. 承包地是否被征用过？（1）是　　（2）否

　　征地年份是_____年；被征用承包地总面积：_____亩；征地补偿总额_____元，补偿标准_____元/亩（各项折算）

　　对征地方式、征地补偿是否满意？（1）是　　（2）否

　　满意或不满意，为什么？

4. 当年实际种植的耕地面积：_____亩

　　粮食总产量_____斤（薯类：按5斤薯类折1斤粮食换算）

　　粮食总产量比三年前：（1）增加　　（2）减少　　（3）没变

5. 当年农业用请工_____工（人·日），工价_____元/工（人·日）。

　　耕地中机耕的比重：_____%

　　当年机械化作业（机耕、机播、机收等）的总支出为_____元。

6. 当年农业毛收入（包括农林牧渔）_____元；总投入_____元；纯收入_____元，其中种粮的纯收入_____元。

7. 当年获得国家农业补贴_____元，其中，种粮补贴_____元；良种补贴_____元；综合补贴_____元；农机补贴_____元。

8. 是否参加了农业专业合作社？（1）是　　（2）否

　　如果是，合作社为你提供了什么服务？

三、非农业从业情况

（此部分调查，了解非农就业与收入情况）

1. 当年家庭经营非农业纯收入_____元，

　　家庭经营非农业的从事行业_____。

　　家庭经营非农业的从业地点？（1）本村　　（2）本乡

　　　　　　　　　　　　　　　　（3）县城　　（4）其他（请注明：____）

2. 当年在本地、外地务工现金总收入_____元，其中：外出务工总收入_____元，带（寄）回_____元。

3. 是否有家庭成员在外打工几年后返乡并不再外出的?

　　（1）是　　（2）否　如果有，年份：_____；为什么？_____

　　目前在做什么工作？

4. 当年家庭非农业总收入与农业纯收入合计：_____元，

　　五年前每年您家的总收入_____元。

5. 家庭目前空置的房屋是否出租？（1）是　　（2）否

　　如有出租，每年的出租收入：_____元。

161

四、家庭生活支出

（此部分调查，了解家庭主要消费支出）
1. 当年全家生活消费支出共_____元。其中，
   食品消费（包括自产自用和购买）支出_____元；
   衣着消费支出_____元；教育支出_____元；医疗保健支出_____元；
   交通通信支出_____元；文化娱乐支出_____元，其他_____元。
2. 当年红白喜事支出_____元。
3. 当年购买家庭耐用消费品支出_____元。
4. 当年建房（房屋修缮）支出_____元。
5. 家庭收入满足生活支出情况：_____。
   （1）有结余 （2）持平 （3）不足

五、公共服务与社会保障

（此部分调查，了解农民享受教育、医疗等公共服务以及参加社保的情况）
1. 家庭成员中在本地读小学、初中的人数为_____人。
   是否都享受两免一补？（1）是　（2）否
   当年家庭支出为_____元。
2. 家庭成员中在外读小学、初中的人数为_____人。
   其中，在公办学校___人，是否缴纳借读费、赞助费？（1）是 （2）否
   　　　　　　　　　是否都享受两免一补？（1）是 （2）否
   在民办学校____人，缴费：小学____元/人年，初中____元/人年。
3. 有没有学龄儿童辍学？（1）有　（2）没有
   如有，为什么？
4. 全家接受过技术培训的有___人，是否得到政府补助？（1）是 （2）否
   接受过一年以上职业教育的有___人，是否得到政府补助？
   （1）是　　（2）否
5. 是否全部参加新型农村合作医疗？（1）是　　（2）否
   如否，没参加的人数为_____人，为什么？
6. 您和您的家人对"新农合"是否满意？
   （1）满意　　（2）不满意　　（3）说不清楚

如"不满意",主要原因是?(可多选)
(1)报销手续烦琐,时间长　(2)报销比例太小
(3)只管大病、不管小病　　(4)定点医院看病不方便,收费高
(5)其他(请注明:＿＿＿＿＿＿＿＿＿＿＿＿＿)

7. 2011年您家通过新农合报销＿＿＿＿＿＿元。
8. 村卫生室能否满足您和家人的一般需要?(1)能　(2)不能
   如"不能",主要原因是:＿＿＿＿＿＿＿＿＿＿＿＿＿＿＿＿。
9. 如家中有6岁以下儿童,是否接种了疫苗、打预防针?
   (1)是　　(2)否
10. 参加新型农村社会养老保险的人数＿＿＿人,人均缴费:＿＿＿元/年,
    符合参保条件未参保的人数＿＿＿＿人。
    为什么不参加?
11. 60岁以上的老人是否领到养老金:＿＿＿＿(1)是　(2)否
    2011年领到养老金为＿＿＿＿＿＿＿元。
12. 您家中的老人主要靠什么养老?
    (1)靠子女和家人
    (2)买的商业保险
    (3)靠以前储蓄
    (4)没有保障,自食其力
    (5)说不清楚
    (6)村集体发放的养老金
    (7)其他(请注明:＿＿＿＿＿＿＿＿＿)
13. 家庭是不是低保户?(1)是　　(2)否
    如是,低保补助:＿＿＿＿＿＿元/年。
14. 外出务工人口在务工地是否有以下保障?
    (1)养老　(2)医疗　(3)失业　(4)工伤
    如无,是否参加本地的以下保障?(1)新农合　(2)新农保
15. 家庭已有的文化活动内容包括?
    (1)订报纸　　(2)订杂志　　(3)电视　(4)宽带网络
    (5)村图书室　(6)其他(请注明:＿＿＿＿＿＿＿)

六、宅基地、住房与生活设施

(此部分调查,了解农户住房情况、住房与宅基地置换情况,饮用水

和耐用消费品的拥有与使用情况）

1. 您家有宅基地_____处，总面积：_____平方米（或_____亩）。
2. 房屋建筑面积：_____平方米，主屋建设年份：_____年。

    房屋类型：（1）平房　　　（2）楼房　　　（3）土窑洞

    　　　　　（4）砖窑洞　　（5）其他（请注明：_____）

    房屋质量：（1）砖混　　　（2）土坯

    　　　　　（3）半土半砖　（4）其他（请注明：_____）

3. 您家庭出租的房屋的面积：_____。

    （1）50 平方米及以下　　　　（2）51～100 平方米

    （3）101～200 平方米　　　　（4）201 平方米以上

    （5）没有出租房

4. 饮用水主要来源：

    （1）自来水　　（2）浅井水　　（3）深井水　　（4）江河湖水

    （5）池塘水　　（6）其他（请注明：_____）

5. 对改善饮用水的要求：

    （1）解决缺水　（2）改善水质　（3）让用水更方便

    （4）其他（请注明：_____）

6. 2011 年您获得以下哪种政府补贴？

    （1）家电下乡　（2）汽车下乡　（3）摩托车下乡

    如果是，补贴品种：_____。

    获得的补贴金额为_____元。

7. 家里有的电器设备：_____。

    （1）电话　　　（2）手机　　（3）电视机　　（4）电冰箱

    （5）洗衣机　　（6）汽车　　（7）摩托车　　（8）电脑

    （9）其他（请注明：_____）

    哪几项近五年添置的（填序号）：_____。

8. 家中有无冲水厕所？

    （1）有　（2）没有

    家中主要使用的厕所设施：（1）冲水厕所（2）家庭的简易旱厕

    （3）村中的公共厕所

9. 家庭的生活废水排放到_____。

    （1）化粪池（2）院外排水沟（3）随意排放（4）城市排水系统

10. 您认为，本村目前经济社会方面存在的主要问题是什么？（可多选）

    （1）基础设施薄弱。道路、供水、供电、排水、垃圾处理基本没有纳

　　　　入城市管理，脏、乱、差、挤、旧等现象十分突出
　（2）缺乏公共绿地与文化、体育等基础设施，影响村民生活水平的提高
　（3）消防安全、建筑安全、公共卫生安全等安全隐患较多
　（4）社会综合治理压力很大，治安形势严峻
　（5）村民就业问题和增收问题突出
　（6）其他（请注明：_____）

七、信贷

（此部分调查，了解农民贷款与资金互助情况）

1. 到2011年末，家庭贷款余额：_____元。

贷款途径	贷款总额	抵押担保	年利率	期限
农村信用社	_____元	有□ 无□	_____%	_____年
商业银行	_____元	有□ 无□	_____%	_____年
民间借贷	_____元	有□ 无□	_____%	_____年

其中，农民资金互助会_____元。

2. 当年是否存在向银行、信用社借款而没有借到的情况：
　　（1）是　　（2）否
如果存在，借不到的原因：_____。
（1）超过了贷款额度　（2）无担保无抵押　（3）无关系
（4）没送礼　　（5）其他（请注明：_____）

3. 是否参加了农民资金互助会？（1）是　　（2）否
　　如否，是否希望有农民资金互助会？（1）是　　（2）否

4. 贷款的主要用途：_____
　　（1）教育　　（2）农业生产　（3）创业
　　（4）日常生活　（5）其他（请注明：_____）

八、对于村庄改造和城市化的意愿

1. 作为村民，您对城中村改造建设、撤村改居、居住社区化的态度：_____。
（1）愿意　（2）不愿意　（3）说不好　（4）其他（请注明：_____）

2. 作为村民，您对目前城中村的看法是？（可多选）

（1）城中村是城市之"瘤"，基础设施和规划管理落后，影响城市形象

（2）城中村是违章建筑、社会治安、黑作坊等社会问题的高发地带

（3）城中村的集体资产管理问题多，成为上访、告状、流血冲突等社会矛盾的多发地

（4）城中村为低收入城市人群提供了廉价住房和生存空间

（5）城中村的存在降低了城市生活成本和经营成本，留住了城市发展所需的劳动力

（6）城中村在城市中保留了特色文化

（7）城中村是农民进城的缓冲地带，有助于化解城乡割裂

（8）城中村为村民提供了就业、养老和其他集体福利

（9）城中村是村民的纽带，为村民提供文化、传统和心理支撑

（10）其他（请注明：_____）

3. 您对城中村改造后"上楼"（居住社区化）的担心主要是什么？（可多选）

（1）补偿不到位；（2）社区生活不习惯；（3）没有养老保障；（4）没有土地；（5）就业难、没有工作；（6）邻里交往缺乏、没有信任感；（7）农民变市民，自我的身份认同困难；（8）其他。

4. 本村里的"空挂户"，您认为在城市化改造中应该享受什么样的政策？

（1）全部和本村原籍村民一样待遇

（2）拥有承包地的"空挂户"和本村原籍村民一样待遇

（3）对集体耕地和承包地不能享受补偿政策

（4）如果参与了集体企业的创建和经营，可以享受集体收益

（5）不能享受任何的村集体经济利益

（6）无论什么样的待遇，由本村村民大会集体讨论决定

（7）其他（请注明：_____）

5. 作为村民，如果城中村改造后，您希望享受什么样的户籍政策？

（1）继续保留农业户口，享有农业户口的各种政策

（2）转为城镇市民户口，并享受市民户口的养老、医保等政策，不再享有农业户口的各种政策

（3）继续保留农业户口，并享受市民户口的养老、医保等政策，以及农业户口的各种政策

（4）对于何种户口，不是很在意

6. 您认为城中村进行城市化改造，最需要解决的是什么问题？（可多选）

（1）农民持续的收入来源问题

（2）农民转为市民后，能否再享受农村集体经济利益的问题

（3）补偿标准较低的问题

（4）农村后续第二、第三产业的发展问题

（5）担心形成"没有工作、没有土地、没有保障"的"三无"农民

（6）从村委会到社区，村民和农村的社会管理脱节问题

（7）村集体经济股份化、村民变"股民"的法律、税务等问题

（8）村民对村集体经济股份化后分红、经营绩效、资金安全等的担心

（9）村民转为市民后生活方式不习惯的心理失落问题

（10）村民已有的违章建筑的定性和处理问题

（11）其他（请注明：＿＿＿＿＿＿＿）

7. 城中村改造后，拆迁安置在市区的房屋，您可接受的人均住房建筑面积，最低为＿＿＿＿＿＿＿。

（1）20平方米及以下

（2）30平方米

（3）35~40平方米

（4）50平方米

（5）60平方米

8. 城中村改造后，您是否愿意离开原社区生活？

（1）愿意离开　　（2）不愿意离开　　（3）无所谓

9. 城中村改造过程中，拆迁过渡期内的居住，您倾向于什么样的安排？

（1）另外租房

（2）投亲靠友

（3）政府安排临时房

（4）政府发补贴，自己想办法

（5）其他（请注明：＿＿＿＿＿＿＿）

10. 您认为，城中村改造后，村集体的资产怎么办最好？

（1）全部变现分到个人

（2）成立股份公司、村民变股民

（3）维持现状

（4）无所谓

　　（5）其他（请注明：_____）

11. 对于城中村改造后，村集体资产成立的股份公司前景，您是否看好？

　　（1）看好　　（2）不看好　　（3）说不好

　　如果不看好，您认为主要的原因是什么？（可多选）

　　（1）市场竞争激烈，集体经济干不过国营经济、私营经济

　　（2）集体资产成立股份，法律上有障碍

　　（3）成立公司后增加税收负担

　　（4）村干部转为公司领导，经营能力有限

　　（5）担心集体资产流失、被贪污侵占

　　（6）其他（请注明：_____）

12. 您倾向于什么样的城中村改造建设模式？

　　（1）政府主导

　　（2）村集体主导

　　（3）引进产业项目

　　（4）与房地产开发企业合作

　　（5）其他（请注明：_____）

13. 您认为，城市化改造、撤村改居后的农民的医保、养老等社保应该主要依靠谁来提供？

　　（1）政府（2）农民个人（3）村集体（4）政府、农民个人、村集体三方（5）其他（请注明：_____）

14. 如果对本村进行城市化改造，搞商业地产开发，在村里的租户生活受到影响，您应不应该考虑予以补偿？

　　（1）应该　（2）不应该　（3）没有想过　（4）其他（请注明：____）

15. 您认为"城中村"目前经济社会方面存在的主要问题是什么？（可多选）

　　（1）基础设施薄弱。道路、供水、供电、排水、垃圾处理基本没有纳入城市管理，脏、乱、差、挤、旧等现象十分突出

　　（2）缺乏公共绿地与文化、体育等基础设施，影响村民生活水平的提高

　　（3）消防安全、建筑安全、公共卫生安全等安全隐患较多

　　（4）社会综合治理压力很大，治安计生形势严峻

　　（5）村民就业问题和增收问题突出

　　（6）其他（请注明：_____）

16. 您认为"城中村"改造有什么价值？（可多选）
   （1）改善基础设施、改变城市面貌、提升城市形象
   （2）改善居民生活环境、提高村民生活水平、提高居民素质
   （3）减少消防安全、建筑安全、公共卫生安全等安全隐患
   （4）改善社会治安形势
   （5）改善就业问题、促进农民增收
   （6）提高城区土地利用效率、优化资源配置、拓展城市发展空间
   （7）增加城市可利用土地面积、增加土地出让收入
   （8）促进商业地产开发、增加财政收入、推动经济发展、促进就业
   （9）作为城乡统筹发展、城乡一体化发展的突破口，加快城市化进程
   （10）其他（请注明：_____）

17. 您认为，目前本村的城中村改造是否有必要？
   （1）有必要，势在必行、迫在眉睫
   （2）没有必要，顺其自然
   （3）说不清楚

九、生活状况及幸福感调查

（此部分调查，了解农民对生活状况的感受、对幸福的理解）

1. 你对自己目前总的生活质量是否满意？
   （1）非常不满意　　（2）有点不满意　　（3）一般
   （4）比较满意　　　（5）非常满意

2. 你对自己现在家庭的收入水平是否满意？
   （1）非常不满意　　（2）有点不满意　　（3）一般
   （4）比较满意　　　（5）非常满意

3. 你对现在住房条件是否满意？
   （1）非常不满意　　（2）有点不满意　　（3）一般
   （4）比较满意　　　（5）非常满意

4. 你认为现在出行交通是否方便？
   （1）非常不满意　　（2）有点不满意　　（3）一般
   （4）比较满意　　　（5）非常满意

5. 你认为现在的教育费用是否合理？
   （1）非常不满意　　（2）有点不满意　　（3）一般
   （4）比较满意　　　（5）非常满意

6. 你认为现在的教育机会是否公平？
　　（1）非常不满意　　（2）有点不满意　　（3）一般
　　（4）比较满意　　　（5）非常满意
7. 你对村里医疗条件是否满意？
　　（1）非常不满意　　（2）有点不满意　　（3）一般
　　（4）比较满意　　　（5）非常满意
8. 你认为本村的社会治安情况怎样？
　　（1）非常不好　　　（2）比较不好　　　（3）一般
　　（4）比较好　　　　（5）非常好
9. 你对自己与邻里乡亲交往的人际关系是否满意？
　　（1）非常不满意　　（2）有点不满意　　（3）一般
　　（4）比较满意　　　（5）非常满意
10. 你是否参加集体文化娱乐活动？
　　（1）完全不参加　　（2）偶尔参加　　　（3）经常参加

十、对村集体和政府的期望

（此部分调查，对现有政策的综合评价，对未来的进一步需求）

1. 对村里做的哪些事比较满意？
2. 希望村里下一步做好哪些事？
3. 对政府进行城中村改造的其他意见建议是什么？

感谢您的大力支持！

牡丹江市城中村问卷调查（三）

（县、市、区，乡、镇、街道办有关负责人）

2012年8月

调查人员：_____
调查日期：2012年_____月_____日
调查地点：_____区（县、市、旗）_____乡（镇）
受访的负责人姓名及职务：_____联系电话_____

一、本区域城中村的基本情况

1. 本（区、县）共有城中村_____个，共_____户，_____人，区划面积103.45平方公里。其中，建成区内的城中村_____个、建设区内的城中村_____个、规划区内的城中村_____个。

2. 您认为"城中村"目前经济社会方面存在的主要问题是？（可多选）

（1）基础设施薄弱。道路、供水、供电、排水、垃圾处理基本没有纳入城市管理，脏、乱、差、挤、旧等现象十分突出

（2）缺乏公共绿地与文化、体育等基础设施，影响村民生活水平的提高

（3）消防安全、建筑安全、公共卫生安全等安全隐患较多

（4）社会综合治理压力很大，治安计生形势严峻

（5）村民就业问题和增收问题突出

（6）其他（请注明：_____）

3. 您对目前城中村的看法是什么？（可多选）

（1）城中村是城市之"瘤"，基础设施和规划管理落后，影响城市形象

（2）城中村是违章建筑、社会治安、黑作坊等社会问题的高发地带

（3）城中村的集体资产管理问题多，成为上访、告状、流血冲突等社会矛盾的多发地

（4）城中村为低收入城市人群提供了廉价住房和生存空间

（5）城中村的存在降低了城市生活成本和经营成本，留住了城市发展所需的劳动力

（6）城中村在城市中保留了特色文化

（7）城中村是农民进城的缓冲地带，有助于化解城乡割裂

（8）城中村为村民提供了就业、养老和其他集体福利

（9）城中村是村民的纽带，为村民提供文化、传统和心理支撑

（10）其他（请注明：_____）

4. 您认为"城中村"改造有什么价值？（可多选）

（1）改善基础设施、改变城市面貌、提升城市形象

（2）改善居民生活环境、提高村民生活水平、提高居民素质

（3）减少消防安全、建筑安全、公共卫生安全等安全隐患

（4）改善社会治安形势

（5）改善就业问题、促进农民增收

（6）提高城区土地利用效率、优化资源配置、拓展城市发展空间

（7）增加城市可利用土地面积、增加土地出让收入

（8）促进商业地产开发、增加财政收入、推动经济发展、促进就业

（9）作为城乡统筹发展、城乡一体化发展的突破口，加快城市化进程

（10）其他（请注明：_____）

5. 您认为，目前本（区、县）的城中村改造是否有必要？

（1）有必要，势在必行、迫在眉睫

（2）没有必要，顺其自然

（3）说不清楚

二、对于村庄改造和城市化的意愿

1. 您认为，村民对城中村改造建设、撤村改居、居住社区化的态度是什么？

（1）愿意 （2）不愿意 （3）说不好 （4）其他（请注明：_____）

2. 您认为，村民对城中村改造后"上楼"（居住社区化）的担心主要是什么？（可多选）

（1）补偿不到位 （2）社区生活不习惯 （3）没有养老保障 （4）没有土地 （5）就业难、没有工作 （6）邻里交往缺乏、没有信任感 （7）农民变市民，自我的身份认同困难 （8）其他（请注明：_____）

3. 村里的"空挂户",您认为在城市化改造中应该享受什么样的政策?
　(1) 全部和本村原籍村民一样待遇
　(2) 拥有承包地的"空挂户"和本村原籍村民一样待遇
　(3) 对集体耕地和承包地不能享受补偿政策
　(4) 如果参与了集体企业的创建和经营,可以享受集体收益
　(5) 不能享受任何的村集体经济利益
　(6) 无论什么样的待遇,由本村村民大会集体讨论决定
　(7) 其他(请注明:_____)

4. 如果城中村改造后,您希望农民享受什么样的户籍政策?
　(1) 继续保留农业户口,享有农业户口的各种政策
　(2) 转为城镇市民户口,并享受市民户口的养老、医保等政策,不再享有农业户口的各种政策
　(3) 继续保留农业户口,并享受市民户口的养老、医保等政策,以及农业户口的各种政策
　(4) 对于何种户口,不是很在意

5. 您认为,城中村进行城市化改造,最需要解决的是什么问题?(可多选)
　(1) 农民持续的收入来源问题
　(2) 农民转为市民后,能否再享受农村集体经济利益的问题
　(3) 补偿标准较低的问题
　(4) 农村后续第二、第三产业的发展问题
　(5) 担心形成"没有工作、没有土地、没有保障"的"三无"农民
　(6) 从村委会到社区,村民和农村的社会管理脱节问题
　(7) 村集体经济股份化、村民变"股民"的法律、税务等问题
　(8) 村民对村集体经济股份化后分红、经营绩效、资金安全等的担心
　(9) 村民转为市民后生活方式不习惯的心理失落问题
　(10) 村民已有的违章建筑的定性和处理问题
　(11) 其他(请注明:_____)

6. 城中村改造后,拆迁安置在市区的房屋,您认为农民可接受的人均住房建筑面积,最低为:_____。
　(1) 20 平方米及以下
　(2) 30 平方米
　(3) 35~40 平方米
　(4) 50 平方米

（5）60 平方米

7. 城中村改造后，您认为农民是否愿意离开原社区生活？

（1）愿意离开　　（2）不愿意离开　　（3）无所谓

8. 城中村改造过程中，拆迁过渡期内农民的居住，您倾向于什么样的安排？

（1）另外租房

（2）投亲靠友

（3）政府安排临时房

（4）政府发补贴，自己想办法

（5）其他（请注明：＿＿＿＿＿＿＿）

9. 您认为，城中村改造后，村集体的资产怎么办最好？

（1）全部变现分到个人

（2）成立股份公司、村民变股民

（3）维持现状

（4）无所谓

（5）其他（请注明：＿＿＿＿＿＿＿）

10. 对于城中村改造后，村集体资产成立的股份公司前景，您是否看好？

（1）看好　　（2）不看好　　（3）说不好

如果不看好，您认为主要的原因是什么？（可多选）

（1）市场竞争激烈，集体经济干不过国营经济、私营经济

（2）集体资产成立股份，法律上有障碍

（3）成立公司后增加税收负担

（4）村干部转为公司领导，经营能力有限

（5）担心集体资产流失、被贪污侵占

（6）其他（请注明：＿＿＿＿＿＿＿）

11. 您倾向于什么样的城中村改造建设模式？

（1）政府主导

（2）村集体主导

（3）引进产业项目

（4）与房地产开发企业合作

（5）其他（请注明：＿＿＿＿＿＿＿）

12. 您认为，城市化改造、撤村改居后的农民的医保、养老等社保应该主要依靠谁来提供？

（1）政府　（2）农民个人　（3）村集体　（4）政府、农民个人、村集体三方　（5）其他（请注明：_____）

13. 如果对城中村进行城市化改造，搞商业地产开发，在村里的租户生活受到影响，您应不应该考虑予以补偿？

（1）应该　（2）不应该　（3）没有想过　（4）其他（请注明：____）

感谢您的大力支持！

牡丹江市城中村问卷调查表（四）

（租户）

2012 年 8 月

调查人员：_____

调查日期：2012 年_____月_____日

调查地点：_____县（市、区、旗）_____乡（镇）

受访的负责人姓名及职务：_____联系电话_____

一、基本情况

（此部分调查，了解租户的人口与就业状况）

1. 全家总人口数_____人，

　　其中：60 岁及以上_____人，6 岁以下_____人，在校读书_____人。

2. 全家有劳动力_____人，

　　其中：从事农业的劳动力_____人（女性_____人，40 岁以上_____人，初中及以上_____人）；

　　从事非农业的劳动力_____人，比上年同期增/减_____人；其中：外出从事非农业三个月以上_____人；高中文凭及以上_____人，文盲半文盲_____人。

3. 您目前收入主要来源的工作是什么？

　　（1）在公司、企业上班，有长期劳动合同

　　（2）在建筑工地等做临时性工作

　　（3）开办餐馆或小作坊

　　（4）做些批发零售的生意

　　（5）从事种植、养殖业

　　（6）没有工作

　　（7）其他（请注明：_____）。

4. 目前，您家庭成员的居住生活情况：_____。

　　（1）夫妻和孩子共同居住生活在一起

　　（2）夫妻居住生活在一起，孩子在乡下或外地

（3）夫妻没有居住生活在一起，一方常年在乡下或外地
（4）夫妻没有居住生活在一起，一年当中有一段时间相聚
（5）单身，独自在外打拼
（6）单身，和对象共同奋斗
（7）其他（请注明：_____）

二、家庭收入情况

1. 您户籍家有承包耕地_____亩，其中：水田_____亩，旱田_____亩，有灌溉条件_____亩。

2. 是否租包转入别人的耕地？（1）是，租金：____元/亩年 （2）否
是否租包转出耕地给别人？（1）是，租金：____元/亩年 （2）否
如租包转出耕地，对象是谁？（1）农户 （2）企业 （3）其他____
是否自愿？（1）是 （2）否

3. 当年家庭经营收入_____元；其中，农业_____元；
家庭经营非农业的从事行业_____。
家庭经营非农业的从业地点是什么？（1）本村 （2）本乡 （3）县城 （4）其他____

4. 当年在本地、外地务工现金总收入_____元，其中：外出务工总收入_____元。

5. 目前在城市是租住房屋吗？（1）是，每年的租房支出为_____元 （2）否。

6. 您为什么在城市租房居住？
（1）离乡在城市务工
（2）陪同在城市读书的子女
（3）没有自己住房的新近毕业大中专学生
（4）离乡在城市做生意、开办餐厅或小作坊
（5）离乡在城市周边从事种植、养殖业
（6）原住房被拆迁，临时过渡
（7）其他（请注明：_____）

7. 当年全家生活消费支出共_____元。其中，
食品消费（包括自产自用和购买）支出_____元；
衣着消费支出____元；教育支出____元；医疗保健支出____元
交通通信支出____元；文化娱乐支出____元；其他支出____元。

8. 当年红白喜事支出_____元。

9. 当年购买家庭耐用消费品支出_____元。

10. 家庭收入满足生活支出情况是什么？（1）有结余 （2）持平 （3）不足

三、有关城中村改造问题

1. 您对城中村改造建设、撤村改居、居住社区化的态度是什么？
（1）愿意 （2）不愿意 （3）说不好 （4）其他（请注明：_____）

2. 您对目前城中村的看法是什么？（可多选）
（1）城中村是城市之"瘤"，基础设施和规划管理落后，影响城市形象
（2）城中村是违章建筑、社会治安、黑作坊等社会问题的高发地带
（3）城中村的集体资产管理问题多，成为上访、告状、流血冲突等社会矛盾的多发地
（4）城中村为低收入城市人群提供了廉价住房和生存空间
（5）城中村的存在降低了城市生活成本和经营成本，留住了城市发展所需的劳动力
（6）城中村在城市中保留了特色文化
（7）城中村是农民进城的缓冲地带，有助于化解城乡割裂
（8）城中村为村民提供了就业、养老和其他集体福利
（9）城中村是村民的纽带，为村民提供文化、传统和心理支撑
（10）其他（请注明：_____）

3. 您认为，农民对城中村改造后"上楼"（居住社区化）的担心主要是什么？（可多选）
（1）补偿不到位 （2）社区生活不习惯 （3）没有养老保障 （4）没有土地 （5）就业难、没有工作 （6）邻里交往缺乏、没有信任感 （7）农民变市民，自我的身份认同困难 （8）其他（请注明：_____）

4. 本村里的"空挂户"，您认为在城市化改造中应该享受什么样的政策？
（1）全部和本村原籍村民一样待遇
（2）拥有承包地的"空挂户"和本村原籍村民一样待遇
（3）对集体耕地和承包地不能享受补偿政策
（4）如果参与了集体企业的创建和经营，可以享受集体收益

（5）不能享受任何的村集体经济利益

（6）无论什么样的待遇，由本村村民大会集体讨论决定

（7）其他（请注明：_____）

5. 如果城中村改造后，您认为村民希望享受什么样的户籍政策？

（1）继续保留农业户口，享有农业户口的各种政策

（2）转为城镇市民户口，并享受市民户口的养老、医保等政策，不再享有农业户口的各种政策

（3）继续保留农业户口，并享受市民户口的养老、医保等政策，以及农业户口的各种政策

（4）对于何种户口，不是很在意

6. 您认为城中村进行城市化改造，最需要解决的是什么问题？（可多选）

（1）农民持续的收入来源问题

（2）农民转为市民后，能否再享受农村集体经济利益的问题

（3）补偿标准较低的问题

（4）农村后续第二、第三产业的发展问题

（5）担心形成"没有工作、没有土地、没有保障"的"三无"农民

（6）从村委会到社区，村民和农村的社会管理脱节问题

（7）村集体经济股份化、村民变"股民"的法律、税务等问题

（8）村民对村集体经济股份化后分红、经营绩效、资金安全等的担心

（9）村民转为市民后生活方式不习惯的心理失落问题

（10）村民已有的违章建筑的定性和处理问题

（11）其他（请注明：_____）

7. 城中村改造后，拆迁安置在市区的房屋，您认为，村民可接受的人均住房建筑面积，最低为：_____。

（1）20平方米及以下

（2）30平方米

（3）35~40平方米

（4）50平方米

（5）60平方米

8. 城中村改造后，您是否愿意离开原社区生活？

（1）愿意离开　　（2）不愿意离开　　（3）无所谓

9. 城中村改造过程中，拆迁过渡期内的居住，您倾向于什么样的安排？

（1）另外租房

（2）投亲靠友

（3）政府安排临时房

（4）政府发补贴，自己想办法

（5）其他（请注明：_____）

10. 您认为，城中村改造后，村集体的资产怎么办最好？

（1）全部变现分到个人

（2）成立股份公司、村民变股民

（3）维持现状

（4）无所谓

（5）其他（请注明：_____）

11. 对于城中村改造后，村集体资产成立的股份公司前景，您是否看好？

（1）看好　　（2）不看好　　（3）说不好

如果不看好，您认为主要的原因是什么？（可多选）

（1）市场竞争激烈，集体经济干不过国营经济、私营经济

（2）集体资产成立股份，法律上有障碍

（3）成立公司后增加税收负担

（4）村干部转为公司领导，经营能力有限

（5）担心集体资产流失、被贪污侵占

（6）其他（请注明：_____）

12. 您倾向于什么样的城中村改造建设模式？

（1）政府主导

（2）村集体主导

（3）引进产业项目

（4）与房地产开发企业合作

（5）其他（请注明：_____）

13. 您认为，城市化改造、撤村改居后的农民的医保、养老等社保应该主要依靠谁来提供？

（1）政府　　　（2）农民个人　　　（3）村集体

（4）政府、农民个人、村集体三方　（5）其他（请注明：_____）

14. 如果对本村进行城市化改造，搞商业地产开发，在村里的租户生活受到影响，您应不应该考虑予以补偿？

（1）应该　　　（2）不应该　　　（3）没有想过

（4）其他（请注明：_____）

15. 您认为，"城中村"目前经济社会方面存在的主要问题是什么？（可多选）

（1）基础设施薄弱。道路、供水、供电、排水、垃圾处理基本没有纳入城市管理，脏、乱、差、挤、旧等现象十分突出

（2）缺乏公共绿地与文化、体育等基础设施，影响村民生活水平的提高

（3）消防安全、建筑安全、公共卫生安全等安全隐患较多

（4）社会综合治理压力很大，治安计生形势严峻

（5）村民就业问题和增收问题突出

（6）其他（请注明：_____）

16. 您认为，"城中村"改造有什么价值？（可多选）
（1）改善基础设施、改变城市面貌、提升城市形象
（2）改善居民生活环境、提高村民生活水平、提高居民素质
（3）减少消防安全、建筑安全、公共卫生安全等安全隐患
（4）改善社会治安形势
（5）改善就业问题、促进农民增收
（6）提高城区土地利用效率、优化资源配置、拓展城市发展空间
（7）增加城市可利用土地面积、增加土地出让收入
（8）促进商业地产开发、增加财政收入、推动经济发展、促进就业
（9）作为城乡统筹发展、城乡一体化发展的突破口，加快城市化进程
（10）其他（请注明：_____）

17. 您认为，目前本村的城中村改造是否有必要？
（1）有必要，势在必行、迫在眉睫
（2）没有必要，顺其自然
（3）说不清楚

四、生活状况及幸福感调查

（此部分调查，了解农民对生活状况的感受、对幸福的理解）

1. 你对自己目前总的生活质量是否满意？
　　（1）非常不满意　　（2）有点不满意　　（3）一般
　　（4）比较满意　　（5）非常满意

2. 你对自己现在家庭的收入水平是否满意？
　　（1）非常不满意　　（2）有点不满意　　（3）一般
　　（4）比较满意　　（5）非常满意

3. 你对现在居住条件是否满意？
（1）非常不满意　　（2）有点不满意　　（3）一般
（4）比较满意　　　（5）非常满意

4. 你认为现在出行交通是否方便？
（1）非常不满意　　（2）有点不满意　　（3）一般
（4）比较满意　　　（5）非常满意

5. 你认为现在的教育费用是否合理？
（1）非常不满意　　（2）有点不满意　　（3）一般
（4）比较满意　　　（5）非常满意

6. 你认为现在的教育机会是否公平？
（1）非常不满意　　（2）有点不满意　　（3）一般
（4）比较满意　　　（5）非常满意

7. 你对村里医疗条件是否满意？
（1）非常不满意　　（2）有点不满意　　（3）一般
（4）比较满意　　　（5）非常满意

8. 你认为本村的社会治安情况怎样？
（1）非常不好　　　（2）比较不好　　　（3）一般
（4）比较好　　　　（5）非常好

9. 你对自己与邻里乡亲交往的人际关系是否满意？
（1）非常不满意　　（2）有点不满意　　（3）一般
（4）比较满意　　　（5）非常满意

10. 你是否参加集体文化娱乐活动？
（1）完全不参加　　（2）偶尔参加　　　（3）经常参加

五、对村集体和政府的期望

（此部分调查，对现有政策的综合评价，对未来的进一步需求）
1. 对村里做的哪些事比较满意？
2. 希望村里下一步做好哪些事？
3. 对政府进行城中村改造的其他意见建议是什么？

感谢您的大力支持！

陕西省西安市《城中村改造管理办法》

第一章 总 则

第一条 为了推进和规范城中村改造工作，加快城市化建设，改善人居环境，提高居民生活水平，根据有关法律法规和相关规定，结合本市实际，制定本办法。

第二条 本市新城区、碑林区、莲湖区、雁塔区、未央区、灞桥区范围内的城中村改造，适用本办法。

第三条 本办法所称城中村，是指在城市建成区范围内失去或基本失去耕地，仍然实行村民自治和农村集体所有制的村庄。

本办法所称城中村改造，是指根据本市社会经济发展计划和城市总体规划，按照城市化要求，对城中村进行综合改造的行为。

第四条 城中村改造应当充分调动各方面的积极性，以改善城中村综合环境，完备城市公共服务功能，构建和谐社区为目的，坚持政府主导、市场运作、利民益民、科学规划、综合改造的原则，依法保护农村集体经济组织成员的合法权益，积极稳妥地推进。

第五条 市城中村改造办公室负责本市城中村改造管理工作。

市城中村改造办公室接受市发展改革、建设、房产等行政管理部门的委托，做好城中村改造的相关行政管理工作。

市规划、国土等行政管理部门应当在市城中村改造办公室设立派出机构，负责与城中村改造相关的行政管理和执法工作。

第六条 各区人民政府负责本辖区内城中村改造工作。其设立的城中村改造办公室具体负责本区城中村改造工作的组织实施，业务上接受市城中村改造办公室的指导。区城中村改造办公室依法接受相关部门的委托，行使与城中村改造有关的行政管理职能。

高新技术产业开发区、经济技术开发区、曲江新区、浐灞生态区范围内的城中村改造工作，由其管委会负责组织实施，所在区人民政府应当予以配合。

第七条 民政、公安、农业、劳动和社会保障等部门应当按照各自职责，协同做好城中村改造管理的相关工作。

第八条 市城中村改造办公室应当会同市规划行政管理部门，依据城市总体规划和土地利用规划编制城中村改造专项规划，报市人民政府批准。

经批准的城中村改造专项规划，任何单位和个人不得擅自改变。

第九条 城中村改造实行计划管理。二环路以内的城中村全部纳入城中村改造计划，二环路以外的城中村，由区城中村改造办公室报市城中村改造办公室批准后，纳入城中村改造计划。

对存在社会公共安全隐患的城中村由所在区人民政府组织限期改造。

由城中村迁出的入学、入伍、服刑人员，可以按照有关规定迁回原城中村，禁止其他非农人员迁入城中村。

第十条 城中村改造，应当以行政村为单位实施，有条件实施多个行政村合并改造的，由所在区人民政府决定合并改造。

城中村改制完成后，城中村改造的主体是城中村改制后的新经济组织或者投资人，以及改制后的新经济组织与投资人合作成立的企业法人。

第十一条 设立城中村改造专项资金。城中村改造专项资金的归集、使用、管理，按照有关规定执行。

第二章　方案制定

第十二条 城中村改造方案，应当根据城中村改造专项规划和区域城市功能的要求，以及城中村改造综合用地专项规划指标，统筹考虑村民安置、环境风貌和经济发展等因素，充分听取村民意见，由区城中村改造办公室组织编制。

高新技术产业开发区、经济技术开发区、曲江新区、浐灞生态区区域内的城中村改造方案，由其管委会组织编制，其中涉及改制的内容应当与所在区城中村改造办公室协商一致。

城中村改造方案应当包括村庄现状、社区居民委员会设立方案、清产核资方案、拆迁安置方案、用地规划和建设设计方案以及经济效益分析等。

第十三条 城中村改造方案经村民会议讨论通过后，由区城中村改造办公室报市城中村改造办公室批准。

高新技术产业开发区、经济技术开发区、曲江新区、浐灞生态区区域内城中村改造方案经村民会议通过后，由管委会报市城中村改造办公室批准。

城中村改造方案未经批准，不得实施。

第十四条 经批准的城中村改造方案，不得擅自变更。实施改造过程中，确需变更用地规划和建设设计方案以及拆迁安置方案时，须按原程序报批。

<h2 style="text-align:center">第三章 改 制</h2>

第十五条 城中村改制，应当坚持户籍制度、管理体制、经济组织形式和土地性质同步转变的原则。

第十六条 实施改造的城中村，其人员依照法定程序转为城镇居民户口。

第十七条 实施改造的城中村，其集体土地依照法定程序转为国有土地。

第十八条 城中村集体经济组织的资产应当依法进行清产核资。清产核资结果应当公示并经村民会议确认。

农业、财政、审计等部门应当加强对清产核资工作的指导、监督。

第十九条 城中村集体经济组织应当根据清产核资结果，自行制定资产处置方案和组建新经济组织方案，经村民会议讨论通过后实施。

原集体经济组织的资产应当承担原村民的社会保险费用。

第二十条 新经济组织组建后，依法撤销村民委员会，设立社区居民委员会。一个行政村可以独立设立一个社区居民委员会或就近并入现有社区居民委员会，也可多个行政村合并设立一个社区居民委员会。

新设立的社区居民委员会人员组成和工作经费，按照现行的居民委员会人员组成规定和标准执行。

第二十一条 城中村村民转为城市居民后，统一纳入城市就业管理范围。因城中村改造而增加的就业岗位，应当优先用于安排原村民。

第二十二条 城中村改制后，原村民应当依法参加社会保险。社会保险费由政府、改制后的新经济组织和原村民个人按照比例承担，具体办法由市劳动和社会保障部门制定。

前款规定的政府承担的费用，以城中村土地依法收益中支付。

城中村改制后，符合享受城市居民最低生活保障条件的原村民，享受最低生活保障待遇。

第二十三条 城中村改制后，其原有的基础设施纳入市政统一管理范围，环境卫生由区环卫部门按照城区环卫管理方式和标准管理。

<h2 style="text-align:center">第四章 土地利用</h2>

第二十四条 城中村改造综合用地应当纳入年度用地计划。

城中村改造综合用地应当严格按照市人民政府规定的城中村改造综合用地专项规划指标执行。

改造综合用地之外该城中村的其他土地，由政府土地储备机构依法给予补偿后按有关规定储备。

第二十五条 城中村改造综合用地以划拨方式供给。除用于安置村民生活及建设公共设施用地外，其余的改造综合用地，可以变更为经营性用地，进行开发建设。

第二十六条 实施改造城中村范围内的少量国有土地，可以根据城中村改造需要，由政府土地储备机构依法收购或置换，用于城中村改造。

第二十七条 在市政建设、重大基础设施建设以及其他开发建设中涉及到村庄整体拆迁的，应当按照本办法规定进行整体改造，避免出现新的城中村。

第五章 规划建设

第二十八条 城中村改造应当依据城中村改造专项规划制定规划设计方案，并经批准后实施。

主要街区、文物景点周边城中村的改造规划设计方案，应当广泛征求各界意见，也可以公开征集方案。

第二十九条 城中村改造涉及城市规划确定的城市基础设施建设项目的，应当优先列入城市建设年度计划，与城中村改造同步进行。

第三十条 城中村改造建设项目，在施工前应当依法办理《建设项目选址意见书》、《建设用地规划许可证》、《建设工程规划许可证》、《建筑工程施工许可证》。

第三十一条 城中村改造所有建设项目免缴工程定额测定费、散装水泥专项基金。安置村民的住宅建设项目免缴城市基础设施配套费（不含代收资金），其他用于原集体经济组织发展经济的建设项目减半收取城市基础设施配套费（不含代收资金）。

第六章 拆迁安置

第三十二条 实施城中村改造，应当按照旧村整体拆除，优先建设安置住宅的原则进行，确保被拆迁人及早入住。

旧村拆除应当在所在区城中村改造办公室组织、监督下实施。旧村未拆除的，其他建设项目不得开工建设。

第三十三条 城中村改造主体应当按照本章规定制定补偿安置方案，

进行拆迁安置。

被拆迁人需要自行过渡的，城中村改造主体应当参照《西安市城市房屋拆迁管理实施细则》补偿标准，给被拆迁人发放搬家补助费和过渡补助费。

第三十四条　城中村改造主体实施拆迁前应当依法领取房屋拆迁许可证。

城中村改造主体在动迁之前，应当在指定银行设立拆迁补偿安置资金专用账户，足额存入拆迁补偿安置资金，并与开设拆迁补偿安置资金专用账户的银行和市城中村改造办公室签订拆迁补偿安置资金使用监管协议。该监管资金未经市城中村管理办公室同意，银行不得拨付。

补偿安置资金应当全部用于房屋拆迁的补偿安置，不得挪作他用。

第三十五条　实施房屋拆迁，城中村改造主体可以自行拆迁，也可以委托有拆迁资格的单位拆迁，接受委托单位不得再次转让。

第三十六条　城中村改造主体在动迁前应当委托具有房地产估价资质的机构对被拆迁房屋进行估价，估价参照《西安市城市房屋拆迁估价暂行规定》执行。

第三十七条　城中村改造拆迁补偿安置以房屋产权登记载明的面积和性质作为补偿安置依据。

《西安市城中村村民房屋建设管理办法（试行）》施行前，城中村已建成房屋二层（不含二层）以上部分的面积按残值（即重置成新价）给予补偿。

第三十八条　城中村房屋拆迁实行产权调换和货币补偿两种补偿安置方式。被拆迁人可以自主选择安置补偿方式。

实行货币补偿的，根据被拆迁房屋的区位、使用性质、产权建筑面积、房屋结构等因素，以房屋市场评估价确定补偿数额。

实行房屋产权调换的，以转户前城中村在册户籍人口为依据，人均建筑安置面积原则上不少于65平方米，并结合原房屋产权建筑面积进行安置。

第三十九条　房屋产权调换的价格结算按下列规定执行：

（一）安置房屋建筑面积与被拆迁房屋产权建筑面积相等部分按新建房屋的综合造价（不含配套费和楼面地价）与被拆迁房屋市场评估价互找差价结算；

（二）原房屋产权建筑面积人均不足65平方米的按人均65平方米建筑面积补差安置。补差的面积部分按新建房屋重置价结算；

（三）对就近上靠户型超出应安置补偿面积的部分按新建房屋综合造价结算。

第四十条 城中村改造主体安排被拆迁人在外自行过渡的过渡期限不得超过 30 个月。超过拆迁安置补偿协议规定过渡期限的，从逾期之月起由城中村改造实施主体按不低于原过渡补助费标准的二倍向被拆迁人支付过渡补助费，超过 6 个月的，从第 7 个月起每月按不低于原过渡补助费标准的 3 倍支付过渡补助费。

过渡期限自被拆迁人腾空房屋之日起计算。

第四十一条 城中村改造主体应当在领取房屋拆迁许可证后与被拆迁人签订拆迁补偿安置协议。拆迁补偿安置协议应当载明下列内容：

（一）被拆迁房屋的权属、地址、面积、使用性质、结构等；

（二）补偿方式、安置补偿标准和结算方式；

（三）安置房屋的权属、地址、面积、使用性质、结构和过渡方式、过渡期限；

（四）违约责任和解决争议的方式。

第四十二条 城中村改造主体与被拆迁人达不成补偿安置协议的，由当事人申请市城市房屋拆迁安置管理办公室依法对争议进行协调、裁决。

第四十三条 改制后的新经济组织作为改造主体实施改造的，可以按照批准的改造方案结合本村土地资源和实际情况，自行制定具体的拆迁安置补偿方案和过渡补助费标准。拆迁安置补偿方案及过渡补助费标准应当公示，并经原村民会议讨论通过。

第四十四条 城市居民在农村购置宅基地，属 1987 年 1 月 1 日以前购买的，按照国家和地方有关文件规定执行；属 1987 年 1 月 1 日以后购买的，严格按照《中华人民共和国土地法》和《国务院关于深化改革严格土地管理的决定》的有关规定执行。

第七章　监督管理

第四十五条 城中村改造主体在实施改造过程中应当文明守法。弄虚作假，侵占、私分和破坏农村集体资产的，依法承担相应的法律责任。

第四十六条 城中村改造主体应当严格按照批准的改造方案实施改造，未按照改造方案进行城中村改造，或者擅自改变改造方案的，由有关部门依据相关法规进行处理。

第四十七条 城中村改造管理工作人员应当认真履行职责。滥用职权、玩忽职守、徇私舞弊的，由其所在单位或上级主管机关给予行政处分；构成犯罪的，由司法机关依法追究刑事责任；给当事人造成损失的，依法予以赔偿。

第四十八条 在实施城中村改造过程中，违反土地、建设、规划、财税、城市拆迁等法律、法规规定的，由有关行政管理部门予以处罚。

第八章 附 则

第四十九条 本办法自2007年10月20日起施行。西安市人民政府2003年4月4日发布的《西安市城中村改造建设管理暂行办法》及西安市人民政府办公厅2004年3月5日下发的《关于城中村改造建设管理有关问题的通知》同时废止。

参考文献

[1]《城乡统筹蓝皮书：中国城乡统筹发展报告2011》，社会科学文献出版社2011年版。

[2] 厉以宁：《非均衡的中国经济》，中国大百科全书出版社2009年版。

[3] 厉以宁主编、程志强副主编：《中国道路与新城镇化》，商务印书馆2012年版。

[4] 厉以宁主编：《中国城镇就业研究》，中国计划出版社2001年版。

[5] 陈怡、潘蜀健：《广州市城乡结合部管理问题及对策》，载于《城市问题》1999年第5期。

[6] 陈湛：《城市化进程中的城中村问题研究》，云南大学出版社2009年版。

[7] 成得礼：《对中国城中村发展问题的再思考——基于失地农民可持续生计的角度》，载于《城市发展研究》2008年第15期。

[8] 成志刚：《西方社会保障理论主要流派论析》，载于《湘潭大学社会科学学报》2002年第3期。

[9] 程家龙：《深圳特区城中村改造开发模式研究》，载于《城市规划汇刊》2003年第3期。

[10] 代堂平：《关注"城中村"问题》，载于《社会》2002年第5期。

[11] 窦敬丽：《我国农村土地产权制度改革与完善研究》，山东农业大学2004年优秀硕士论文。

[12] 房庆方、马向明、宋劲松：《城中村：从广东看我国城市化进程中遇到的政策问题》，载于《城市规划》1999年第23期。

[13] 房庆方、马向明、宋劲松：《城中村：我国城市化进程中遇到的政策问题》，载于《城市发展研究》1999年第4期。

[14] 龚六堂、肖芸：《财政分权框架下的财政政策和货币政策》，载于《经济研究》2003年第1期。

[15] 龚六堂：《公共财政理论》，北京大学出版社2009年版。

[16] 胡雪梅：《中国农村土地产权制度创新研究》，山东农业大学 2002 年优秀硕士论文。

[17] 敬东：《"城市里的乡村"研究报告——经济发达地区城市中心区农村城市化进程的对策》，载于《城市规划》1999 年第 23 期。

[18] 蓝宇蕴：《都市村社共同体：有关农民城市化组织方式和生活方式的个案研究》，载于《中国社会科学》2005 年第 2 期。

[19] 蓝宇蕴：《都市村庄——一个"新村社共同体"的实地研究》，生活·读书·新知三联书店 2005 年版。

[20] 雷明：《贫困山区可持续发展之路——基于云南昭通地区调查研究》，经济科学出版社 2010 年版。

[21] 李诚：《昆明市城中村问题及改造对策研究——以盘龙区东庄村为例》，载于《云南地理环境研究》2005 年第 17 期。

[22] 李俊夫：《城中村的改造》，科学出版社 2004 年版。

[23] 李俊夫：《广州市城中村土地利用研究》，中山大学 2003 年优秀博士学位论文。

[24] 李立勋：《广州市城中村形成及改造机制研究》，中山大学 2001 年优秀博士论文。

[25] 李培林：《聚变：村落的终结——都市里的村庄研究》，载于《中国社会科学》2002 年第 1 期。

[26] 李晴、常青：《城中村改造实验——以珠海吉大村为例》，2002 年第 11 期。

[27] 李仁方：《浅谈农村土地制度中存在的问题及对策》，载于《农村经济》2002 年第 1 期。

[28] 李旭鸿、岳林：《"小巷总理"无奈多　管理体制需改革》，发表于《经济日报》2013 年 2 月 25 日，第 16 版"调查研究"。

[29] 李旭鸿：《破解"农民荒"　效益是关键》，发表于《人民日报》2011 年 9 月 4 日第 5 版。

[30] 李增军、谢禄生：《都市里的村庄现象》，载于《经济工作导刊》1995 年第 8 期。

[31] 李钊：《城中村改造途径的思考》，载于《安徽建筑》2001 年第 3 期。

[32] 李志生：《关于城中村改造的问题》，载于《城市发展研究》2002 年第 5 期。

[33] 梁木生：《论城中村改造的产权障碍》，载于《岭南学刊》2004

年第 3 期。

[34] 廖明中：《关于深圳城中村改造的对策建议》，载于《脑库参考》2005 年第 12 期。

[35] 林庆文：《城市化进程中城中村土地使用制度创新——基于广州市的理论与实证分析》，华南农业大学 2005 年优秀硕士论文。

[36] 林世彪：《新时期四川农村土地承包经营问题研究》，载于《农村经济》2002 年第 3 期。

[37] 林毅夫：《关于制度变迁的经济学理论：诱致性变迁和强制性变迁》，选自《财产权利与制度变迁》，上海三联书店、上海人民出版社 1994 年版。

[38] 刘京焕：《公共需求研究》，中国财政经济出版社 2000 年版。

[39] 刘梦琴：《村庄终结：城中村及其改造研究》，中国农业出版社 2010 年版。

[40] 楼继伟：《税式支出理论创新与制度探索》，中国财政经济出版社 2003 年版。

[41] 罗赤：《透视城中村》，载于《读书》2001 年第 9 期。

[42] 牛先锋：《充分发挥流转效应——安阳市集体建设用地流转实况简介》，载于《中国土地》2002 年第 11 期。

[43] 沈兵明、朱云夫：《"撤村建居"：城市化过程中的必然选择》，载于《新农村》1999 年第 11 期。

[44] 侍克善：《我国城中村研究》，复旦大学硕士论文，2005 年。

[45] 谭启宇、岳隽、胡宝清：《深圳的城中村及改造实践启示》，载于《热带地理》2005 年第 25 期。

[46] 田莉：《"都市里的村庄"现象评析——兼论乡村—城市转型期的矛盾和协调发展》，载于《城市规划汇刊》1998 年第 5 期。

[47] 万举：《转型中的土地产权冲突与融合》，经济科学出版社 2011 年版。

[48] 王卫国：《中国土地权利研究》，中国政法大学出版社 1997 年版。

[49] 王晓东、刘金声：《对城中村改造的几点认识》，载于《城市规划》2003 年第 1 期。

[50] 王新、蔡文云：《城中村何去何从——以温州市为例的城中村改造对策研究》，中国市场出版社 2010 年版。

[51] 王新：《解读温州城中村现象》，载于《温州大学学报》2005 年第 18 期。

［52］王永华：《我国大中城市城中村改造研究》，哈尔滨工业大学硕士论文，2006年。

［53］魏成、赖寿华：《珠江三角洲大都市地区高密集城中村的形成——一个分析框架》，载于《现代城市研究》2006年第21期。

［54］魏立华、闫小培：《"城中村"：存续前提下的转型——兼论"城中村"改造的可行性模式》，载于《城市规划》2005年第7期。

［55］吴英杰、罗皓：《城中村改造：寻求城市发展与经济利益的协调》，载于《城乡经济》2004年第7期。

［56］谢志岿：《村落向城市社区的转型——制度、政策与中国城市化进程中城中村问题研究》，中国社会科学出版社2005年版。

［57］徐淑红：《城镇化进程中农村土地制度改革研究》，哈尔滨工业大学2005年优秀硕士论文。

［58］徐雪梅：《中国城市社区管理探论》，载于《社会科学辑刊》2001年第2期。

［59］轩明飞：《村（居）改制：城市化背景下的制度变迁——以济南市前屯改制为个案》，社会科学文献出版社2008年版。

［60］闫小培、魏立华、周锐波：《快速城市化地区城乡关系协调研究——以广州市城中村改造为例》，载于《城市规划》2004年第28期。

［61］姚一民：《城中村的管治问题研究——以广州为例》，中央编译出版社2008年版。

［62］喻燕、胡高原：《"城中村"土地流转模式研究——以武汉市为例》，载于《国土资源科技管理》2006年第5期。

［63］喻燕：《城中村改造中土地产权流转研究》，武汉大学2005年优秀硕士论文。

［64］张贵凯：《西安市城中村改造研究》，西北大学2003年优秀硕士论文。

［65］张建明：《广州都市村庄形成演变机制分析——以天海区、海珠区为例》，中山大学博士论文，1998年。

［66］张晶：《城中村改造中参与主体的博弈分析与对策建议》，载于《改革与战略》2008年第4期。

［67］张秀兰：《社会福利与弱势群体》，中国社会科学出版社2002年版。

［68］郑静：《论广州市城中村的形成、演变与改造对策》，载于《规划与观察》2000年第1期。

[69] 中国社会保障体系研究课题组:《中国社会保障制度改革:反思与重构》,载于《社会学研究》2000年第6期。

[70] 周新宏:《域中村问题:形成、存续与改造的经济学分析》,复旦大学,2007年。

[71] 朱善利:《产业选择与农民利益——宁夏固原扶贫与可持续发展研究》,经济科学出版社2010年版。

[72] [法] H. 蒙德拉斯著,李培林译:《农民的终结》,社会科学文献出版社2005年版。

[73] [美] 西奥多·W. 舒尔茨:《改造传统农业》,商务印书馆2003年版。

[74] A · O'Sullivan. Urban Economics. 4e. The McGraw-Hill Companies. Inc,2001.

[75] Ma L. J. C.; Xiang B. Native place, migration and the emergence of peasant enclaves in Beijing 1998.

[76] Tingwei Zhang, "Community features and urban sprawl: the case of the Chicago Metropolitan region", *Land Use Policy*, 2001 (18): 221-232.

[77] Tingwei Zhang, "Land market forces and government'S role in sprawl: The case of China", *Cities*, 2000, 17 (2): 123-135.

后　记

纵观古今中外，求知是人类的梦想。单纯的知识不是力量，由知识而产生的智慧，有智慧而有改变世界的行动，知识才得以转换为力量。掌握知识的人，只有经过上述的转换，才能成为拥有力量的人。而这种转换，既要把知识的综合，更需要高师的引领。

2006年秋，我进入燕园攻读经济法博士学位。之前我是学习经济学（财政与税收）的，随着对经济学理论的了解深入，逐步认识到制度在引导经济人行为方面的重要作用，而法律就是正式制度，从而对法学与经济学的结合研究生产了浓厚的兴趣。攻读博士的四年多，细究具体法律制度，对法律制度从经济学而又得以重新认识，经济与法，互为表里，互为道与器，认识尤为加深。俯察经济社会、产业万象，经济学仍然为研究与应用利器。法学博士毕业后，就有转回经济学研究的想法，又素仰慕我校光华管理学院之文脉渊源，尤其对德高望重、学界泰斗的厉以宁教授，更是高山仰止。

2011年初春，怀着忐忑的心情从法学楼走入相邻的光华楼，厉以宁教授等各位老师的君子之风让我如沐春风里。幸运地成为光华管理学院的博士后，得以受教于厉以宁教授和龚六堂教授。我倍感师从大师的研究学习机会来之不易，珍惜时间，如饥似渴，攻读老师的著作，按照老师的指导做好地方的调查研究和调查问卷。

厉老师是积极主张改革开放和市场经济的经济学大家，他的经济理论推动了中国经济发展。厉老师也是儒雅率真的大诗人。做了厉老师的学生后，更是深切体会到老师的诗词之蕴意深刻。感叹老师的不少诗词颇得宋人哲学意象入诗之精妙，如1978年的《七绝·无题》"日升日落孰为先，月缺并非月不圆。山景总须横侧看，晚晴也是艳阳天"。其中，"山景总须横侧看"，既是直言自然景观之多重美，更是观察事物之方法、探究学问之方法。我从经济学而攻读法学博士，又转而从事应用经济学博士后研究，不变的主题是关注中国经济发展、社会进步。这种学科的转换，也称得上是体现了厉老师的"山景总须横侧看"之警句。

2011年12月初，经组织安排，我来到黑龙江牡丹江市挂职工作一年，从院校到政府，从国家部委机关到地级市区县政府，站在地方政府的角度纵向看全省、全国乃至世界经验，横向看兄弟省市的实践经验，围绕着"城乡一体化"的大主题，特别是针对城中村的改造进行了大范围的调查问卷。在地方挂职，增加了更多的观察思考、学习、分析、检验的角度，这更是一种"山景总须横侧看"。在地方工作的机会非常宝贵，可以深入的调研、并在参与地方城乡一体化实践的工作中，把研究工作和实践工作密切结合，更好地总结地方经验，形成有实践支撑的、可以规律化的研究成果。在厉老师、龚老师和各位老师的指导下，我抓紧时间、抓住机会、合理安排，围绕城乡一体化的大命题，做了不少专题调研，有很多切身的感受，丰富了研究课题的实践素材，在调研中对一些理论成果又进行了深入的反复的思考。"山景总须横侧看"，一语道尽自然人文，治学处事之道。唯愿不懈努力，把"横侧看"的功夫操练精熟，把"山景"弄个清清楚楚，以策论文章回报社会。

城乡发展一体化是中国下一步的重要改革战略，城中村是城乡二元体制下城市化发展的产物，城中村已经成为我国城乡二元体制一元化演化过程中的典型现象，也是城乡发展一体化需要率先解决的问题。这个选题，得到了厉老师和各位老师的肯定和科学的指导完善，给了我很大的鼓舞。我经过大量研读有关理论，广泛调查各地实践，尤其是在牡丹江是结合当地统筹城乡发展的重要工作，对城中村及其相关问题进行了近千份调查问卷，获得了大量第一手研究数据和素材。

书稿撰写过程中的艰辛，在恩师们的关爱指导温暖下，实在有些不足道也。书稿即将付梓之际，最衷心地感谢厉以宁老师、何玉春师母的亲切教诲、指导和关爱！

衷心感谢龚六堂老师耐心细致的指导和关爱！

衷心感谢光华管理学院曹凤岐教授、朱善利教授、蔡洪滨教授、于鸿君教授、雷鸣教授、宁亚平教授、黄涛教授等的教诲和指导！

在本书准备出版过程中，2015年9月，朱善利教授仙逝。朱老师学问精深、淳厚宽宏、为人正直、关爱学生。朱老师为了教学和学生殚精竭虑，他的生命重于泰山，我们永远怀念他。

衷心感谢母校博士后管理办公室范德尚老师、光华管理学院的冒大卫书记、滕飞书记、吴玉芹老师、吴雅玲老师、傅帅雄老师、贾羽老师、鲁宁老师等各位老师的指导和帮助！北大和光华的深厚底蕴，给了我无穷的激励和鞭策！

后 记

衷心感谢光华管理学院的博士后、博士、硕士研究生们，你们的智慧和成果，给了我极大的帮助、启迪和鼓舞！

衷心感谢经济科学出版社的领导和编辑，正是在他们的关心、帮助和辛勤付出下，本书才得以顺利出版。

还要真诚地感谢我的家人和朋友对我一直以来的巨大支持和关爱！

做博士后研究的两年，虽然辛苦，但是充满了研究征途的幸福感。博士后研究凝聚在我身上的理性、责任和使命，将会是我一生的财富，将会激励我不懈努力，更加踏实、有效地为国为民多研究些问题、多做些实事！

格物明理，知行合一。研究工作告一段落，研究思考和实践探索还需跋涉向前。

再次向所有帮助、关心、指导和支持我的老师、领导同事和亲朋好友们致以永远的谢意和崇高的敬意！你们的指导、支持、帮助和关心，永远是激励我、鞭策我默默前行的巨大动力！

李旭鸿

2016年3月9日于北京

2016年6月21日再修改于香港

图书在版编目（CIP）数据

城乡发展一体化中的城中村治理问题研究：以黑龙江省牡丹江市为例/李旭鸿著. —北京：经济科学出版社，2016.1

（北大光华县域经济与地方金融研究丛书. 第4辑）
ISBN 978-7-5141-6523-4

Ⅰ.①城… Ⅱ.①李… Ⅲ.①农村-城市化-研究-牡丹江市 Ⅳ.①F299.273.53

中国版本图书馆CIP数据核字（2016）第012663号

责任编辑：赵　蕾
责任校对：王肖楠
责任印制：李　鹏

城乡发展一体化中的城中村治理问题研究
——以黑龙江省牡丹江市为例
李旭鸿／著
经济科学出版社出版、发行　新华书店经销
社址：北京市海淀区阜成路甲28号　邮编：100142
总编部电话：010-88191217　发行部电话：010-88191540
网址：www.esp.com.cn
电子邮件：esp@esp.com.cn
天猫网店：经济科学出版社旗舰店
网址：http://jjkxcbs.tmall.com
北京季蜂印刷有限公司印装
710×1000　16开　13印张　220000字
2016年6月第1版　2016年6月第1次印刷
ISBN 978-7-5141-6523-4　定价：38.00元
（图书出现印装问题，本社负责调换. 电话：010-88191502）
（版权所有　翻印必究　举报电话：010-88191586
电子邮箱：dbts@esp.com.cn）